REZAS CANTADAS
DE ENCOMENDAÇÃO DAS ALMAS

Editora Appris Ltda.
1.ª Edição - Copyright© 2024 do autor
Direitos de Edição Reservados à Editora Appris Ltda.

Catalogação na Fonte
Elaborado por: Dayanne Leal Souza
Bibliotecária CRB 9/2162

E866r
2024
	Eufrásio, Vinícius
	  Rezas cantadas de encomendação das almas / Vinícius Eufrásio. – 1. ed. – Curitiba: Appris, 2024.
	    293 p. : il. ; 23 cm.
	
	  Inclui referências.
	  ISBN 978-65-250-6279-2
	
	    1. Etnomusicologia. 2. Musicologia. 3. História cultural. I. Eufrásio, Vinícius. II. Título. III. Série.
	<div align="right">CDD – 248.4</div>

Livro de acordo com a normalização técnica da ABNT

Appris
editora

Editora e Livraria Appris Ltda.
Av. Manoel Ribas, 2265 – Mercês
Curitiba/PR – CEP: 80810-002
Tel. (41) 3156 - 4731
www.editoraappris.com.br

Printed in Brazil
Impresso no Brasil

Vinícius Eufrásio

REZAS CANTADAS
DE ENCOMENDAÇÃO DAS ALMAS

Appris editora

Curitiba, PR
2024

FICHA TÉCNICA

EDITORIAL	Augusto Coelho
	Sara C. de Andrade Coelho
COMITÊ EDITORIAL	Ana El Achkar (UNIVERSO/RJ)
	Andréa Barbosa Gouveia (UFPR)
	Conrado Moreira Mendes (PUC-MG)
	Eliete Correia dos Santos (UEPB)
	Fabiano Santos (UERJ/IESP)
	Francinete Fernandes de Sousa (UEPB)
	Francisco Carlos Duarte (PUCPR)
	Francisco de Assis (Fiam-Faam, SP, Brasil)
	Jacques de Lima Ferreira (UP)
	Juliana Reichert Assunção Tonelli (UEL)
	Maria Aparecida Barbosa (USP)
	Maria Helena Zamora (PUC-Rio)
	Maria Margarida de Andrade (Umack)
	Marilda Aparecida Behrens (PUCPR)
	Marli Caetano
	Roque Ismael da Costa Güllich (UFFS)
	Toni Reis (UFPR)
	Valdomiro de Oliveira (UFPR)
	Valério Brusamolin (IFPR)
SUPERVISOR DA PRODUÇÃO	Renata Cristina Lopes Miccelli
PRODUÇÃO EDITORIAL	Bruna Holmen
REVISÃO	Monalisa Morais Gobetti
DIAGRAMAÇÃO	Bruno Ferreira Nascimento
CAPA	Eneo Lage
REVISÃO DE PROVA	Jibril Keddeh

Dedico este trabalho a Eliza Maria Pereira de Souza e aos rezadores e rezadoras da Encomendação das Almas dos povoados da Bocaina, Machadinho e São Bento. Este livro só foi possível porque vocês abriram suas portas para mim e para minhas perguntas, acolhendo-nos tão amavelmente...

AGRADECIMENTOS

Agradeço primeiramente a Deus, pela constante condução nos caminhos da vida e por ter me concedido a oportunidade de realizar este trabalho, proporcionando-me aprendizado não somente acerca de música e manifestações ritualísticas, mas também em relação a vários processos de estudo, ensino, relações interpessoais e trabalho em equipe. Esses processos despertaram reflexões que, sem dúvida, modificaram minha direção.

Agradeço imensamente a minha orientadora, Professora Doutora Edite Rocha, por ter sido base e guia neste percurso e por ter me auxiliado a partir de sua metodologia, a qual se dá por meio de um caloroso acolhimento humano pautado na sinceridade e no respeito. Agradeço também ao Programa de Pós-Graduação em Música da Universidade Federal de Minas Gerais por toda estrutura oferecida durante o curso, bem como aos apoios concedidos para participação em eventos acadêmicos e científicos. Agradeço à Coordenação de Aperfeiçoamento de Pessoal de Nível Superior – CAPES, pela bolsa de fomento concedido, possibilitando a realização de toda esta pesquisa.

Agradeço, em especial, ao Professor Doutor Ângelo Nonato Natale Cardoso, da Universidade Federal de Minas Gerais, pelo incentivo pessoal e acadêmico ao longo do processo de pesquisa, pois foi a primeira pessoa a me encorajar sobre a relevância da temática abordada neste livro. Agradeço também ao Professor Doutor Fernando Lacerda Simões Duarte, da Universidade Federal do Pará, pela constante partilha de reflexões e parceiras estabelecidas em pesquisas. Agradeço imensamente ao Professor Doutor Manuel Pedro Ferreira, da Universidade Nova de Lisboa, pela generosidade em ler este trabalho, pela gentileza em contribuir com a elaboração do texto final deste livro ao me enviar comentários de grande relevância e, especialmente, pela elaboração de um prefácio tão significativo.

Agradeço à Eliza de Souza e Júlio César (Jota), por terem me recebido tão amavelmente em sua casa durante o trabalho de campo, pois sem esse apoio e certamente sem suas intervenções e auxílios diante do processo de relação com meus interlocutores, o trabalho não teria alcançado os mesmos resultados. Agradeço também ao amigo Tadeu, pessoa que amavelmente me acompanhou, juntamente com Eliza, durante algumas das etapas de coleta de dados.

Agradeço a cada um dos participantes do ritual de *Encomendação das Almas* nos povoados da Bocaina, Machadinho e São Bento, sobretudo: Sr. Afonso, Vera, Euler, Suelene, dona Nazaré, Ilda, Leandra, Sr. Bêjo, Romeu, Toninho, dona Nilza (*in memoriam*), Hércules e dona Tinha, pois sem suas contribuições esta pesquisa jamais poderia ter sido realizada. Atesto aqui que sou imensamente grato por terem compartilhado comigo aspectos de sua religiosidade, parte visivelmente muito importante em suas vidas.

Agradeço também a minha família. Ao meu pai, Samuel Lúcio de Oliveira e minha tia Juliana Passos Araújo, pelo apoio e incentivo. Agradeço, principalmente, para minha avó Sinhá (Maria Marcolina Passos Araújo) e para minha mãe, Luciana Passos Araújo de Oliveira, que, mesmo diante de seus próprios limites, não mediram esforços para me auxiliar sempre que necessitei, demonstrando-me a cada dia seu amor imensurável através de gestos cotidianos. Agradeço também aos meus amigos mais próximos, por todo apoio e presença em minha vida e, dentre estes, destaco a figura do Professor Gibran Zorkot, grande mentor que tem me guiado e auxiliado ao longo da vida.

Eu deixo aqui meu derradeiro adeus.
Minha alma não se engana!
São horas de levar às mãos de Deus,
Sua miséria humana...

Creio, ainda mesmo na faculdade do que parece vão,
Cada inquietude nova,
Me persuade da perfeição,
Como da imperfeição.

Fechada a última réstia do destino
Nesta vida presente,
O que será do meu ser tão pequenino,
que nem pode exprimir a dor que sente?

Ninguém sabe ao que veio nesta vida.
Um dia, bem ou mal,
Nascemos de um dor incompreendida
Para morrermos de uma dor igual

Antônio Joaquim Pereira da Silva
(1876 – 1944)

ÍNDICE DE CÓDIGOS (*QR-CODES*)

SUMÁRIO

PREFÁCIO

A encomendação das almas é um costume ancestral, através do qual, durante uma época do ano (normalmente a Quaresma), um indivíduo ou grupo de indivíduos canta e reza, durante a noite, pela salvação das almas que estão no Purgatório, procurando suscitar entre os vivos a piedade pelos mortos e, através da prece, alcançar para estes últimos o perdão dos seus pecados, amenizando as correspondentes penas.

A crença na separação entre alma e corpo depois da morte de um ser humano é demasiado antiga e difusa para receber uma datação precisa, já a ideia de Purgatório como um lugar separado, intermédio entre o Céu e o Inferno, onde as almas incorpóreas (as medianamente culpadas) esperam o Juízo Final, foi desenvolvida no Ocidente cristão sobretudo no período 1150-1250, e oficialmente adoptada pela Igreja latina em 1274[1]. A ideia não logrou então conquistar os cristãos que formam a Igreja Ortodoxa e foi depois rejeitada pela Reforma protestante. Apesar da definição dogmática privilegiar nessa purga individual a oportunidade de purificação, a prédica pastoral católica-romana, até aos inícios do século XX, optou por lhe sublinhar a vertente castigadora, apresentando o Purgatório como um lugar de contínuo sofrimento: uma espécie de «Inferno provisório», onde as penas sofridas pelas almas podem somente ser mitigadas através da intercessão dos vivos[2].

A prática nocturna de encomendação das almas é um prolongamento desta última visão e parece ter surgido na Europa em contexto urbano e eclesiástico; está documentada nos séculos XVI-XVII em Compostela, Coimbra e Lisboa, tendo acabado por se enraizar, ao fim de muitos trânsitos sociais e geográficos, nas vilas e aldeias de Portugal (incluindo os Açores) e do Brasil, ganhando ao longo desse processo algumas componentes mágicas e supersticiosas[3]. Desde há mais de um século, porém, começou a desaparecer

---

[1] Jacques Le Goff, «La naissance du Purgatoire (XII-XIII siècle)», in: *Actes des congrès de la Société des historiens médiévistes de l'enseignement supérieur public*, 6e congrès, La mort au Moyen Âge, Strasbourg, 1975, p. 7-10. Id., *O nascimento do Purgatório*, Lisboa: Editorial Estampa, 1993.

[2] Gilles Emery, «La doctrine catholique du purgatoire», *Nova et Vetera* 74/3 (1999), p. 37-49.

[3] Margot Dias e Jorge Dias, *A encomendação das almas*, Porto: Imprensa Portuguesa, 1953 (Separata do Tomo VIII do 13º Congresso Luso-Espanhol para o Progresso das Ciências). Este trabalho recolhe contribuições publicadas até então e dos próprios autores, não incluindo exemplos açorianos; mas estes podem encontrar-se nas gravações efectuadas por Artur Santos, in *O Folclore Musical das Ilhas dos Açores. Antologia Sonora. Ilha de São Miguel (campanha de 1960)*. Instituto Cultural de Ponta Delgada, 1965. Reedição em CD, 2001, Instituto Cultural de Ponta Delgada / Emiliano Toste, EMTCD037/1, CD 1, faixa 8; CD 3, faixas 12-22; CD 4, faixas 1-9.

mesmo dos locais mais remotos, dadas as profundas mudanças sociais e de mentalidade ocorridas ao longo do século XX, somadas à censura normativa do clero perante algumas formas tradicionais de religiosidade popular e à perda de influência do próprio catolicismo.

A primeira menção da presença deste costume no Brasil deve-se a um viajante francês, Auguste de Saint-Hilaire[4]. Diz-nos ele, a modo de introdução:

> Na maior parte das paróquias da província das Minas, faz-se, antes da missa, uma procissão fora da igreja pela redenção das almas do Purgatório, de que se cuida, nesta terra, talvez mais do que em qualquer outra. Não somente se reza por elas, como são ainda invocadas a fim de que se obtenham graças através da sua intercessão. Não há certamente devoção mais tocante do que aquela que, sem cessar, torna presentes ao nosso espírito os objectos do nosso pranto, e que estabelece entre eles e nós uma comunicação recíproca de rezas e de socorros. Mas na província das Minas, e talvez nas outras províncias do Brasil, esta devoção tem frequentemente degenerado em abuso. Vê-se, em todas as tabernas, um tronco onde surgem pintadas figuras envolvidas por chamas, e que é destinado a receber as esmolas que se queiram dar às almas do Purgatório: fazem-se apostas a favor d'*as almas*, e fazem-se-lhes votos, a fim de reencontrar as coisas que se perderam[5].

Mais adiante, Saint-Hilaire retoma o tema:

> Encontrava-me na Villa do Príncipe [Serro] durante a Quaresma. Três vezes por semana, ouvia passar na rua uma dessas procissões a que se chama *procissão das almas*, e que têm por fito obter do céu o livramento das almas do Purgatório. De ordinário são precedidas por uma matraca; nenhum padre as acompanha, e são formadas unicamente por aqueles, de entre os habitantes locais, que têm a voz mais agradável.

E, em nota, dá conta de que também presenciou procissões deste tipo em Itabira (localizada, aproximadamente, 200 km a sul de Serro e 100 km a leste de Belo Horizonte)[6].

Este género de manifestações religiosas não passou despercebida aos modernos etnólogos, ocupando um lugar de relevo já na primeira edição

---

[4] Auguste de Saint-Hilaire, *Voyage dans les provinces de Rio de Janeiro et de Minas Geraes*, Tome premier, Paris: Grimbert et Dorez, 1830.

[5] *Idem, ibidem*, p. 227-228, tradução minha.

[6] *Idem, ibidem*, p. 346-347, tradução minha.

do livro de Tavares de Lima, *A B C de Folclore*[7]. Os estudos subsequentes, de âmbito local, têm confirmado a sua disseminação por quase todo o território brasileiro.

O presente livro, derivado de uma tese de mestrado apresentada em 2017, contribui para consolidar essa percepção, ao coligir e citar extensivamente um grande número de trabalhos académicos dedicados ao tema, e ao acrescentar-lhes uma pormenorizada descrição etnográfica das práticas de encomendação das almas vigentes na zona do município de Cláudio (no estado de Minas Gerais, a sudoeste de Belo Horizonte) abrangendo os povoados da Bocaína, do Machadinho e de São Bento. Tal descrição vem associada a gravações (acessíveis por código QR) e numerosas transcrições, quer de fala, quer de música.

O jovem autor, Vinícius Eufrásio, embrenhou-se a fundo na documentação desta tradição, tendo tido o cuidado de a situar historicamente num âmbito supra-nacional, o das interacções Portugal - Brasil, que justifica a sua abordagem comparativa, sem deixar de prestar atenção às especificidades locais, que incluem processos de apropriação, adaptação, miscigenação e ressignificação culturais.

Darei dois exemplos, de carácter totalmente diverso, das transformações ocorridas desde a importação desta prática devocional, ambas documentadas no presente livro: por um lado, o trânsito da tradição oral para a escrita artístico-musical, confiada a profissionais, em obras de compositores brasileiros dos séculos XVIII e XIX presumivelmente associados a instituições religiosas (o exemplo do século XX também referido neste volume corresponde a um contexto muito diferente); por outro lado, a adopção, pelos grupos observados directamente em trabalho de campo, de um instrumento indígena, o berra-boi, a par da matraca, no acompanhamento do cantar e do rezar «pr'às almas». Note-se que a diversidade das formas que este costume pode tomar inclui a presença, ou não, de polifonia vocal, ou até de acompanhamento de instrumentos de corda.

Em suma, Vinícius Eufrásio logra oferecer-nos neste livro, ao longo de uma exposição diligentemente elaborada e de invulgar ímpeto documental, avesso ao mero resumo, um panorama vasto e ricamente diversificado (apesar de não esgotado) de uma tradição luso-brasileira muito particular, cujos fundamentos ideológicos, associações mágicas e carácter lúgubre estão

---

[7] Rossini Tavares de Lima, *A B C de Folclore*, Conservatório Dramático e Musical de São Paulo, 1952, cit. in Dias e Dias, *A encomendação das almas*, p. 6.

nos antípodas da mentalidade moderna, mas que, apesar disso, constitui um património orgulhosamente mantido pelos seus agentes, necessário e desafiante para as respectivas comunidades, e, em todo o caso, culturalmente valioso e diferenciador. O leitor do presente volume não pode deixar de render-se quer à vitalidade da tradição visada quer à abrangência e seriedade da abordagem aqui seguida, que muito honra o seu autor.

Manuel Pedro Ferreira

Universidade Nova de Lisboa, FCSH / CESEM / IN2Past

INTRODUÇÃO

A *Encomendação das Almas* é um ritual religioso cuja base norteadora de seus princípios está relacionada às práticas católicas da Europa medieval (NASCIMENTO, G. de P. A., 2007; PASSARELLI, 2007; PEDREIRA, 2010a; TEIXEIRA, 2009), mas que, atualmente, ainda é encontrada dentre as práticas do catolicismo popular[8] praticado em várias localidades no Brasil. O ato de encomendar, ou rezar para as almas, é uma prática da fé cristã trazida pelos colonizadores portugueses cuja manifestação foi difundida no Brasil mantendo características similares à manifestação que ocorre em Portugal (ÁVILA, 2014, p. 44).

O rito, tradicionalmente, é dotado de vários elementos sonoros que têm participação efetiva no seu desenvolvimento, pois possuem conexões diretas com várias de suas representações simbólicas, místicas e procedimentais. De acordo com a bibliografia existente sobre essa temática, foi possível constatar que alguns desses elementos são comuns à maioria dos locais onde há registro sobre a prática dessa manifestação, como é o caso de instrumentos musicais mais tradicionais à recorrência do evento, como o berra-boi[9], a campainha, o sino e a matraca.

Os cantos ou rezas cantadas, assim como são tratados pelos próprios encomendadores, mesmo presentes com muitas variantes nas suas formas melódica e textual[10], são considerados como elementos sonoros indispensáveis à prática do ritual, pois é por meio da função de comunicação atribuída a estes que os praticantes do ritual realizam o contato entre os vivos e os mortos (PEDREIRA, 2009, 2010a, 2010b). Estes são, portanto, apresentados neste estudo como um dos pontos essenciais para a realização da *Encomendação das Almas*, abordando, sobretudo, o escopo musical que é sacralizado pelo contato místico proporcionado no âmbito dessa

---

[8] O Catolicismo Popular veio com os próprios colonos lusitanos e se caracteriza pela devoção aos santos, dos quais se espera proteção para superar as dificuldades e resolver os problemas desta vida, bem como para obter a salvação eterna, portanto, é um conjunto de representações e práticas religiosas ligando o ser humano ao sobrenatural pela mediação dos santos e santas independentemente da intercessão dos religiosos institucionais. Este se define pela autoprodução religiosa — uma comunidade se une pelos seus atos religiosos numa atividade comum e autônoma; porém numa sociedade de classes, os rituais populares católicos estão vinculados aos símbolos religiosos do catolicismo oficial, ou seja, do catolicismo romanizado (CRUZ, 2010).

[9] Pedaço de madeira lascada presa a um cordão, que ao ser repicado ao chão e girado produz um zumbido grave.

[10] Na bibliográfica consultada, foi possível perceber que a cada recorrência do ritual em uma localidade distinta, são encontrados novos exemplos de reza cantada cujos elementos melódicos e textuais contêm características variantes. Essa questão será apresentada e discutida no Capítulo 2.

manifestação ritualística; sobretudo por algumas das pessoas que habitam os povoados rurais localizados no entorno do município de Cláudio, na região centro-oeste de Minas Gerais.

A possibilidade de realizar esta pesquisa sobre as rezas cantadas do ritual de *Encomendação das Almas* na região de Cláudio (MG) surgiu a partir de minha atuação profissional da educação musical no município, exercendo atividades relacionadas a processos de ensino-aprendizado de música e me evolvendo com as manifestações culturais da cidade, bem como com as pessoas que promoviam ou participavam de sua realização. Outro ponto importante foi o contato com o maestro e professor Gibran Zorkot[11], primeira pessoa a me contar sobre a tradição da *Encomendação das Almas* que ocorria na região, partilhando comigo algumas informações sobre a realização do rito no povoado da Bocaina e me possibilitando contato com familiares dos rezadores que participavam das celebrações.

Logo nos primeiros encontros com essas pessoas[12], foi possível perceber claramente como a *Encomendação das Almas* representava algo de grande importância em suas vidas e também observar questões sobre o quanto esses indivíduos encontravam-se preocupados com a manutenção, salvaguarda e registro dessa tradição, bem como das rezas cantadas que a integram. Nesse contexto, que veio a florescer no processo de candidatura ao curso de mestrado no Programa de Pós-Graduação em Música da Universidade Federal de Minas Gerais, solicitei a essas pessoas permissão para acompanhar os rituais e realizar um estudo musicológico sobre sua prática, realizando, além de observações, um registro audiovisual das celebrações, algo que, até então, inexistia dentre os arquivos presentes nas instituições que guardam os registros da história da cidade, como o Museu Municipal, a Biblioteca Pública Municipal, Casa Paroquial, dentre outros[13].

Contudo, para melhor compreender a prática do ritual de *Encomendação das Almas* e os percursos que originaram sua prática no Brasil e em Cláudio (MG), este trabalho integrou também um processo de pesquisa bibliográfica e histórica, abordando o trânsito internacional existente na tradição dessa celebração. Entretanto, devido ao limite de tempo para realização e conclusão da pesquisa, tornou-se inviável que um grande

---

[11] Gibran Zorkot é um respeitado professor e regente da região centro-oeste de Minas Gerais cuja atuação movimenta a produção e atividade de formação musical na região há décadas.

[12] Destaco aqui Sr. Afonso, Vera, dona Nazaré, Suelene, dona Hilda e dona Lena.

[13] Cabe citar que mesmo os livros que registram a história da cidade omitem a existência da *Encomendação das Almas*.

volume de fontes documentais fossem exploradas, como os acervos de várias ordens religiosas que realizaram e mantiveram missões de evangelização ao longo da história no Brasil e, por outro lado, devido a condicionantes como a ação do tempo sobre fatos, vidas, práticas e memórias, não me foi possível, diante da falta de registro gráfico e da limitação de fontes orais, tomar conhecimento sobre os contextos que circundavam essa prática na região que hoje é Cláudio há aproximadamente um século.

Desse modo, a forma do meu estudo reflete na respectiva forma como o texto está organizado no âmbito deste livro, apresentando, primeiramente, informações, reflexões e análises que tiveram origem durante o processo de pesquisa bibliográfica e documental, seguido por uma segunda parte de cunho etnográfico na qual demonstro, descrevo e relato o trabalho de campo, apresentando também os processos, coletas de dados, reflexões, análises e resultados alcançados ao longo dessa etapa.

Assim, no decorrer da primeira parte, apresento um panorama em torno da prática de *Encomendação das Almas* existente no Brasil, o que me possibilitou tomar conhecimento sobre a relação existente com a tradição portuguesa e buscar, também por meio de material bibliográfico, compreender quais foram as relações históricas, tradicionais, procedimentais e musicais estabelecidas dentro do espaço luso-brasileiro. Tais relações são apresentadas a partir de uma abordagem que relaciona consecutivamente um olhar musicológico sobre conceitos e suas relações com meu campo de pesquisa, traçando um panorama em torno dos aspectos que caracterizam o ritual. É realizado também um apanhado sobre elementos que caracterizam a prática do rito no Brasil e em Portugal, sobre os quais, em seguida, é realizada uma análise de cunho comparativo, identificando partilhas de significados, simbolismos e procedimentos que explicitam o contato cultural em meio à trama, por vezes complexa, das relações humanas.

Ao longo da segunda parte deste livro, a prática do ritual de *Encomendação das Almas* é abordada tendo em vista as recorrências e tradições existentes nos povoados do entorno de Cláudio (MG), especificamente, nos povoados da Bocaina, Machadinho e São Bento, trazendo o relato etnográfico a partir de minhas observações, coletas de dados por meio de gravações audiovisuais e reflexões que culminaram por meio da análise desse processo e do contato direto com os participantes dos grupos que promovem as celebrações nessas localidades durante o período da Quaresma. Em meio ao caráter etnográfico expresso no texto, há a apresentação e análise das rezas cantadas, apresentadas em dois formatos: o primeiro, por meio de transcrições musicais; o segundo, a partir da integração intermidiática através da utilização de *QR-Codes*, possibilitando ao leitor um acesso ao material digital coletado durante a pesquisa, promovendo uma aproximação com o universo sonoro e performático do ritual de *Encomendação das Almas* local.

Os procedimentos metodológicos desta pesquisa seguiram basicamente duas etapas, a primeira de cunho bibliográfico e a segunda de cunho etnográfico, sendo que o trabalho de campo foi empreendido basicamente durante as Quaresmas de 2015 e 2016, seguindo uma projeção e submetido à avaliação da Comissão Nacional de Ética em Pesquisa (Conep), tendo sido aprovada sob o parecer consubstanciado de número 2.083.259 logo após a verificação de documentos que apresentavam a esse comitê informações referente aos recursos metodológicos para coleta e análise dos dados, a forma de abordagem para com os interlocutores, bem como os riscos representados por esta pesquisa para ambas as partes.

Em relação à obtenção de dados por meio de entrevistas, estas se deram a partir das formas semiestruturadas e informais (GIL, 2010), sendo analisadas a partir do conceito de memória comunicativa e cultural[14] (ASSMANN, 2008) enquanto formação e reconstrução de uma memória coletiva (HALBWACHS, 1997). Em relação à obtenção de informações acerca de narrativas, especialmente por nossos interlocutores se tratarem de pessoas em idade avançada[15], o formato de entrevista informal se revelou muito frutífero durante toda a pesquisa (OLIVEIRA, V. E. de, 2017), especialmente por promover um clima descontraído a partir do envolvimento com nicho-biocultural do entrevistado (MENDES; MENDES, 2013) por intermédio e participação de pessoas que lhes são próximas, realizando uma conexão mais natural entre pesquisador e sujeito de pesquisa.

Este trabalho tem como objetivo geral, conhecer e compreender os aspectos musicais relacionados ao jeito cantado de se rezar durante as celebrações nos ritos de *Encomendações das Almas*, prezando também por conhecer o contexto sociocultural em que essa manifestação está inserida; abordando a história e os contextos que circundam a prática desse ritual;

---

[14] Entende-se por memória a faculdade que possibilita a formação de consciência e identidade em níveis pessoais e coletivos de caráter local, específico de um grupo determinado e seus valores (ASSMANN, 2008, p. 116-121).

[15] Vale ressaltar que alguns dos participantes deste estudo vieram a falecer no decorrer do processo de investigação, não sendo possível colher mais do que um depoimento durante a pesquisa, como o Sr. Vicente de Bocaina e dona Nilza, líder do grupo de *Encomendação das Almas* que realizava práticas no povoado de São Bento, a qual, na Quaresma de 2016, deu grandes contribuições a nosso estudo, indo a óbito em janeiro de 2017, acarretando a não realização das rezas nesse ano em sua comunidade.

levando em conta sua transmissão por via da oralidade, mas apresentando possibilidades que integraram a análise de transcrições musicais manuscritas, principalmente abordando-as como documentos que contêm registros de práticas de *Encomendação das Almas* ao longo dos séculos, sendo um tipo de olhar, aparentemente, ainda pouco explorado sobre o tema.

Durante a realização do curso de pós-graduação, envolvi-me em vários tipos de atividades que me colocaram em contato com práticas rituais. Desde disciplinas que cursei, a estágios docentes realizados, particularmente na disciplina *História e Música A: Música e rituais*. Durante meu primeiro ano como mestrando na linha de pesquisa Música e Cultura, procurei assistir ao máximo de práticas ritualísticas possível, para que assim pudesse educar minha percepção e sensibilizar-me enquanto espectador de práticas que possuem representação simbólica e que, por vezes, culminam por possuir diferentes sentidos nas vidas das pessoas.

Desse modo, a constante presença em locais onde ocorrem práticas ritualísticas, além do constante acesso com seus praticantes, incentivavam-me a realizar sempre uma mesma pergunta: "você conhece ou já ouviu falar na reza pras almas ou *Encomendação das Almas?*". Confesso que, para minha surpresa, várias pessoas davam uma resposta positiva à minha pergunta, pois comecei esta pesquisa pensando se tratar de um rito extremamente desconhecido. Contudo infelizmente a maioria das pessoas que contatei, nesse sentido, embora tivessem informações sobre o procedimento do ritual, não traziam consigo memórias sobre meu principal ponto de investigação, as rezas cantadas. A partir daí, dei início ao trabalho que culmina, aos menos por enquanto, nas páginas que dão sequência a este texto.

PARTE I
RITOS DE
ENCOMENDAÇÃO DAS ALMAS

1

ASPECTOS GERAIS, TRÂNSITOS E RECORRÊNCIAS

O ritual de *Encomendação das Almas* é um rito de cunho religioso composto de cantos lamentosos, geralmente de caráter lúgubre, através dos quais os participantes rezam pelas almas de seus familiares já falecidos ou pelas almas de muitos outros tipos de mortos que consideram ainda necessitar de orações, como as almas do purgatório[16], as almas de determinado cemitério, as almas dos afogados e vários outros necessitados (ANTONIO, 2013, p. 110; OLIVEIRA; ARAUJO, 2011, p. 93). Ocorre tradicionalmente em algumas localidades durante determinados dias da quaresma[17] (ANTONIO, 2013; BORGES; MAURÍCIO; SANTOS, 2011; CARVALHINHO, 2010; COSTA, 2012; MAHFOUD, 1999, [s. d.]; NASCIMENTO, 2007; OLIVEIRA; ARAUJO, 2011; PAES, 2007; SANTOS, A. R., 2014; SILVA, 2009), mas também em alguns outros locais, durante o período que compreende a Semana Santa[18] (CARVALHINHO, 2010; CHAVES, 2011; FORTES, 2004; PEREIRA, 2005; SOARES, 2013, 2014).

A partir do corpus bibliográfico consultado sobre o ritual ao longo da fase de levantamento e revisão desta pesquisa, foi possível constatar que a prática desse rito se estendeu por variadas localidades em todas as cinco

---

[16] Na concepção popular, o purgatório é um meio-termo entre céu e inferno, contendo gradações, sendo estas respectivamente superiores e inferiores (PASSARELLI, 2007, p. 5)

[17] Quaresma é a designação do período de quarenta dias que antecedem a principal celebração do cristianismo: a Páscoa, a ressurreição de Jesus Cristo, que é comemorada no domingo e praticada desde o século IV. A Quaresma começa na Quarta-feira de Cinzas e termina no Domingo de Ramos, anterior ao Domingo de Páscoa. Durante os quarenta dias que precedem a Semana Santa e a Páscoa, os cristãos dedicam-se à reflexão, à conversão espiritual e se recolhem em oração e penitência para lembrar os quarenta dias passados por Jesus no deserto e os sofrimentos que ele suportou na cruz.

[18] A Semana Santa, parte do calendário litúrgico católico, de acordo com o frade franciscano Francisco Van der Poel. Na Semana Santa, também denominada como Semana Maior, os cristãos relembram anualmente os sofrimentos, a morte e a ressurreição de Jesus Cristo. As celebrações ocorrem na semana depois da quaresma e anterior à Páscoa. A Semana Santa compreende o período entre o Domingo de Ramos e o Domingo da Ressurreição. Seus dias também recebem denominação especial, sendo: Domingo de Ramos; Segunda-feira Santa; Terça-feira Santa; Quarta-feira Santa; Quinta-feira Santa ou Dia de Endoenças; Sexta-feira Santa ou Sexta-feira da Paixão; Sábado Santo ou Sábado de Aleluia; Domingo de Páscoa ou Domingo da Ressurreição.

grandes regiões do Brasil[19] e vem sendo mantida em terras brasileiras e também portuguesas até a atualidade (ÁVILA, 2014, p. 46), guardando elementos basilares para sua realização e também incorporando elementos variados de acordo com cada realidade local.

Dentre os principais estudos que abordam a prática do ritual foram encontrados[20] livros, artigos, teses, dissertações e atas de conferências relacionadas com diversas áreas do conhecimento como Antropologia; Música (em Portugal); Estudos da religião; História e geografia; História; Comunicação; Turismo; Psicologia; Ciências ambientais; Letras; e Educação (EUFRÁSIO; ROCHA, 2015, p. 7). Contudo, segundo o que se pôde observar em relação à produção bibliográfica existente no Brasil acerca dessa temática, não havia até então uma base de trabalhos que abordassem o rito através de uma perspectiva musicológica e que estabelecesse relações entre o modo como ocorrem as interações entre as rezas cantadas, os encomendadores, a tradição, a performance e a efetividade do rito em prol das almas.

Embora, de forma geral, a bibliografia disponível sobre o ritual até então sugeria uma imprecisão quanto a informações e dados específicos sobre o início de sua prática no Brasil[21], podemos considerar que essa tradição de raízes Ibéricas (PASSARELLI, 2007, p. 1) está relacionada com formas mediterrâneas de lamento, as quais teriam sido trazidas para o Brasil através do colonialismo português, configurando-se em solo brasileiro como uma

---

[19] A partir da revisão bibliográfica realizada para fundamentação deste trabalho, foi possível encontrar pelo menos um relato referente à prática de *Encomendação das Almas* em cada uma das cinco grandes regiões do Brasil (Sul, Sudeste, Centro-Oeste, Nordeste e Norte), abrangendo quase que todos os estados brasileiros. O trabalho de campo realizado durante esta pesquisa leva a supor que muitas práticas desse rito ainda podem ocorrer em localidades ainda inexploradas, pois os três grupos de encomendadores que acompanhei, embora exercessem suas atividades em locais próximos um do outro, desconheciam-se.

[20] Vale ressaltar que não houve tempo hábil para esgotamento dos materiais bibliográficos existentes, mas foi feito um esforço para abarcar o máximo de material possível publicado até 2017. Contudo, em determinados trabalhos que serviram de referenciais para esta pesquisa, observou-se menções a textos que não foi possível encontrar, como o trabalho "Recomendação de almas, uma tradição que não desapareceu" de Rossini Tavares de Lima, apresentado no I Congresso Brasileiro de Folclores que o ocorreu no Rio de Janeiro em 1951 e que é mencionado por Margot e Jorge Dias (1953, p. 6) como uma produção de grande interesse.

[21] Durante o segundo semestre de 2016, realizei algumas buscas e estabeleci contatos com pessoas ligadas a determinadas ordens religiosas, como os Capuchinhos da Custódia da Piedade e Franciscanos observantes (Ordem dos Frades Menores), sondando sobre a possibilidade de acesso aos seus arquivos documentais. Acredito que uma pesquisa documental em fontes primárias juntamente a essas ordens poderá revelar informações inéditas sobre a prática de *Encomendação das Almas* que era realizada no Brasil nos séculos XVII e XVIII, abrindo margem para análises historiográficas sobre o rito.

manifestação característica do catolicismo popular[22], especialmente por adquirir proximidade com religiões afro-brasileiras (PEDREIRA, 2010a, p. 2).

Tendo em vista uma perspectiva histórica em relação às raízes europeias do ritual, podemos perceber que a origem da prática de *Encomendação das Almas* vai ao encontro de antigas tradições e crenças de culto aos mortos, próprias de determinadas sociedades da Europa medieval, como o reconhecimento oficial do Purgatório na doutrina cristã em 1254 por Inocêncio IV; a determinação da eficácia dos sufrágios pelas almas implicada nas determinações do 2ª Concílio de Lyon no ano de 1274; por Gregório X, mais tarde com sua reafirmação enquanto crença dogmática a partir do Concílio de Trento (1545-1563) como um espaço/tempo intermediário no qual determinados mortos passam por provações, podendo ser abreviadas pelos sufrágios e ajuda espiritual dos que advêm dos vivos (ABRUNHOSA, 2016, p. 40-42).

As primeiras confrarias ou irmandades surgiram em toda a Europa no século XIII, vinculadas às atividades dos Beneditinos. Esses religiosos tinham como principal vocação a prática da caridade em integração com a morte. Determinadas congregações, como os Carmelitas, os Beneditinos e os Jesuítas impulsionaram novos aspectos do culto às almas e, consequentemente, o surgimento das Confrarias das Almas[23], institucionalizando a crença no Purgatório e o dever dos cristãos à oração caridosa em prol das almas, em específico, aquelas abandonadas, que necessitariam de especial atenção (ABRUNHOSA, 2016, p. 43). Segundo Maria Abrunhosa (2016, p. 49), o primeiro a pregar a eficácia dos sufrágios pelas almas, "principalmente pelas mais abandonadas", foi Santo Agostinho (354-430), afirmando que, ao contrário dos pagãos, os cristãos têm passagem para outro mundo, mesmo que, na ocasião de sua morte, não tenham sido celebrados os devidos rituais fúnebres.

---

[22] Sobre a configuração desse tipo de catolicismos, Evandro Faustino (*apud* DUARTE, 2016, p. 39-40) entende que, com o passar do tempo, esse emaranhado de práticas particulares foi se auto-organizando e se disseminando nas vastidões da Colônia através de inúmeras entidades formais como as Irmandades e Confrarias, e um número ainda maior de entidades informais, mas fortemente atuantes como Reisados, Festas, Danças e Rezas. Essa "auto-organização" fomentou ainda o surgimento de "ministros" leigos como os rezadores e os "beatos", os benzedores e os eremitas, os festeiros e os cantadores. Edificou santuários, ergueu oratórios, plantou "Santas Cruzes", edificou capelas, formou ermidas, criou romarias e congregou multidões. Disseminado pelo território brasileiro, o Catolicismo Popular configurou-se em uma vastíssima gama de devoções, um emaranhado de práticas, repleto de normas e costumes não escritos nem codificados. Todos os seus "devotos" se autoafirmavam católicos, mas suas práticas comparadas com as do Catolicismo "Oficial" eram às vezes tão discrepantes que chegavam a parecer outra religião.

[23] No Brasil é encontrado o termo *Irmandade das Almas* (PAES, 2007, p. 49).

Margot e Jorge Dias (1953) mencionam que a *Encomendação das Almas* pode ter sido, inicialmente, um costume urbano e eclesiástico, embora nas aldeias se tivesse misturado alguns desses elementos urbanos a práticas religiosas, como as novenas das almas que eram rezadas nas igrejas das zonas rurais portuguesas. Os autores ainda mencionam a função de encomendador enquanto cargo público, pois o mesmo usava uma campainha e era pago pelos cofres da cidade, sendo encarregado de encomendar, durante a noite, as almas dos mortos e lembrar à população para que tivessem devidos cuidados para evitar a ocorrência de incêndios (DIAS; DIAS, 1953, p. 74).

Segundo Prior Almeida (s. d. *apud* ABRUNHOSA, 2016, p. 53), nas camadas mais populares, as orações quaresmais realizadas em voz alta e publicamente durante a noite, relacionadas a penitências, promessas e à paixão e morte de Jesus Cristo, teriam tido origem em meados do século XVI antes mesmo da introdução do terço, havendo, anteriormente, em seu lugar a *reza de ceia/ação de graças/as graças a Deus*. Essa reza era variável em cada localidade e, até mesmo, de família para família. Fundamentava-se, principalmente, em uma série de *Pai Nossos* e *Ave Marias* sucessivamente realizados em prol das almas dos pais, familiares e entes queridos já falecidos; pelas almas do Purgatório; em prol dos que estavam em pecado mortal; pelos que se encontravam na agonia da morte; pelos frutos da terra e do mar; pelos que andavam sobre as águas do mar. A partir de considerações apresentadas ao longo deste capítulo, será possível averiguar o quanto a intenção da reza mencionada faz estreita relação com as intenções da *Encomendação das Almas*, ilustrando o elo histórico a partir da similaridade entre as tradições.

Contudo, nos séculos XVI e XVII, a prática de *Encomendar as Almas* passa a ser gradativamente abandonada pela Igreja, vindo a ser realizada através da oração ou pela celebração Eucarística. Entretanto a prática dessa tradição continuou a ser transmitida através de um viés popular, por meio da oralidade, geração após geração, estando diretamente relacionada aos perigos, às tragédias e desventuras familiares que acompanhavam os descobrimentos portugueses. Essa tradição chegou ao Brasil por volta do século XVI, que a utilizaram amplamente no processo de evangelização. De acordo com Gabriela Segarra Martins Paes (2007), a introdução do ritual no Brasil ocorreu a partir de um trânsito migratório com a chegada dos padres Jesuítas. A autora sugere que a inserção dessa prática estava relacionada com o esforço realizado pelos padres em prol de disciplinar e evangelizar os indígenas e os negros, colocando-os em contato com temas da doutrina católica, como a existência de um pós-morte no purgatório e a ideia de um pecado mortal para a alma, tencionando os "novos evangelizados" a agirem segundo determinadas normas desejadas.

Em suma, segundo a mesma autora (PAES, 2007), o rito de *Encomendação das Almas*, em sua base religiosa, estava carregado de um caráter de doutrinação, na tentativa de transformar os hábitos pecaminosos de escravos, sacerdotes e demais habitantes das vilas, os quais viveriam em desacordo com os preceitos da Igreja Católica da época, como em suas situações de união/casamento que não eram sancionadas pela Igreja por não praticarem regularmente o ato da confissão de seus pecados. Assim, a *Encomendação das Almas* deveria contribuir para adoção de comportamentos orientados em conformidade com os valores morais católicos.

> Este rito, a "Encomendação das Almas", aparece acompanhado de sermões, doutrinação e confissão na tentativa de modificar os hábitos de escravos, sacerdotes e demais habitantes das vilas, os quais estavam vivendo em pecado mortal, pois suas uniões não eram sancionadas pela Igreja e também por não se confessarem regularmente. Desta forma, a "Encomendação das almas" deveria auxiliar na adoção de comportamentos orientados segundo os preceitos da Igreja Católica (PAES, 2007, p. 45).

O ato de encomendar almas não é uma prática culturalmente exclusiva de um único grupo étnico (SOARES, 2014, p. 11), e pode ser entendido como uma formação cultural resultante do encontro cultural de diferentes povos, pois desde que esse ritual passou a ser praticado também no Brasil, houve inúmeros trânsitos culturais entre as várias etnias que compuseram a população do país. A pluralidade étnica presente entre as pessoas praticantes do ritual de *Encomendação das Almas* pode ser observada a partir de estudos sobre essa manifestação em determinadas comunidades remanescentes de quilombos (PAES, 2007; SOARES, 2013, 2014), comunidades cafuzas (WELTER, 1999) e também nas comunidades com as quais, juntamente, realizo esta pesquisa, em que os grupos encomendadores de almas contêm participantes cuja descendência étnica também é possível observar a miscigenação.

Para Cristina Pompa (2004, p. 72), o delineamento religioso do sertão foi constituído no decorrer de um processo de tradução cultural e de ajustes e reconfigurações simbólicas a partir do encontro entre diferentes crenças e modos de compreender a vida como o catolicismo ibérico e cosmologia indígena nas aldeias missionárias fundadas pelos jesuítas nos séculos XVII e XVIII, tendo sequência com as missões capuchinhas junto à população "cabocla" até o século XIX.

No município de Oriximiná, localizado no estado do Pará, por exemplo, há descendentes de diferentes povos que interagem entre si em virtude do ritual de *Encomendação das Almas*, sendo estes advindos de portugueses, de italianos, afrodescendentes remanescentes de quilombos e de diferentes grupos indígenas. Essas pessoas, independentemente das raízes das quais descendem, participam de uma mesma comunidade e congregam umas com as outras, especialmente, devido a suas relações de parentesco, compadrio e amizade (SOARES, 2013, p. 33-36). Assim, mesmo diante de uma série de tensões sociais existentes na sociedade brasileira, percebemos que hoje as identidades coletivas se constroem mais por adesão ou opção dos sujeitos do que pelo critério da descendência, rompendo um pensamento colonial.

Em relação à mistura étnico-cultural que ao longo dos séculos influenciou a formação dos costumes que hoje configuram-se como práticas desse ritual em solo brasileiro, devemos considerar também que entre os diferentes povos que desembarcaram, há dentre eles, as várias etnias trazidas da África, escravizadas e tratadas genericamente como povos *bantu* e *sudanenses* (*iorubá*), mas que se integram em grandes grupos linguísticos e culturais compostos por diferentes povos, aldeias, confederações e reinos da África Centro-ocidental. É importante considerar também os diferentes grupos nativos de etnias indígenas que já viviam nesse espaço, levando em conta que, através de variadas dinâmicas e situações, participaram do contato cultural com colonos e escravos negros, deixando também marcas de sua cosmologia nos costumes que vieram a configurar a tradição do rito de *Encomendação das Almas*.

Conforme identificado por Mariana Pettersen Soares (2013, p. 262), essa cosmologia existente em torno do ritual abarca diferentes ideias e símbolos de tradições discursivas que foram transmitidas pelos diferentes grupos sociais e étnicos no decorrer de sucessivos processos histórico-sociais, como a referida presença de várias etnias indígenas, de missionários colonizadores europeus e de africanos trazidos como escravos, mas também dos fluxos migratórios internos de pessoas do Sul e do Nordeste brasileiro.

Em um encontro didático com o professor doutor Ângelo Nonato Natale Cardoso[24] e em entrevista posterior (2016)[25], foram levantadas questões sobre a real necessidade ou pertinência de se discutir a questão racial

---

[24] O referido encontro ocorreu nas dependências da Escola de Música da UFMG no dia 13 de julho de 2016. Nessa ocasião, partindo de uma questão relacionada a definições do termo *etnia* em estudos etnomusicológicos, o professor doutor Ângelo Cardoso apresentou algumas considerações sobre o tema, cedendo-me, posteriormente, em 18 de novembro de 2016, uma entrevista gravada.

[25] Entrevista realizada em 18 de novembro de 2016.

no âmbito de práticas rituais oriundas de matrizes étnicas distintas, uma vez que, desde a colonização, a mistura de povos e culturas tomou proporções capazes de gerar transformações nas culturas de matrizes étnicas diversas e que hoje possamos pensá-las enquanto culturas pluriétnicas.

Segundo Ângelo, é importante levantar indagações sobre a necessidade, aplicabilidade ou pertinência atual de se abordar e distinguir questões raciais no âmbito de práticas ritualísticas oriundas de matrizes étnicas diversas, uma vez que a partir do processo de colonização, a miscigenação e câmbios culturais tomaram proporções capazes de gerar transformações definitivas nas culturas de matrizes, que hoje se refletem enquanto culturas pluriétnicas. Considerando que tal distinção e discussão são pertinentes somente enquanto dado para a produção de conhecimento historiográfico e que, nesse sentido, talvez haja ainda a necessidade de apontamentos sobre as raízes culturais de determinada prática como tendo origem neste ou naquele grupo étnico, neste ou naquele povo. Essa colocação pode ser verificada ao analisarmos o cenário em torno de manifestações rituais que atualmente reúnem participantes oriundos de grupos étnicos contrastantes ao grupo que historicamente deu origem a essa manifestação. Desse modo, foi possível constatar que a diversidade étnica, resultado da elevada miscigenação e consequentes processos de ressignificação cultural, surge enquanto característica que atribui um caráter pluriétnico no âmbito das práticas desse rito.

Desse modo, é possível compreendermos que promover distinções étnico-raciais permite aumentar o preconceito cultural, religioso e também social, pois declarar que tal manifestação cultural é identificada e pertencente a um grupo de origem, embora tenha uma prerrogativa histórica, é um ato que, ao mesmo tempo, possui fatores excludentes. O dinamismo da cultura é promovido por pessoas que agem ativamente, pois cada pessoa encontra nas práticas culturais motivações próprias para fazer valer sua existência e identidade, produzindo, mas também alterando substancialmente a cultura com a qual mantém contato da mesma forma que a promove.

A hibridação étnico-cultural, firmada fortemente pelas várias etnias trazidas e escravizadas da África e genericamente referidas como povos *bantu* e *sudanenses*, integrava os grandes grupos linguísticos e culturais compostos por diferentes povos, aldeias, confederações e reinos da África Centro-ocidental que, no decorrer de séculos, influenciou a consolidação dos costumes e manifestações desse ritual em solo brasileiro. Numa outra perspectiva, encontravam-se também os contatos com os distintos grupos e diversas etnias de povos nativos que já viviam e habitavam em suas aldeias, no território que hoje denominamos como Brasil. Através de variadas e desconhecidas dinâmicas e situações sociais que permearam os contatos culturais entre esses grupos nativos com colonos e escravos africanos, podemos reconhecer vestígios de sua cosmologia nos costumes que vieram a fazer parte do que hoje é reconhecido como a Encomendação das Almas.

Devemos considerar que quaisquer expressões artísticas (e aqui incluímos as de cariz performático e religioso), se vistas e analisadas tendo em perspectiva as culturas em que são produzidas, fazem sentido por se relacionarem diretamente com uma sensibilidade que elas mesmas ajudam a criar (GEERTZ, 2014). Nesse âmbito, este trabalho relaciona a prática de Encomendação das Almas que ocorre no Brasil com o processo de colonização e exploração de mão de obra escrava que, a partir de um contato migratório, resultou em intensos processos de apropriação e expropriação cultural, provocando a disseminação do ritual pelo território do país e transformando algumas de suas características a cada recorrência em nova localidade. Tais práticas, embora possam ter configurações distintas, mantêm elementos comuns que nos possibilitam identificar, caracterizar e delimitar ações que correspondem a manifestações desse ritual no Brasil.

Como exemplo da atual recorrência da *Encomendação das Almas* em terras lusitanas, foram encontrados trabalhos que vão desde a década de 1950 até os dias atuais, como é o caso da pesquisa de Jorge Dias e Margot Dias, intitulada *A Encomendação das Almas* e o trabalho de Manuel Rodrigues Simões Júnior denominado como *A Encomendação das Almas em Arouca*, ambos datando o ano de 1953; o livro *Algarve: Tradições Musicais* (1995), trazendo o texto *A música popular tradicional no Algarve: contributos para seu estudo*, escrito por Rui Moura Jerônimo (1995); o livro *Algarve: Tradições Musicais* (1996); o trabalho de Miguel Nuno Marques Carvalhinho (2010), que apresenta um estudo sobre cânticos de tradição oral em determinadas regiões de Portugal, tendo coletado dentre estes, algumas transcrições que retratam textos e melodias entoadas nos rituais de *Encomendação das Almas*; o trabalho de Maria Adélia Gonçalves Martins de Abrunhosa (2016), que aborda o rito de *Encomendação* praticado na região de Idanha-a-Nova enquanto patrimônio musical na cultura portuguesa e sua presença nos currículos escolares; dentre outros.

Atualmente, no Brasil há registros da prática desse ritual em diversas localidades, cada uma apresentando características particulares, o que dificulta a tarefa de enquadrar a *Encomendação das Almas* dentro de uma definição precisa. Embora existam relatos da prática desse ritual em todas as regiões do Brasil (PEDREIRA, 2009, p. 2), os principais estudos possuem um olhar sobre a região da Chapada Diamantina e algumas outras localidades dos estados da Bahia, Amazonas, São Paulo, Goiás, Rondônia, Pará, Sergipe, Paraná e Minas Gerais, trazendo consigo descrições que demonstram a diversidade de formas pelas quais o ritual é praticado, mas ao mesmo tempo também demonstrando algumas semelhanças a cada recorrência na manifestação do rito (MAHFOUD, 1999; NASCIMENTO, G. de P. A., 2007; PASSARELLI, 2007; PEDREIRA, 2010b; PEDRO, 2009; PEREIRA, 2005; PORTO, L.; KAISS; COFRÉ, 2012; SANTOS, M. F. D. J., 2011; SOARES, 2014; TEIXEIRA, 2009; VIOLA, 2010).

A prática da *Encomendação das Almas* no Brasil

Para a construção de um panorama sobre como a prática do ritual de *Encomendação das Almas* tem ocorrido no Brasil e quais os contributos já levantados pelos estudos que antecedem a produção do presente livro, é necessário conhecer também as perspectivas pelas quais estes se deram e que tipo de abordagem privilegiaram.

Nesse âmbito, conhecer e compreender a música resultante do jeito cantado de se rezar nos ritos de *Encomendações das Almas* requere conhecer o contexto sociocultural em que essa manifestação está inserida, pois, ao considerarmos a etnografia[26] da música como a escrita sobre os modos pelos quais as pessoas fazem música, ou seja, como uma abordagem descritiva da música (SEEGER, 2008, p. 39), faz sentido conhecermos um pouco da história e os contextos que cercam o ritual, não esquecendo, entretanto, que o ritual aqui abordado, assim como várias práticas da religiosidade popular, é uma tradição cuja transmissão se dá principalmente pela via da oralidade, trazendo consigo grandes obstáculos a serem superados, um deles, diz respeito à escassez de registros escritos (particularmente referentes aos séculos XVI, XVII e XVIII), tais como fontes primárias que tenham registrado práticas de *Encomendação das Almas* ao longo dos séculos que perpassam sua ocorrência.

---

[26] A etnografia é entendida como um processo que requer observação e análise de grupos humanos (LEVI-S-TRAUSS, 1973, p. 14 *apud* GONÇALVES, J. R. S., 2008, p. 9) tratando-se de uma atividade eminentemente interpretativa, constituída de uma densa parte descritiva voltada à busca pela compreensão de estruturas de significação (GEERTZ, 1978, p. 15 *apud* GONÇALVES, J. R. S., 2008). Tal observação deve assumir um caráter participante, onde o pesquisador mantém um contato direto com o objeto de estudo a fim de obter informações sobre a realidade vivenciada pelas pessoas em seus próprios contextos (GIL, 2010, p. 129).

Aspectos gerais da prática

Dentro do corpus bibliográfico pesquisado para elaboração desta obra, foi possível encontrar trabalhos que tiveram como foco principal uma abordagem direta sobre o ritual de *Encomendação das Almas*, bem como trabalhos que apenas mencionam a existência dessa prática em determinada localidade do país, não apresentando quaisquer explicações específicas sobre sua realização, sobre o contexto no qual o rito está envolto ou sobre as pessoas que o fazem. Desse modo, enquanto alguns trabalhos auxiliaram na compreensão das variadas gamas de significações que são atribuídos a determinados elementos do rito, outros apresentaram informações com margem para vários questionamentos a partir do que na prática pôde ser observado durante o trabalho de campo. O ritual de *Encomendação das Almas* espalhou-se pelo Brasil, atingindo uma dimensão difícil de enquadrar, tornando-se uma prática ampla e demasiadamente complexa, a qual não nos permite reduzir e tentar engavetar ou rotular, etiquetando-a com características definitivas e estáticas, pois se trata de uma prática dinâmica, que assim como as pessoas que a fazem, está sujeita a transformações consequentes da imprevisibilidade da vida e da condição humana. Foi possível identificar que, mesmo através de distâncias temporais e geográficas, as recorrências do rito possuem uma base simbólica que não se esvaneceu diante dos contatos e influências pelas quais passou, configurando-se assim, atualmente, como um rito que, embora possua matrizes estrangeiras, pode ser considerado como uma manifestação tipicamente brasileira.

Partindo dos aspectos gerais da prática do ritual de *Encomendação das Almas* no Brasil, gostaria de salientar os elementos presentes em tradições desse rito que ocorrem em diversas localidades distintas dentro do país, para que possamos observar e analisar suas principais recorrências procedimentais e de cunho simbólico a fim de perceber como essa manifestação é compreendida por quem a realiza em cada localidade, tendo no final, um escopo dessa prática em solo brasileiro.

Na *Enciclopédia da Música Brasileira: Erudita, folclórica e popular* (MARCONDES, 1977, p. 250), encontra-se um texto que remete ao relato de Auguste de Saint-Hilaire[27] sobre a *Encomendação das Almas* no ano de 1817, realizado a partir de sua própria observação. No excerto são citados alguns pontos gerais da realização do rito, como: aspectos procedimentais,

---

[27] Referências ao relato de Auguste Saint-Hilaire sobre as cerimônias em Minas Gerais são encontradas também em outros trabalhos que abordam o ritual (ÁVILA, 2014; PAES, 2007; PASSARELLI, 2007).

instrumentação utilizada, características sonoras e intenções da manifestação, além de uma breve consideração sobre sua recorrência em outras localidades. Cabe destacar que, no relato de Saint-Hilaire, é informado o desaparecimento do ritual no Brasil desde a segunda metade do século XIX, o que, factualmente, é contrariado pelo referencial bibliográfico levantado e pela pesquisa de campo realizada. Embora o recorte a seguir nos remeta à presença desse rito em demais países da América Latina, ainda não se pôde confirmar, mas tal informação não deve ser desconsiderada, todavia demande uma pesquisa mais aprofundada para que se dê sua constatação.

> Procissão só de homens, realizada nas sextas-feiras, ou segundas-feiras à meia-noite. Vestindo buréis brancos e capuzes, e ao som de flautas, violoncelos, rabecas, matracas, e campainhas, os penitentes dirigiam-se aos cruzeiros. Cantando ofícios e ladainhas em voz alta e atordoante, faziam orações para os condenados à morte, os presos da cadeia, os perdidos nas matas e os mortos sem confissão. A procissão, iluminada por velas cobertas por papel ou folha-de-flandres, tornava-se sangrenta, quando estavam presentes os disciplinantes, que açoitavam com chibatas de couro cru, fio de corda de linho com pedaços de prego e cacos de vidro. Durante a procissão, as casas mantinham portas e janelas fechadas, pois, caso contrário, seus participantes arrebentavam a pedradas todos os objetos que vissem dentro das residências. A procissão das almas foi observada por Auguste de Saint-Hilaire (atual Ouro Preto) MG, na quaresma de 1817. Em certas regiões do Ceará era conhecida como lamentação das almas, em São Paulo e Minas Gerais como recomendação das almas. Desaparecida do Brasil desde a segunda metade do séc. XIX mantém-se ainda em alguns pontos da América espanhola (MARCONDES, 1977, p. 250).

Luís da Câmara Cascudo (2012, p. 278-279), em seu *Dicionário do Folclore Brasileiro*[28], publicado originalmente em 1954, apresenta um relato, que assim como o excerto apresentado anteriormente, também tenta reproduzir os pontos mais gerais do ritual de *Encomendação das Almas* que ocorre no país. Entretanto, através do que é citado no trabalho desse autor, é confirmado que a manifestação desse ritual não desapareceu[29] do Brasil na

---

[28] O *Dicionário do Folclore Brasileiro*, cuja primeira edição foi publicada em 1954, surge como primeira compilação acadêmica de temáticas ligadas ao folclore brasileiro, mas que, por época, ainda não era considerado enquanto científico. Disponível em: http://goo.gl/QxB38l. Acesso em: 4 jul. 2016.

[29] Como poderá ser verificado ao longo do texto, através das várias referências bibliográficas que são apresentadas no decorrer deste trabalho, pois trazem relatos coletados durante os séculos XX e XXI, sendo, portanto, capazes de validar essa consideração.

segunda metade do século XIX através de um relato observado em Natal (RN) no ano de 1856.

> Entre onze horas e meia-noite, os homens vestindo cogulas brancas, que lhes encobriam inteiramente as feições, levando lanternas, iniciavam o desfile, que era guiado por uma grande cruz. Cantavam rogatórias, ladainhas, rezando rosários, e detinham-se ao pé dos cruzeiros, para maiores orações, em voz alta. Certas procissões conduziam instrumentos de música, e as orações eram cantadas. Revestiam-se do maior mistério, e era expressamente proibido alguém ver a encomendação das almas, não fazendo parte do préstito. Todas as residências nas ruas atravessadas deveriam estar hermeticamente fechadas e de luzes apagadas. Qualquer janela que se entreabrisse era alvejada por uma saraivada de pedras furiosas. A encomendação das almas deixava, pelo seu aparato sinistro e sigiloso, a maior impressão no espírito do povo. Afirmava-se que o curioso que conseguisse olhar a procissão, veria apenas um rebanho de ovelhas brancas, conduzido por um frade sem cabeça. Algumas encomendações permitiam a flagelação penitencial, e muitos devotos feriam-se cruelmente, durante a noite, necessitando tratamento de muitos dias. Ainda ouvi as descrições de velhos moradores de Natal, que tinham ouvido, tremendo de medo, as lamentações assombrosas da encomendação, que vieram até depois do ano do cólera, 1856, assustando a todos com o sinistro batido das matracas e gemidos dos flagelantes (CASCUDO, 2012, p. 278-279).

Ao propor a distribuição geográfica do rito no Brasil, foi encontrada a proposta de divisão apontada por Ulisses Passarelli (2007), dividindo a prática de *Encomendação das Almas* em dois tipos: *primitiva* (com flagelação) e *típica* (sem flagelação), apontando dados sobre sua recorrência nos séculos XIX e XX. Em relação à forma denominada como *primitiva*, são apresentados, além de aspectos procedimentais, autores que abordaram sua recorrência em alguns pontos do Brasil identificados como: Ibipetuba, Itabira e Serro, no estado de Minas Gerais; em Canudos, Pilão Arcado e Xique-Xique, na Bahia; em Natal, no Rio Grande do Norte; em Itanhaém, no estado de São Paulo; em Juazeiro, no Pernambuco; em Água Branca, no estado do Alagoas; e em Crato, Caldeirão, Jardim, Barbalha, Jamacuru, Brejo Santo, no estado do Ceará; projetando um mapeamento preliminar dessa prática.

> Do século XIX são as citações de Saint-Hilaire (1817), em Itabira e Serro/MG, com penitentes batendo matracas; na

segunda metade, Melo Morais Filho descreveu tais práticas, também com os penitentes, todos homens, vestidos de buréis brancos e cabeça encapuzada por cogulas. Assim amortalhados saíam pelas ruas com flautas, violoncelos, rabecas, cantando de forma medonha. Quem a espiasse viria um rebanho de ovelhas (as almas) e um frade sem cabeça lhe entregaria uma vela. Houve em Canudos/BA, entre os seguidores de Antônio Conselheiro, como registrou Euclides da Cunha no clássico "Os Sertões". Em Natal/RN, Cascudo afirmou terem ocorrido até por volta de 1856. No século XX foram registrados em Itanhaém/SP, onde Alceu Maynard Araújo os viu, representados por um grupo de migrantes nordestinos. Foram também noticiados os penitentes em Ibipetuba/MG (região do Rio Preto, afluente do São Francisco), por Edilberto Trigueiros; em Pilão Arcado e Xique-Xique, na Bahia, por Oswaldo de Sousa - que recolheu letra e música; Juazeiro/PE, por Alceu Maynard Araújo; Sergipe, por Carvalho Déda; Água Branca/AL, por Tenório Rocha; Cariri cearense: Crato, Caldeirão, Jardim, Barbalha, Jamacuru (Missão Velha), Brejo Santo, por Figueiredo Filho (PASSARELLI, 2007, p. 2).

Em relação à presença da flagelação existente nas práticas do tipo de rituais mencionadas nos excertos anteriores, segundo Passarelli (2007), atualmente trata-se de uma prática rara que, no entanto, não é a única forma de penitência utilizada pelos participantes do rito, há também sacrificados jejuns e abstinências sexuais orientadas pelos líderes dos grupos. Tendo como exemplo as práticas penitenciais que ocorriam em Sergipe, é possível encontrarmos referências sobre que a maior parte dos grupos exerciam a prática da flagelação, porém, esta foi sendo substituída pelo sacrifício das longas caminhadas, não obstante, a cultura ser dinâmica, e as práticas, portanto, aparecerem e desaparecerem em função do tempo, locais e circunstâncias (BORGES; MAURÍCIO; SANTOS, M. F. J., 2011).

Ao que consta, em Sergipe só existe um grupo de penitentes que permanece com a prática do autoflagelo inserida em seu enredo. É o grupo de Ilha das Flores. Neste município, os penitentes tentam vivenciar o sofrimento de Jesus, se humilhando e se autoflagelando. Na Sexta- feira Santa, o cemitério da cidade é banhado de sangue, derramado pelos penitentes em sufrágio das almas e do sofrimento de Cristo. Na alta madrugada, os fiéis praticam o autoflagelo, batendo-se com navalhas amarradas em cordões, dilacerando as costas em retrato semelhante ao Cristo açoitado (BORGES; MAURÍCIO; SANTOS, M. F. J., 2011, p. 8).

As práticas sacrificiais de flagelação presentes na forma *primitiva* do rito são mencionadas também em trabalhos que abordam as tradições da religiosidade popular em outras localidades além do quadro geográfico proposto por Passarelli (2007), ocorrendo em locais não mencionados no texto do autor, como no Município de Juazeiro (PE), cuja descrição realizada por Maria Natividade Pereira do Nascimento (2013) nos permite considerá-la dentro do conceito de *primitiva*.

> Para se conseguir lugar no céu e perdão, eles rezam pelas almas dos mortos e se autoflagelam com chicotes de couro cru, após a alimentação das almas que consiste em rezas fortes como ladainhas, benditos e lamentos feitos por mulheres na porta do cemitério e ao redor dos túmulos. Encobertas por um lençol branco até os pés, enquanto os homens vestem saiotes e capuzes brancos, elas percorrem a cidade na Semana Santa (NASCIMENTO, 2013, p. 56).

Outro exemplo de prática que pode ser considerada enquanto *primitiva*, surge no trabalho de Marco Antônio Domingues Teixeira (2009), que aborda em seu texto as tradições populares de culto aos mortos na região dos vales do Madeira, Mamoré e Guaporé, situados no estado de Rondônia, salientando, dentre os procedimentos do rito, momentos de flagelação.

> A procissão das almas ou pelas almas faz parte de um devocionário masculino, típico das áreas rurais mais remotas. Entrou em extremo desuso ao longo das últimas décadas do século XIX e hoje é mais uma peça folclórica do que uma verdadeira devoção. A procissão poderia acontecer nas segundas-feiras, dia das almas ou nas sextas-feiras, dia de penitências e de muito misticismo para o imaginário católico popular. Ela consiste em um grupo masculino que percorre as ruas e as estradas dos povoados do interior, vestidos de túnicas brancas e cobertos por capuzes brancos em forma de cone, com orifícios para os olhos. Ao longo do caminho, vão se lamentando entre rituais de flagelação e suplícios. Tocam matracas, campas e tambores. Cantam hinos populares de devoção às almas do purgatório e rezam pedindo a Deus e aos santos a libertação das almas sofredoras. As vozes são soturnas e cavernosas e a presença ou o olhar de crianças ou de mulheres é expressamente proibido, sob pena de serem assombrados. Param diante das igrejas, dos cruzeiros e dos cemitérios, onde cantam mementos e ladainhas, além de se flagelarem. Aqueles que os ouvem, devem se manter por traz

das portas e janelas que permanecem fechadas. Carregam ainda uma cruz penitencial, velas e archotes. Param diante das antigas caixas das almas e repetem todo o ritual a cada parada. A procissão terminava ao surgirem os primeiros raios de sol (TEIXEIRA, 2009, p. 27-28).

Em um outro contexto, abordando acerca do fanatismo religioso no sertão brasileiro, Cristina Pompa (2004) aponta atos como: procissão, encomendação das almas, penitência e flagelação, enquanto "pontos altos" da devoção sertaneja, pois trata-se de uma cultura que enfatiza a morte de Cristo em contraste com a ênfase tradicional na sua ressurreição. Essa autora explica que, na cosmovisão do indivíduo do sertão, a não existência do momento vital da cultura cristã que é a ressurreição de Cristo, dado que a Semana Santa sertaneja recorda somente a Paixão e não a Páscoa, representando a volta exemplar à vida daquele que redimiu de uma vez por todas a morte e os pecados humanos. Assim, na interpretação sertaneja, os pecados sem perdão acabam se acumulando até provocar os "fins do mundo" naturais do Nordeste: as secas, as enchentes. A ideia da vida enquanto pecado leva ao pensamento sobre um processo que prevê o fim do mundo surgindo como castigo e o constrói como redenção. Na junção entre a pregação missionária e a elaboração "cabocla" em que se vê a história como permanente ameaça da morte, a ser exorcizada e redimida mediante rituais de penitência, está a base cultural de uma vida sem resgate imaginável, exposta continuamente ao risco do apocalipse, que ainda nos dias atuais permeia a religiosidade popular daqueles que vivem no sertão, em que a salvação não é algo dado a princípio pelo sacrifício de Cristo, mas algo a se construir por seu próprio sacrifício remissivo.

Em um plano simbólico, a decadência do corpo se relaciona com a elevação da alma, desse modo, para purgar os pecados cometidos pela carne e tentar redimir a alma para sua salvação, acredita-se ser necessário o sofrimento do corpo para salvar a alma evitando o carnal. Frisemos que o ato de penitência ocorre durante a quaresma, período que segundo a tradição cristã, remete ao sofrimento de Cristo no deserto, culminando com a Paixão[30].

---

[30] O trabalho de Miguel Mahfoud (1999, p. 63), ao apresentar aspectos do ritual que acontece na comunidade Morro Vermelho, em Caeté (MG), refere-se à comunidade local como "tradicional" e que possui o costume de considerar a quaresma como uma época particularmente importante por ser o tempo em que, segundo a liturgia católica, Jesus Cristo foi tentando, sofreu e morreu. Para as pessoas dessa comunidade, segundo o autor, é nesse tempo do calendário litúrgico em que mais orações são necessárias para enfrentar à luta entre o divino e o maligno, mais intensa nesses dias.

O período da Quaresma e Semana Santa é um tempo sagrado de penitência, reflexão, introspeção e dedicação à fé e oração, culminando nas celebrações da morte e ressurreição de Jesus Cristo e em rituais ligados ao culto dos mortos, indiciados pela morte de Jesus Cristo, para remissão dos pecados do mundo. A Religião Institucional implica o cumprimento dos dez mandamentos e dos sete sacramentos, os quais se encontram no catecismo, tendo sido definidos pelos Concílios da Igreja Católica, desde o séc. IV. Os cristãos devem refletir sobre os seus atos, rezar pela conversão dos pecadores e pelos que estão em pecado mortal, jejuar, ter um comportamento mais reservado, dedicar-se mais aos rituais associados ao culto dos seus mortos e usar vestuário de cores mais escuras (é um período de luto coletivo) (ABRUNHOSA, 2016, p. 32-33).

O sangue que resulta da flagelação remete à tentativa do homem de vida humilde, simples e sofrida do semiárido de se aproximar do Salvador, ou seja, semelhantemente à forma pela qual a divindade se torna homem, através da dor, o homem aproxima-se do divino por via também desse mesmo caminho (BORGES; MAURÍCIO; SANTOS, M. F. J., 2011, p. 2).

Noutra perspectiva, o trabalho de Carolina Pedreira (2010a, p. 2-3) acerca do rito na Chapada Diamantina, aponta a necessidade de desvencilhar as cerimônias realizadas na região em relação às práticas penitenciais de autoflagelo, pois não há, dentre os relatos de seus interlocutores, qualquer menção aos atos de castigos corporais nas ocorrências mais atuais da celebração e nem qualquer evidência que indique a presença de tais ações no passado. Consequentemente, podemos considerar que o relato etnográfico realizado pela autora está mais relacionado à *Encomendação das Almas* denominada por Ulisses Passarelli (2007, p. 2) como *típica*[31], ou seja, sem flagelação, modalidade do rito sobre o qual o autor incorpora em seu trabalho uma série de informações preliminares sobre a distribuição geográfica dentro do Brasil.

Dentro da proposta de sugerir um mapeamento preliminar, apresenta dados interessantes, mas não definitivos sobre práticas de *Encomendação* no Brasil, Ulisses Passarelli (2007, p. 2-4) informa que o rito aparentemente

---

[31] A partir da pesquisa bibliográfica realizada, o tipo de ritual de *Encomendação das Almas* definido por Ulisses Passarelli (2007) enquanto *típica*, é, aparentemente, o mais recorrente no Brasil dos últimos 50 anos. A partir da pesquisa de campo realizada nos povoados no entorno de Cláudio (MG), é possível considerar a prática existente nessa região também dentro desta categoria, pois não presenciei nenhum ato de flagelação durante os rituais que pude acompanhar e nem percebi quaisquer indícios dessa prática durante as entrevistas e conversas com os participantes da *Encomendação* local.

não existiria na região da Amazônia ou no interior do Nordeste (embora identifique essa prática em vias de desaparecimento no Maranhão e no sul da Bahia, nas proximidades do médio São Francisco), mas reconhecendo a possibilidade de sua existência em locais não estudados, admitindo não ter tido acesso a fontes que mencionassem o rito em tais localidades. Os pontos identificados para a recorrência do ritual foram: nos estados de Goiás, Mato Grosso, Espírito Santo, São Paulo, Rio Grande do Sul e principalmente em Minas Gerais, no qual menciona haver grande difusão, citando inclusive cidades como Itapecerica e Divinópolis que fazem fronteira com Cláudio (MG)[32]. Além de apontar os locais nos quais encontrou recorrência do rito, Passarelli identifica os autores que também citam a *Encomendação* em seus trabalhos, retratando também alguns dos principais aspectos que compõem e caracterizam a prática do ritual em algumas das regiões mencionadas, sendo, durante a pesquisa bibliográfica, o panorama mais detalhado encontrado acerca das recorrências do rito no Brasil.

> Acerca da encomendação típica (sem flagelação), sua geografia é a seguinte: ocorre no centro-sul e parece não existir na Amazônia e interior nordestino (exceto sul baiano), ou pelo menos desconheço fontes indicativas de sua presença nessa vastidão territorial. No centro-oeste é rara. Em Goiás foi citada em Arraias por Rosalina Cordeiro e em Trindade, por Elza de Freitas. Subsiste em Fátima, na zona rural de Hidrolândia. Em Cuiabá / MT, ao som de rabecão, paravam de tanto em tanto a pedir preces pelas almas, com a mesma restrição de não espiar o grupo, pois apareceria a velha que entregaria uma vela para ser guardada, que logo se transformaria num osso humano. É dispersa no Nordeste, porém em vias de desaparecimento. No Maranhão, em Alto Parnaíba, Domingos Vieira Filho, certificou-a batendo matracas, agitando roque-roques, cantando em estilo tétrico, rogando preces para as almas, de casa em casa, que permanecem de luzes apagadas, portas fechadas e os fiéis de joelhos no chão. Sobrevive em sua forma típica e bastante preservada no médio São Francisco, trecho baiano bem ao sul, em contigüidade de ocorrência com o extremo norte mineiro. Aí foram documentadas em vídeo por Diamantino, em Carinhanha e Malhada. Há em Correntina. Do Espírito Santo há poucas notícias disponíveis. Guilherme Santos Neves citou-a em Alfredo Chaves, com o acompanhamento do casaca, reco-reco típico dos capixabas,

---

[32] O povoado da Bocaina está situado próximo à fronteira entre Cláudio e Divinópolis, havendo, inclusive estradas de terra que interligam povoados dessas duas cidades.

com a cabeça de um boneco esculpida no extremo superior. Em São Mateus e Conceição da Barra, no norte do estado, para mais amedrontarem, saíam encapuzados, portando velas acesas, segurando ossos e arrastando correntes. É difundida em Minas Gerais. Segundo Totini, no município de Ponte Nova, Zona da Mata mineira, "as encomendações de almas nas sextas-feiras da quaresma desapareceram, permanecendo em pequenas partes rurais como: Sesmarias, Três Tiros e Posses". Foi abordada em Minas pelo professor Saul Martins. Em Gomes & Pereira encontram-se preciosos informes analíticos e cantos coletados em Jequitibá, Nova Era, Logradouro e Vazante. Maria de Lurdes Sacramento estudou-a em Lima Duarte; Terezinha Sant'Anna em Viçosa; Paniago em Paraguai, município de Cajuri; Carlos Felipe noticiou-a em Carmo do Cajuru. Notícias orais informam sua ocorrência em Pedra do Indaiá, Itapecirica, Divinópolis, Juiz de Fora, Santos Dumont e Barbacena. Nada confirmei a respeito destas. Um recente levantamento (2002-3), efetuado por Oswaldo Giovaninni Jr., apontou-as ativas em Cajuri, Santana do Manhuaçu, São Miguel do Anta e São Sebastião da Várzea Alegre. Em Mariana ainda se pratica, ao que parece, já um tanto estilizada. É freqüente no sudoeste mineiro. Em São Paulo é divulgada. Alceu Maynard Araújo coligiu dados sobre esta manifestação em Mirandas (Tatuí). Kilza Setti, citou-as em Itaberá, Rio Branco, Novo Horizonte, São Manuel, Ponte Nova, São Joaquim da Barra, Vargem Grande do Sul, Tietê, Santa Rosa do Viterbo, Brotas e Laranjal Paulista. Cita-as também em Embu, e de sua pesquisa constatou-as em Lindóia e Socorro, outrora conhecida por Pereira. No Rio Grande do Sul se preservam em Soledade, sendo "realizadas por um terno, isto é, grupo de pessoas com a finalidade de rezar, cantar, batendo matracas e pedindo orações para as almas. O ritual é iniciado nas sextas-feiras da quaresma, principalmente, na sexta-feira santa", informa Marques *et al.* (PASSARELLI, 2007, p. 2-4).

Nesse artigo publicado na *Revista do Instituto Histórico e Geográfico de São João del-Rei*, Ulisses Passarelli (2007), embora não realize uma densa revisão na literatura sobre o tema, e mesmo diante da árdua tarefa que seria realizar um mapeamento total da distribuição geográfica do rito, oferece-nos uma visão panorâmica sobre a dimensão da recorrência das práticas do rito de *Encomendação das Almas*, tendo servido como importante apoio e ponto de partida para o início desta pesquisa, bem como base teórica para a construção desta obra.

No livro *Liturgias Ribeirinhas nº1: Encomendação das Almas* (2006, s/p), publicado pelo Instituto de Artes do Pará, há uma breve descrição sobre a prática de *Encomendação das Almas* que pode ser encontrada no município de Oriximiná, situado na região amazônica, a qual pode ser também compreendida enquanto forma *típica* dessa manifestação. Além de apontar elementos que descrevem aspectos mais gerais de sua realização, o texto existente no livro menciona pontos referentes à origem da realização do ritual na região, relacionando-a com as missões religiosas para evangelização naquela região durante o período colonial.

> A Encomendação das Almas consiste num ritual secular (cânticos executados por um grupo de rezadores) que ocorre durante a Semana Santa, no cemitério e nas residências de Oriximiná, município paraense situado na foz do rio Trombetas, na mesorregião do Baixo Amazônas. O ritual, por seu aspecto fúnebre, impõe respeito aos adultos e temor às crianças. A origem desta manifestação confunde-se com o processo de colonização da Amazônia, fortemente marcado pela presença das missões religiosas. Nessa região da confluência do rio Trombetas com o Amazônas, registrou-se a atuação de missionários da Ordem dos Capuchinos, aos quais é creditada a introdução do ritual de encomendação das almas. Considerando-se que a fundação da Vila de Uruá-Tapera, núcleo original do atual município de Oriximiná, ocorreu na segunda metade do século XIX, pressupõe-se que esta manifestação exista a mais de 100 anos. Estudiosos e moradores do lugar afirmam que o ritual surgiu nas comunidades interioranas, situadas à margem da extensa rede hidrográfica da região, especialmente entre os habitantes das margens do lago Sapucuá, sendo gradativamente introduzido também na sede municipal. A Encomendação das Almas compõe-se de equipes de rezadores, com seis ou sete pessoas que, vestidas de branco e portando panos igualmente brancos sobre as cabeças, reúnem-se à meia-noite da Quarta-feira de Trevas, no cruzeiro do cemitério, para, com orações repetidas por sete vezes, saudar as almas. É a hora do levantamento das almas [...] Na noite da Sexta-feira Santa, as equipes rezam em frente à igreja, numa espécie de saudação, deslocando-se em seguida (pouco antes da meia-noite) ao cemitério para a última sessão de rezas, simbolizando a devolução das almas à necrópole, ação que encerra o ritual (INSTITUTO DE ARTES DO PARÁ, 2006, s/p).

A presença dos frades franciscanos, conhecidos como Ordem dos Capuchinhos, na região de Oriximiná — segundo hipóteses sobre a introdução do ritual da *Encomendação das Almas* na região amazônica (COSTA, 2012) — objetivava a busca por conquistar "novas almas" propondo fazer com que os nativos se tornassem padres e/ou religiosos, a fim de propagar a religião católica nas terras conquistadas. Dentro de uma proposta similar, nesse contexto, é necessário destacar também a presença de padres Jesuítas (SOARES, 2013, p. 50-51) e missionários Carmelitas (SANTIN, 2012) nas missões cristãs realizadas na região amazônica.

Na comunidade de Pedro Cubas[33], conforme informa Gabriela Segarra Martins Paes (2007, p. 12), essa tradição, localmente denominada como *Recomendação das Almas*, foi praticada durante meados do século XX nas comunidades remanescentes de quilombos que abrangem parte do território dos municípios de Eldorado e Iporanga, no estado de São Paulo, sendo estas: Pedro Cubas, Pedro Cubas de Cima, Sapatu, Nhunguara, André Lopes, Ivaporunduva, São Pedro, Galvão, Pilões e Maria Rosa. No entanto, conforme a autora disserta, o ritual deixou de ser praticado nesses locais em meados da década de 1950, remanescendo, até a altura de sua pesquisa, somente na comunidade Pedro Cubas (PAES, 2007, p. 38) e na comunidade Porto Velho, pertencente ao município de Iporanga (SP), local não abarcado por seu estudo (PAES, 2007, p. 12).

Ao descrever os pontos mais gerais do ritual praticado na comunidade de Pedro Cubas, Gabriela Paes (2007, p. 38-39) destaca, por exemplo, em relação ao horário, que este ocorre durante a Quaresma e a Semana Santa com início às 22h, tendo como a noite mais importante a de Sexta-feira Santa, na qual o grupo de encomendação percorre as ruas da comunidade em silêncio, tendo como parada principal o cemitério, cujo horário de chegada deve ser à meia-noite, hora em que, segundo a tradição local, os mortos chegam ao mundo dos vivos.

> Nesta noite, os devotos reúnem-se na casa de um dos participantes, devendo estar todos reunidos e em frente desta casa às 22 horas. Neste momento, vários cânticos são entoados em louvor aos parentes e amigos falecidos. Logo após, inicia-se

---

[33] Alguns outros autores também abordam, embora de forma mais simples, o ritual de *Encomendação das Almas* que ocorre na comunidade de Pedro Cubas, sem tê-lo como foco principal do trabalho. Alessandra Regina Santos (2014) traz a perspectiva da antropologia social; Davi Gutierrez Antoni (2013) faz sua pesquisa a partir de uma perspectiva geográfica do local; Juliana Cavalheiro Moreno (2009), por sua vez, estuda as transformações da paisagem na comunidade; e, por fim, José Vitor Marchi Palma e Silva (2009), com seu trabalho na área de comunicação e artes, realizam uma pesquisa de campo através de métodos etnográficos e produções iconográficas, tais como registros fílmicos, fotografias e blogs, com remanescentes de quilombos da comunidade de Pedro.

uma caminhada de 10 km rumo ao cemitério, na qual o grupo deve permanecer em silêncio. À meia-noite, o grupo deve chegar ao cemitério, ponto alto da procissão, é o horário que os mortos chegam ao mundo dos vivos. Neste local, velas são acesas e outros cânticos são entoados. Na volta, devendo ser percorrido mais 10 km, o grupo deve parar em cinco, sete, nove ou onze (um número ímpar determinado pelo capelão) pontos significativos para a comunidade, como casas de conhecidos ou casas existentes no passado, taperas e encruzilhadas, onde novamente cânticos são entoados. O grupo deve andar nas laterais da estrada para que o caminho fique livre para as almas, e também para não serem levados por elas, e o capelão, acompanhado de uma matraca, deve estar à frente do grupo. Os cânticos são oferecidos para as seguintes almas: do purgatório, do cemitério, dos necessitados, de pai e mãe, dos afogados, da encruzilhada, dos ofendidos (mortos devido à picada de cobra), do sertão, dos atirados (mortos à bala), e da tapera (casas habitadas no passado). Implora-se por misericórdia, e é solicitada a intervenção de São Miguel, Santo Antônio, Jesus e Nossa Senhora tanto em favor das almas do purgatório quanto em favor dos próprios participantes, pedindo para que no momento que chegarem ao pé da porta divina, esta seja aberta para alcançarem o reino da glória eterna (PAES, 2007, p. 38).

Ainda dentro desse recorte geográfico, o termo *capelão*, que aparece na citação do trabalho de Gabriela Paes (2007, p. 38), refere-se à função de líder ou mestre exercida por algum dos participantes, sendo que essa função é atribuída geralmente ao participante de mais idade ou ao que possui mais tempo enquanto encomendador, detentor de maior conhecimento sobre os procedimentos do ritual[34] ou até mesmo aquele com alguma responsabilidade hereditária com a tradição[35].

O termo *capelão* aparece em alguns outros trabalhos que abordam o ritual em Pedro Cubas (ANTONIO, 2013; MORENO, 2009; SANTOS, A. R., 2014; SILVA, 2009), em trabalhos que abordam o rito na comunidade remanescente de quilombo João Surá em Adrianópolis (PR), localizada na região do Vale do Ribeira (CAMBUY, 2011), e em trabalhos que abordam

---

[34] "Geralmente, os rezadores mais idosos são os líderes do grupo, sabedores e depositários de várias rezas" (SOARES, 2013, p. 30).

[35] Na comunidade de Machadinho, povoado do entorno de Cláudio (MG) no qual foi realizada parte do trabalho de campo desta pesquisa, foi possível acompanhar um ritual em que o líder legitimado pela maioria, passa a função de liderança para outro participante em determinada noite a fim de incentivar sua devoção, participação e integração ao grupo de encomendadores do local, visto que esse indivíduo morou anos fora do povoado e regressara há pouco.

o rito na comunidade Faxinal do Posto em Inácio Martins (PR), localizada na região conhecida como Paraná Tradicional, situada a aproximadamente 400 quilômetros da região do Vale do Ribeira (LIMA, L. S. de, 2010). Ainda mais distante, o mesmo termo aparece em trabalhos referentes ao rito em São Roque de Minas (MG) (PASSARELLI, 2007) e em Portugal (CARVALHI-NHO, 2010), no entanto, representado, nesses casos, pela figura de um padre.

De forma geral, no ritual de *Encomendação das Almas*, é comum a presença de uma figura de liderança, entretanto, de local em local, na maior parte das vezes, podemos perceber uma alteração quanto à denominação dessa função. Termos como: *curador* e *curandeira*, *dona do terno* (PEDREIRA, 2009, 2010a, 2010b, 2015), ou até mesmo líder do terno (SOBRAL, 2009) são denominações comuns às lideranças dos grupos que praticam esse rito na região da Chapada Diamantina; na comunidade quilombola João Surá também é utilizada a denominação *tenor* para referir-se àquele que toca a matraca e conduz todos os cantos (CAMBUY, 2011); na região do Baixo Amazonas, usa-se o termo *padre*[36] (COSTA, 2012; SOARES, 2013, 2014), presente também em relatos advindos do estado do Pará (VIEIRA, 2008, p. 38); em relatos sobre o rito na região de Veneza Nova (GO) lemos o termo *alertadô* (LOURES, 2012, p. 109); no ritual realizado pelas populações ribeirinhas em Maués (AM) usa-se o termo *tirador de reza* (ÁVILA, 2014); ou simplesmente *líder*, como é o caso do agreste sergipano (BORGES; MAURÍCIO; SANTOS, M. F. J., 2011; SANTOS, M. F. D. J., 2011). Nos povoados pertencentes ao entorno de Cláudio (MG), os termos mais comuns utilizados em referência a uma figura de liderança eram: *tirador da reza* ou simplesmente *tirador*; *chefe da reza*, ou com toda a informalidade característica dos encomendadores de menos idade, usa-se também o termo *chefe*; *matraqueiro*, visto que nesses locais, tocar a matraca[37] é uma tarefa que cabe somente ao líder[38].

---

[36] Na bibliografia consultada não há explicações sobre o motivo de denominarem o líder da *Encomendação das Almas* enquanto padre, mesmo tratando-se de um cidadão comum. Entretanto esse fato pode ser compreendido a partir da dimensão coletiva da religião popular, que por muitos anos, nos distantes espaços rurais, não houve padres nem igrejas (BRANDÃO, 1981, p. 65). As práticas religiosas rurais são, muitas vezes, de âmbito familiar e ocorrente nas pequenas comunidades. É comum o povo se reunir na casa de alguém ou na capelinha local para rezar o terço ou fazer uma novena. Assim, os devotos vão estabelecer uma relação com a divindade a partir de suas próprias singularidades. Nesses locais, os leigos assumiam funções religiosas como rezadores, curandeiros, parteiras, conselheiros. Disponível em: http://www.ibamendes.com/2011/06/catolicismo-popular-e-o-catolicismo.html. Acesso em: 8 nov. 2016.

[37] Foi possível verificar dois tipos de matraca: 1) instrumento composto por uma tábua de madeira na qual é inserida um pedaço de ferro curvilíneo que, quando agitado, percute na tábua produzindo um som forte de estalo; 2) instrumento composto de três pedaços de tábua unidos por um cordão em uma de suas extremidades que, quando agitados para cima e para baixo, percutem entre si produzindo um estalo forte.

[38] Embora haja relatos em trabalhos que descrevam a utilização da matraca por pessoas diferentes da figura do líder em práticas desse ritual em Minas Gerais (PASSARELLI, 2007) e no estado do Mato Grosso (VIOLA, 2010).

De acordo com Juliana Cavalheiro Moreno (2009, p. 132), o ato de portar a matraca relaciona-se com a figura do líder. Durante o trabalho de campo realizado nas Quaresmas de 2015 e 2016, pude observar que em alguns momentos a função de *tirar as rezas* ou *puxar os cantos* eram realizadas por pessoas diferentes à figura de liderança de cada um dos grupos. No entanto, o ato de tocar a matraca foi exclusivamente realizado por pessoas vinculadas a figuras de liderança nos três grupos de encomendadores acompanhados.

Outros autores relacionam o ato de tocar a matraca à figura de liderança do ritual (ANTONIO, 2013; CAMBUY, 2011; NASCIMENTO, 2007; PAES, 2007; PORTO, L.; KAISS; COFRÉ, 2012; SILVA, 2009; SOBRAL, 2009), dentre eles, Magno Francisco de Jesus Santos (2011, p. 2103) relatou em seu trabalho que, dentre o grupo de encomendadores de almas que acompanhou no agreste sergipano, a pessoa que se destacava "era uma mulher que carregava a matraca, que ritmava os passos dos penitentes, que puxava as orações, que decidia a hora de chegada e saída" (SANTOS, 2011, p. 2103). Também, no trabalho de Carolina Souza Pedreira (2009, p. 3), lemos que "à dona do terno cabe tocar a matraca, conduzir as outras participantes pelos itinerários previamente escolhidos e determinados por alguém no passado e, principalmente, marcar o início e o fim a reza" (PEDREIRA, 2009, p. 3).

A matraca, objeto utilizado no ritual para mensuração do tempo e do espaço, funciona como uma espécie de marcador sonoro do tempo na medida em que pontua inícios, términos, durações ou pausas do entoar das rezas e cânticos no decorrer do rito, bem como um marcador espacial, posto que é acionado diante determinadas localidades como taperas, nos terreiros e na frente das casas de moradores, encruzilhadas, cruzeiros e demais espaços específicos correspondentes aos itinerários dos encomendadores (SANTOS, A. R., 2014, p. 22). É utilizada também como instrumento de comunicação, uma vez que através de seu som, é possível identificar que o grupo de encomendadores aproxima-se para realizar o rito nas proximidades de determinado local ou residência[39] e que, portanto, a pessoa que irá receber o rito deverá tomar os devidos procedimentos[40].

Em uma das entrevistas informais, realizada para elaboração deste estudo, durante o trabalho de campo realizado na quaresma de 2015 no

---

[39] *"De longe Nois escutava a matraca. Quando ia embora, eles batia a matraca de novo"* (LOURES, 2012, p. 95).

[40] "Em um número reduzido, os participantes saíam de casa em casa, nas fazendas, para cantar pras almas. Ao chegar no terreiro de uma residência, um dos integrantes batia a matraca: era o sinal para o início dos toques e cantorias. Quando o morador da residência percebia a presença dos 'foliões', deveria apagar as luzes da casa, permanecer no escuro e em silêncio até o final do ritual" (NASCIMENTO, 2007, p. 8).

povoado da Bocaina, no entorno de Cláudio (MG), foi possível registrar um depoimento, proferido por Reginaldo, que ilustra a função comunicativa expressa pelo uso da matraca durante os rituais:

> *Quando cê escuta a matraca batê, cê já sabe que os encomendadô tão perto. Aí cê já sabe quê que tem que fazê. As veis cê não sabe se eles tão aqui ou se tão no vizinho, mas mesmo assim cê fica caladinho e reza. Bateu a matraca aqui na porta eu rezo, rezo do jeito que tive. Eu morro de medo, se tivé na cama rezo ali memo, até cubro a cabeça purquê sei que eles tão aí, mas fico encuidinho dentro de casa e rezo pras'almas. Quando pede pra fazer um Pai Nosso e uma Ave Maria até me sobe um trem [...] Se nóis escuta a matraca e nois num tá dormindo, se tivé trem ligado, com a televisão ligada, puff, puff, já apaga tudo* (Relato cedido por Reginaldo em 20 de março de 2015).

Rosilene, conhecida no povoado da Bocaina como Rosa, esposa de Reginaldo e filha de Sr. Afonso (encomendador mais antigo do povoado da Bocaina), estando presente no momento do depoimento do marido, interrompeu-o dizendo: *"Como nóis conhece a tradição, nóis escuta de longe os berra-boi e a matraca, daí nóis sabe que eles tão vindo e apaga tudo, nóis sabe"*. A contribuição dada por Rosa nos permite destacar a existência de uma função comunicativa no uso da matraca em relação aos valores culturais acumulados, a partir dos quais os indivíduos inseridos em um contexto de tradição traduzem determinados sons, como o tanger da matraca, em significados específicos.

A função comunicativa no uso da matraca, nesse contexto, está ligada ao conceito de *Folkcomunicação*, dado que é através dela que essas populações transmitem suas ideias dentro da respectiva cultura, ou seja, através da forma como vivem (NASCIMENTO, 2007, p. 3). Esses meios de expressão de ideias e informação próprias aos grupos em sua linguagem, estabelecem comunicação intrínseca através de códigos e simbolismos transmitidos pela própria cultura gerada, fazendo-se compreender mutuamente através de uma comunicação própria ao mundo ao qual pertencem (SCHMIDT, 2007, p. 36).

A esse objeto também são conferidas propriedades místicas, como o poder de estabelecer uma comunicação sobrenatural através do contato direto com as almas. Senhor Afonso, encomendador de almas mais antigo do povoado da Bocaina, na primeira entrevista concedida para esta pesquisa, explicou claramente que, dentre as funções atribuídas à utilização da matraca, uma delas é a função de "chamar" ou "acordar" as almas para que possam receber a orações durante o ritual. Através de um levantamento bibliográfico, foi possível perceber que as crenças sobre as propriedades místicas que envolvem a matraca estão presentes nas práticas desse costume em outras localidades do Brasil, como na região de Iguapé, também no Vale do Ribeira e, respectivamente, na região da Chapada Diamantina, no estado da Bahia.

> No início do rito, depois de acender uma vela e colocar nos pés da cruz, a capelão (Nhá Dita Freitas) tocou a matraca, uma, duas, três vezes, enquanto todos se mantinham em silêncio absoluto. Dizem que é nesse momento que as almas, que "escutam o barulho" e são guiadas pela luz da vela, se aproximam para receberem orações (CAMBUY, 2011, p. 183).
>
> Diz-se que a matraca acorda as almas, que chama os mortos, que avisa o momento da reza, como explica Dona Véa: "A matraca serve para espantar o que é ruim. Dizem que nos montes de Jerusalém, quando viram a matraca, o inimigo correu" (PEDREIRA, 2010a, p. 22).

Nem sempre o aspecto místico que envolve o ritual e o ato de tocar a matraca é interpretado como algo positivo, visto que, muitas pessoas (principalmente não praticantes do rito), "ao ouvir o som da matraca fechavam suas portas na tentativa de impedir a entrada do pai das trevas em suas casas" (BORGES; MAURÍCIO; SANTOS, M. F. J., 2011, p. 5). Sobre a prática de *Encomendação* em Macambira, no estado do Sergipe, é apontado que o rito em prol dos mortos causa temor aos moradores que não comungam dessa devoção ou participantes de outras religiões, pois, por não conheceram o ritual em sua essência e tradição, acreditam que os encomendadores estão vinculados a práticas obscuras ou relacionadas a algum tipo de feitiçaria.

> Quando menos se espera, surge uma cruz alçada com várias velas acesas, acompanhada por quase uma dezena de pessoas vestidas de branco, entoando cantos de lamentação. O soar da matraca completa o cenário de hercúlea penitência e desolação. As pessoas não pertencentes a este movimento religioso chegam ao ponto de sentirem medo dos penitentes, por considerar que tais pessoas tenham maior proximidade com os mortos. Outro ingrediente que alimenta o universo imaginativo é o fato deles saírem a meia-noite, hora que é considerada por muitos como a "hora ruim". Muitos atribuíam a prática dos penitentes a uma bruxaria disfarçada.

> As pessoas diziam que eles preferiam os lugares onde o diabo agia, como as capelas de santa cruz de beira de estrada. Para muitos incrédulos, a morada principal do capeta está justamente nestas capelas e no cemitério. Lugares que fazem parte das estações dos penitentes (BORGES; MAURÍCIO; SANTOS, M. F. J., 2011, p. 4-5).

No contato com os participantes da *Encomendação das Almas*, pude perceber que o medo é um elemento constante no momento do rito e também na cosmovisão e contexto social dessa realidade. Os encomendadores do povoado da Bocaina enfrentam certos problemas com os vizinhos evangélicos pentecostais que não enxergam o ritual como uma prática benéfica e, segundo dona Nazaré, *"não é bão nem passar na porta deles"*, levando os encomendadores a modificar o trajeto de seu cortejo para evitar o embate com esses sujeitos que são considerados como uma espécie de oponentes. De fato, algumas vezes pude ver que o grupo de encomendadores evitou cantar diante em uma ou outra casa de devotos ou simpatizantes da tradição por esta ser demasiada perto da residência de um vizinho evangélico.

Além desse medo extrarritual, que vê a prática como algo maléfico ou demoníaco, há também o medo manifestado pelos próprios participantes da *Encomendação das Almas* que pode ser ilustrado pelas várias histórias de assombração que senhor Afonso afirma ter vivenciado ou informa ter obtido notícia através da narrativa de algum compadre, o que, de fato, faz com que suas duas netas mais novas tenham bastante receio em acompanhar as manifestações, mesmo estando ao lado da mãe. No primeiro ritual em que acompanhei a *Encomendação das Almas* com a participação de umas das netas do senhor Afonso (com idade aproximada de 20 anos), entretanto, chamou-me a atenção seu comportamento durante a celebração, mantendo-se próxima de sua mãe, segurando o tempo todo em seu braço. Após o término do ritual, a garota ainda confirmou ter muito medo e que não ousara olhar para trás durante a celebração! Para mim foi curioso perceber que mesmo diante do fato de andar por matagais à noite, sem boa iluminação, expondo-se a diversos riscos do mundo físico (como encontrar animais peçonhentos, selvagens ou ferozes; levar um tiro ou pedrada de algum vizinho assustado[41]; ser assaltado etc.), são os aspectos metafísicos que verdadeiramente causam pavor e assombro aos participantes.

---

[41] Entre os encomendadores do povoado da Bocaina, é comum comentarem o medo de adentrar determinada propriedade para realização do rito, pois, segundo o discurso local, alguns moradores do povoado, em reação ao medo de possíveis assaltos em suas casas (algo aparentemente recorrente na região), reagem de forma agressiva a visitantes inesperados durante a noite, utilizando inclusive armas de fogo para afugentar supostos criminosos.

De acordo com Miguel Mahfoud ([s. d.], p. 303), segundo os costumes em Morro Vermelho (comunidade rural de Caeté, Minas Gerais), muitos aspectos do ritual indicam e realizam uma intercessão entre o mundo dos vivos e o mundo das almas de forma que, tendo início os primeiros procedimentos do rito, já é vedado olhar para trás, pois já haveria a possibilidade de presenças misteriosas estarem por perto e ver uma das almas poderia ser algo terrível. É considerado extremo abuso o ato de algum participante vir a olhar para trás procurando a visão de alguma das almas que acompanham o cortejo, este está sujeito e correndo o risco de sofrer duros castigos advindos das almas.

> O próprio fato de se reunirem para realizar a celebração possibilita a presença das almas necessitadas, e não raras vezes advertem aquela presença ao ouvirem um segundo coro que os segue alguns metros atrás, ou ao encontrarem – durante a Encomendação ou logo após – pessoas estranhas ao vilarejo e vestidas de branco. Várias pessoas relatam também que ao ouvirem o canto suplicante e lamentoso em seus quartos, sentiam-se com medo, agoniadas, ou mesmo chegavam a ver familiares já falecidos à beira da cama e então resolveram participar da Encomendação para fazer algo por elas. O fato de deixarem de sentir o mal-estar ou de vê-las indica eficácia daquela forma de oração para as almas necessitadas (MAHFOUD, [s. d.], p. 305).

O medo está presente não somente para aqueles que saem pelos povoados à noite entoando as *rezas/cantos* do ritual, mas também para aqueles devotos que recebem o ritual na porta das residências, ou que os ouvem clamar por orações em prol das almas. Reginaldo, genro de senhor Afonso, expressou o medo que sente ao perceber que o cortejo de encomendadores está por perto relatando que cobre a cabeça e realiza as orações solicitadas pela *reza/canto* entoado que ressoam vindo do lado de fora de sua casa, mesmo sem saber exatamente na porta de qual residência o grupo da *Encomendação* está.

> É quase impossível não responder aos pedidos de oração delas, e muitos rezam pelo menos um Pai-Nosso e uma Ave-Maria; é quase impossível não se calar, não se "aquetar" durante a passagem do cortejo suplicante; muitos relatam que aquele se torna um momento de juízo sobre como estão vivendo (MAHFOUD, [s. d.], p. 305).

Gabriela Paes (2007, p. 40) transcreveu um relato colhido por Donald Pierson, que entrevistou em 1947 e 1948, a moradores do município de Cruz das Almas, em São Paulo. Os dados colhidos, além de trazerem vários elementos característicos da recorrência local do rito, são capazes também de ilustrar o sentimento de medo que envolve a realização do ritual de *Encomendação das Almas*.

> Até há alguns anos atrás, o ritual dos "sete passos" fazia parte dessa cerimônia. "Eu ainda me alembro", disse um antigo morador do lugar. "Eles iam uma turma, uma espécie de procissão, iam no cemitero, na igreja, na capela da Rua do Pasto, nas otra capela de bera de estrada inté intera sete cruis. Iam queto pelo caminho e só rezava nas cruis. Quem acompanhava num podia oiá pra trais, proquê se oiasse, enxergava as arma que vem acompanhano a procissão. Iiii... quanto eu num chorei de mêdo daquelas reza e das arma nesses dia!" O ritual repetia-se tôdas as quartas e sextas-feiras da Quaresma. "Nas sete sexta-fêra da quaresma", recordou um sitiante, "os home combinava (também as muié podia ir, mas nunca ia) e ia fazê a recomendação das arma. Escoía seis cruis e a sétima era no portão do cemitero. Ia de noite, bateno matraca. Iiii... era coisa feia, inté dava nervosa na gente! Eles passava rezano, fazeno recomendação das arma. As reza era pra ajudá as arma, arma dos que morrero no mar, ou que tinha morrido e ninguém sabia. Essas arma num tem missa, num tem nada, antão a recomendação era pra ajudá elas. Mais era uma reza deferente, eles rezava padre-nosso e ave-maria, mais falano comprido: Paaadre nóóóósso, num tom surdo que ecoava por aí tudo. Iam nas sete cruis. A úrtima era sempre na porta do cemitério, à meia-noite. Quano andava num podia oiá pra trais, nem pro lado, nem cunversá, só podia rezá e oiá pra frente" (PIERSON, 1966, p. 355-356 *apud* PAES, 2007, p. 40).

Os locais onde o grupo de encomendadores realizam suas rezas são denominados, cada um, como *paradas*. O ritual tem, geralmente, como ponto de partida, uma igreja, um cruzeiro ou um cemitério, devendo passar por um número ímpar de paradas em cada noite de sua realização (3, 5, 7, ou 9), podendo estas serem casas de devotos, encruzilhadas, cruzeiros, capelas, igrejas, cemitérios ou locais ondem pessoas faleceram. Durante o trabalho de campo nos povoados no entorno de Cláudio (MG), pude presenciar a celebração do rito em igrejas e capelas — em Machadinho e São Bento, sendo que neste último realizaram orações após o término do rito em uma capela existente ao lado da entrada de uma das propriedades visitadas não se tratando de uma *Encomendação* —, em cruzeiros (em Machadinho), entretanto, não presenciei nenhuma manifestação em encruzilhadas ou mesmo cemitérios.

Na bibliografia existente sobre o tema é comum ler sobre a recorrência desse ritual na porta de cemitérios, entretanto, durante meu acompanhamento do ritual no povoado da Bocaina, o grupo passou diante do cemitério pelo menos cinco vezes durante a quaresma de 2016 sem realizar nenhuma parada nesse local, pois, de acordo com dona Nazaré, *"isso não faz parte da tradição que nóis segue aqui"*. Sobre a parada em igrejas, nos povoados Bocaina e Machadinho, o adro destas era utilizado como ponto de encontro dos participantes, mas somente em Machadinho presenciei a realização de orações e a entoação de *rezas/cantos* diante da Igreja (Figura 1). Entretanto saliento que no mesmo adro havia também um cruzeiro, que, por sua vez, foi rodeado por todos os participantes, levando-me a crer que esse momento, embora tenha ocorrido diante da igreja, teria como foco o cruzeiro.

Figura 1 – Encomendadores do povoado Machadinho realizando orações no adro da igreja

Fonte: acervo do autor

A partir do trabalho de alguns autores, podemos perceber como o ritual está vinculado às paradas nesses locais que, de acordo com a visão tradicional de algumas localidades, são considerados como místicos.

> Quando realizado em sua completude, compõe-se de uma caminhada por algum lugar que começa ou termina em um ponto sagrado para essas mulheres e/ou relacionado aos mortos (igrejas, capelas, cruzeiros, cemitérios, encruzilhadas), ao longo da qual são realizadas sete estações, momento em que todas sentam, acendem as velas e iniciam o canto/reza (PEDREIRA, 2009, p. 2).

> A procissão poderia acontecer nas segundas-feiras, dia das almas ou nas sextas-feiras, dia de penitências e de muito misticismo para o imaginário católico popular. Ela consiste em um grupo masculino que percorre as ruas e as estradas dos povoados do interior, vestidos de túnicas brancas e cobertos por capuzes brancos em forma de cone, com orifícios para os olhos. Ao longo do caminho, vão se lamentando entre rituais de flagelação e suplícios. Tocam matracas, campas e tambores. Cantam hinos populares de devoção às almas do purgatório e rezam pedindo a Deus e aos santos a libertação das almas sofredoras. As vozes são soturnas e cavernosas e a presença ou o olhar de crianças ou de mulheres é expressamente proibido, sob pena de serem assombrados. Param diante das igrejas, dos cruzeiros e dos cemitérios, onde cantam mementos e ladainhas, além de se flagelarem. Aqueles que os ouvem, devem se manter por traz das portas e janelas que permanecem fechadas. Carregam ainda uma cruz penitencial, velas e archotes. Param diante das antigas caixas das almas e repetem todo o ritual a cada parada. A procissão terminava ao surgirem os primeiros raios de sol (TEIXEIRA, 2009, p. 27-28).

O contraste entre devotos que mistificam e utilizam certos locais para realização do rito que praticam e os devotos que não utilizam esses mesmos pontos, representam mais uma vertente da pluralidade que podemos encontrar na *Encomendação das Almas* em que elementos tidos como sagrados são modificados em cada comunidade.

Determinadas comunidades irão sacralizar objetos, vestimentas, horários, alimentos, quantidade determinada de locais em que o ritual deve ser praticado, dentre vários outros aspectos, enquanto outras comunidades tratarão esses elementos, ou até mesmo outros, de maneiras bem diferentes, não tendo sido encontrada, em todas as recorrências consultadas, um caráter de homogeneidade que possa definir o ritual de *Encomendação das Almas* enquanto algo singular e estagnado a uma só representação. O que podemos traçar como principal ponto característico e essencial a esse ritual, também como objeto de estudo central desta pesquisa, é o fato de se rezar cantando ou se cantar rezando fazendo dessa ação a intercessão entre o mundo humano e o mundo metafísico — entre encomendadores, almas e divindades —, que presumo ser a condição essencial e necessária para ocorrência desse rito.

As rezas cantadas do ritual

De modo geral, as rezas cantadas nos rituais de *Encomendação das Almas* no Brasil, assim como os aspectos gerais que os constituem, não podem ser rigidamente etiquetadas, redutíveis a um único padrão. Por se tratar de uma prática realizada por diferentes pessoas, a realidade está condicionada a recorrências distintas, ocasionadas pela variante humana e suas cosmovisões. Isso sugere a existência de várias nuances regionais, comunitárias e até pessoais e de representação simbólica, uma vez que, conforme vimos, cada grupo estará relacionado a uma figura de liderança, muitas vezes, responsável por escolher os cantos apropriados para cada situação[42].

A partir do trabalho de campo, revisão bibliográfica, e revisão audio-visual em meio virtual, foi possível identificar na prática do ritual de *Encomendação das Almas* a presença de vários aportes instrumentais (berra-boi, sanfona, violão, viola, instrumentos de sopro, dentre outros), inclusos no ambiente sonoro do rito. No entanto, a presença desses instrumentos, segundo os próprios encomendadores, é complementar em relação a dos cantos ou *rezas cantadas*, assim como são tratados. Estes últimos, por sua vez, estão sempre presentes nas cerimônias, ainda que com muitas variantes[43] na sua forma melódica e textual[44] a cada recorrência nas diferentes localidades em que o rito é expresso. As rezas cantadas de encomendar

---

[42] O que também se aplica a *Encomendações* realizadas por um único indivíduo.

[43] As variantes dessa manifestação religiosa ocorrem de acordo com cada região em que se propagou, adaptando-se à cultura local (PEREIRA, 2005, p. 144).

[44] De acordo com estudos realizados sobre o ritual (PAES, 2007; PEDREIRA, 2010b; PEREIRA, 2005, p. 138-155), e a partir de vários vídeos encontrados na internet, é possível perceber a existência de várias alterações no modo como os praticantes do ritual entoam suas rezas. As variações acontecem de local para local, alterando muitas vezes melodia e texto, no entanto este último, embora modificado, mantém traços comuns e objetivos similares em seus versos, que aparentemente têm também a função de indicar ações durante o ritual.

almas configuram-se, portanto, como o elemento sonoro indispensável à prática do ritual, pois a estas é atribuída a principal função do ritual, a comunicação entre os vivos e o sobrenatural (PEDREIRA, 2009, 2010a, 2010b). Enquanto sobrenatural podemos entender: as almas daqueles que já faleceram e as divindades mencionadas nas *rezas/cantos*.

A revisão bibliográfica mostrou que diferentes grupos estruturam suas *rezas/cantos* de formas distintas. Embora não tenha sido possível realizar uma análise musicográfica sobre a forma como estão configurados os momentos em que as rezas são cantadas no ritual, a maior parte dos trabalhos brasileiros analisados não foi realizada sob uma perspectiva que trouxesse ou permitisse, portanto, análises amplas nesse sentido. Ao longo desta pesquisa, a partir da bibliografia disponível sobre o ritual de *Encomendação das Almas*, foram identificados exemplos de cantos transcritos, tanto em forma de texto quanto de partitura musical, entretanto, estes não formam o escopo de uma realidade local, mas são recortes que ilustram a pluralidade das formas através das quais esse rito é expresso.

Carolina Pedreira (2010a, p. 23) apresentou três categorias de rezas entoadas pelas encomendadoras da Chapada Diamantina. Estas, nativamente denominadas benditos[45], foram classificadas enquanto: *Bentido de entrada*; *Bendito-louvado-seja*; *Benditos hagiológicos*. Estes últimos são cantos/rezas que narram a história de Cristo, santos e santas, e das muitas Nossas Senhoras, ressaltando suas atribulações e feitos heroicos. A autora indica que em Andaraí e Mucugê, os *Benditos de entrada* e *Bendito-louvado-seja* são sempre cantados em sequência, no entanto em Igatu, o primeiro não é rezado, o que demonstra a não homogeneização dessa prática nem mesmo em localidades próximas.

Numa perspectiva de observação em campo, nos povoados ao entorno de Cláudio (MG) também não denominam classificações para as rezas que cantam, vindo a utilizar somente da designação genérica de *reza*. Entretanto a observação direta permitiu considerar que estes realizam, pelo menos, três distinções de categorias específicas: 1) *Rezas/Cantos de Pedidos* – primeira reza a ser entoada diante de qualquer parada, repetida, pelo menos, três vezes a cada parada do grupo, principalmente quando os encomendadores rezam diante de residências[46], esta, por sua vez, traduz os procedimentos

---

[45] De acordo com Carolina Pedreira (2010a, p. 23), a denominação *bendito*, segundo definições nativas, abrange todos os tipos de rezas que ocorrem durante o ritual.

[46] Há a possibilidade de as paradas ocorrerem diante de igrejas, cemitérios, cruzeiros e encruzilhadas. Nesses casos, o *canto/reza de pedidos* é mais direcionado ao divino do que aos moradores que recebem o ritual diante de suas casas.

e as intenções do ritual, tendo como aspecto marcante o ato de pedir cantando por rezas em prol de determinados tipos de almas; 2) *Rezas/Cantos de Fechamento* – geralmente consistem em benditos[47], ladainhas e cantos de procissão de Semana Santa entoados após as três repetições do canto de pedidos; 3) *Rezas/Cantos de Agradecimento* – trata-se de um *reza/canto* que não ocorre em todas as paradas, mas somente naquelas em que determinado devoto, dono da residência a qual foi comtemplada como uma das paradas do grupo, acolhe os encomendadores oferecendo-lhes um lanche previamente preparado e deixado do lado de fora da casa para que, após terem realizado a *reza/canto de fechamento*, alimentem-se em silêncio e, após isso, entoem a *reza/canto de agradecimento*, encerrando aquela parada e partindo para uma próxima.

No texto cantado durante as *rezas/cantos de pedidos*, no entoar das rezas do rito, podemos observar que é a partir dele que os *encomendadores* se comunicam com os devotos que recebem a *Encomendação das Almas* do lado de dentro de suas residências, já que estes, tradicionalmente, impedidos de sair de casa para ver o cortejo, ou até mesmo espiá-lo, devem participar do ritual permanecendo do lado de dentro de suas casas, realizando as orações sugeridas através das *rezas/cantos de pedidos* e não podendo, de forma alguma, olhar para o lado de fora enquanto o ritual estiver acontecendo (EUFRÁSIO; ROCHA, 2016, p. 5).

Segundo Cristian Pio Ávila (2014, p. 49), essa prática discursiva está estritamente relacionada à realização do rito, pois além de envolver os *encomendadores* e os receptores devotos, envolve também as almas dos mortos que receberão as orações, ilustrando um sentimento de solidariedade entre vivos e mortos. Desse modo, o autor aponta que os encomendadores, além de *performers*, são também um elo entre dois mundos, o visível e o invisível, ou seja, o plano dos vivos e o plano dos mortos. É, portanto, através do *canto/reza* que realizam o intermédio entre as almas e o divino, a quem remetem suas súplicas.

Ao observarmos os textos dos cantos, é importante considerar os aspectos simbólicos e místicos presentes na reza cantada do rito de *Encomendação das Almas*, principalmente nas *rezas/cantos de pedidos*, uma vez que estas surgem não somente como um elemento musical que meramente

---

[47] Aqui o termo bendito surge com uma conotação diferente da expressa por Carolina Pedreira, pois é aqui compreendido enquanto canto religioso de cunho popular (DUARTE, 2016, p. 102), ou reza cantada que geralmente se inicia com louvação "bendito louvado seja", comum ao meio rural em práticas devocionais caseiras ou em procissões (ARAÚJO, 2004, p. 499).

compõe a operacionalização do cerimonial, mas também como um elemento cujo significado expresso não pode ser encontrado unicamente na produção sonora, pois está da mesma forma imbricada no contexto cultural e nas crenças religiosas que envolvem a sua prática e fundamentam seus procedimentos e ações, além de ser considerada como ponto culminante para a comunicação com o outro mundo, concebida como componente essencial para que as preces alcancem o contato com o divino.

É apresentado nesta seção um breve repertório de *cantos/rezas* utilizados no ritual de *Encomendação das Almas* transcritos por autores que pesquisaram a ocorrência dessa manifestação no Brasil. São evidenciadas transcrições que considerei pertencentes à categoria de *pedidos*, pois a presença desta surge como elemento fundamental para distinção do rito de *Encomendação das Almas* em relação a outras manifestações do catolicismo popular que também podem vir a conter benditos, martírios, ladainhas e incelências.

Durante a realização desta pesquisa, além do rito tema deste estudo, acompanhei também *Reinados/Congados*, *Folias de Reis*, *Terços Cantados*, *Procissões de Semana Santa*, dentre outros. Pude perceber que alguns textos e melodias transitam entre esses territórios rituais juntamente com as pessoas que os fazem, assim como os *cantos/rezas de fechamento* entoados nas *Encomendações* no povoado da Bocaina são os mesmos entoados nas procissões de Semana Santa. Entretanto o *canto/reza de pedido*, que integra as intenções do rito em prol das almas, foi entoado na *Encomendação das Almas*, não aparecendo, em formas textuais e melódicas, em nenhum outro rito observado[48].

Carolina Pedreira (2010a, p. 24) apresenta em seu trabalho uma transcrição de um texto entoado nos ritos aos quais acompanhou na região da Chapada Diamantina e que podemos categorizar enquanto *canto/reza de pedidos*. Embora a autora não trate *pedidos* enquanto uma categoria específica, o texto encontrado em seu trabalho nos permite identificar as preces que são solicitadas durante a entoação do determinado *canto/reza* em oferecimento "a um conjunto de almas específico" (PEDREIRA, 2010a, p. 24), possibilitando assim essa categorização.

---

[48] Embora a referência às almas ou aos ancestrais (que também são almas) não aparecera nos outros ritos da mesma forma como na *Encomendação das Almas*, enquanto *canto/reza de* pedidos, não pude deixar de notar a menção a estes nessas manifestações.

Reze outro pai-nosso
Com a sua ave-maria, ô irmão das almas
Com a sua ave-maria, ô irmão das almas [coro]
Para toda aquelas almas
Das nossas obrigação, ô irmão das almas
Das nossas obrigação, ô irmão das almas [coro]
Reza, reza irmãos meu
Peço pelo amor de Deus, ô irmão das almas
Pra todos que já morreu, ô irmão das almas [coro]
(PEDREIRA, 2010a, p. 24).

José Carlos Pereira (2005, p. 142-144) também apresenta a transcrição[49] advinda de uma gravação do rito em Franca (SP). O autor não faz qualquer categorização, entretanto, é possível identificarmos elementos dos *cantos/rezas de pedidos* no texto transcrito, como o ato de pedir orações para determinados tipos de almas.

Alerta, alerta pecadores
Acordai, quem está dormindo
Veja que o sono é irmão da morte
E a cama é a sepultura

Peço que vós reze um Padre Nosso
Padre Nosso e Ave Maria
Pras almas da obrigação
Peço pelo amor de Deus

(Pausa para rezar, cerca de 20 segundos)

Peço que vós rezem mais um Padre Nosso
Padre Nosso e Ave Maria
Pras almas do purgatório
Peço pelo amor de Deus

(Pausa, cerca de 20 segundos)

---

[49] A transcrição apresentada pelo autor tem como fonte original a revista eletrônica *Jangada Brasil*, n. 7, de março de 1999, cujo site http://www.jangadabrasil.com.br/ não se encontra atualmente disponível. Informação verificada em 9 de novembro de 2016.

Peço que vós reze mais um Padre Nosso
Padre Nosso e Ave Maria
Pras almas todas gerais
Peço pelo amor de Deus

(Pausa, cerca de 20 segundos)

Estava Maria
Fazendo oração
Chegou Madalena
Também São João

O meu filho está preso
Numa corrente sem fim
Soltai o meu filho
Pertence a mim

Nosso Pai lá do céu
Olhai pela terra
Livrai-nos da fome
Da peste e da guerra

Cadê o garfo que furou
Os olhos de Santa Luzia?
Lá pro céu ela foi cega
Senhora Santa Luzia

(Mas) Quando ela perdeu a vista
Que tristeza, ai, não seria
Quando ela perdeu a vista
Não enxergô a luz do dia

Cadê a toalha que enxugou
Os olhos de Santa Luzia?
Lá pro céu ela foi cega
Senhora Santa Luzia

REZAS CANTADAS DE ENCOMENDAÇÃO DAS ALMAS

Ave Maria
Cheia sois de graça
Salvais as nossas almas
Bendita sejais
(PEREIRA, 2005, p. 142-144).

O texto transcrito por José Carlos Pereira (2005, p. 142-144) pode ser relacionado às categorias atribuídas por Carolina Pedreira (2010a, p. 23), uma vez que é possível identificar na transcrição apresentada pelo autor a presença de um *bendito hagiológico* (entre os versos "Estava Maria" e "Bendita sejai"), já que nesse trecho, são apresentadas narrativas referentes à vida de santos, abordando seus infortúnios, bem como suas graças perante a salvação. O presente trecho pode ser considerado também como um *canto/reza de fechamento* uma vez que é cantado/rezado após a realização dos pedidos, que conforme identificados anteriormente, são cantados/rezados três vezes, cada uma delas em intenção de diferentes tipos de almas.

Alceu Maynard Araújo (2004, p. 515-516), em seu trabalho sobre o folclore brasileiro, apresenta uma transcrição da reza cantada no ritual de *Encomendação das Almas* que ocorre em Redenção da Serra (SP) (Figura 2). Em seu texto, o autor não identifica quando a transcrição foi realizada, mas apresenta uma descrição dos procedimentos adotados pelas pessoas que participaram do evento.

> Em Redenção da Serra (São Paulo) há um costume tradicional realizado em ocasião da quaresma. Todas as sextas-feiras, um bando de homens, à meia-noite, aproxima-se das casas na roça, e canta sem acompanhamento de instrumento a seguinte reza: "Rezo um Padre-Nosso, uma Ave Maria, pras alma do cemitério". Ao aproximar-se da casa, um dos membros do grupo, que é o tocador de matraca, agita-se a fim de com o ruído acordar as pessoas que porventura estejam dormindo [...] Se na casa, porventura, seus moradores estão com as luzes acesas, apagam-nas, e todos da família, dirigidos pelo seu chefe, rezam um Padre-Nosso e uma Ave Maria, fazendo-o em oferecimento às almas do cemitério. Cá fora, os componentes mantêm-se em silêncio. Durante uma noite esse bando percorre um bom número de casas, cujos ocupantes não abrem as portas, quando chega o rancho de rezadores, porque senão "enxergarão as almas dos mortos, e receiam vê-las" (ARAÚJO, 2004, p. 515-516).

Figura 2 – Transcrição do Cântico Para as Almas em Redenção da Serra (SP) apresentada por Alceu Maynard Araújo (2004, p. 515)

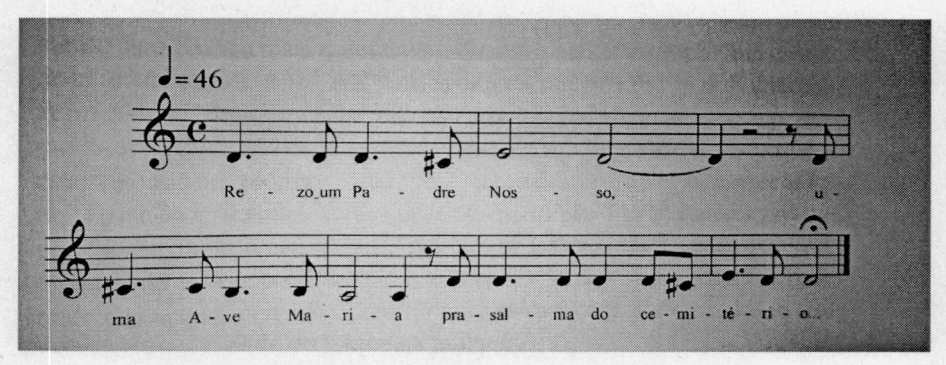

Fonte: Alceu Maynard Araújo (2004, p. 515)

Embora Alceu Araújo não faça qualquer categorização e apresente apenas um pequeno retrato da manifestação em prol das almas ocorrente em Redenção da Serra (SP), podemos considerar que a transcrição apresentada se trata de um *canto/reza de pedido*, pois tem como função eminente a comunicação entre os encomendadores e receptores devotos para que sejam solicitadas orações em prol das almas do cemitério[50].

Outro exemplo de transcrição, o qual pode ser categorizado enquanto *canto/reza de pedido*, é apresentado por Ana Cristina Lima da Costa (2012, p. 180) em sua dissertação de mestrado em educação, na qual a autora aborda a transmissão de saberes em torno do ritual de *Encomendação das Almas* no município de Oriximiná, no estado do Pará. Novamente, podemos perceber, a falta de homogeneidade de procedimentos em relação ao rito, visto que, segundo a transcrição apresentada, nessa localidade, o *canto/reza de pedidos* expressa a intenção de se rezar para mais do que três tipos de almas, assim como mencionado anteriormente. Embora a autora não faça menção, segundo minhas próprias experiências com rituais de *Encomendação*, deduzo que, após cada pedido (verso cantado por todos), há uma pausa e um silêncio, proferido pelos encomendadores, para que sejam realizadas as preces solicitadas.

---

[50] Embora a transcrição e o relato apresentados não evidenciem pedidos para outro tipo de alma além das almas do cemitério e nem as três repetições tradicionais, minha experiência em campo, acompanhando rituais de encomendação, leva-me a supor que tais procedimentos ocorram também em Redenção da Serra (SP), entretanto não foi considerada pelo autor ao transcrever o relato. É comum que no *canto/reza de pedido* altere-se, no texto entoado, a intenção em relação ao tipo de alma a qual se pretende beneficiar, no entanto, a melodia pode permanecer a mesma em cada uma das repetições. Esse fato pode ter levado o autor a registrar apenas seus primeiros versos, visto que seu trabalho, aparentemente, não traz uma abordagem musicológica do ritual, e sim, descritiva.

Pai e Nosso

Rezamos um Pai Nosso e uma Ave Maria, (Padre)

Para a sagrada morte e paixão de nosso senhor Jesus Cristo, (todos)

Rezamos um Pai Nosso e uma Ave Maria, (Padre)

Para as almas santas benditas, (todos)

Rezamos um Pai Nosso e uma Ave Maria, (Padre)

Para as almas necessitadas, pelo amor de Deus, (todos)

Rezamos um Pai Nosso e uma Ave Maria, (Padre)

Para as almas que estão na pena do fogo do purgatório, (todos)

Rezamos um Pai Nosso e uma Ave Maria, (Padre)

Para as almas que estão em pecado mortal, (todos)

Rezamos um Pai Nosso e uma Ave Maria, (Padre)

Para as almas que estão nas ondas do mar, (todos)

Rezamos um Pai Nosso e uma Ave Maria, (Padre)

Para as almas de nossos pais e de nossas mães (todos)

(COSTA, 2012, p. 180).

Um texto similar ao apresentado por Ana Cristina Costa surge transcrito no livro *Liturgias Ribeirinhas nº1: Encomendação das Almas* (2006, no entanto, sob outras denominações, *Pai Nosso - Bendita Aié*. Conforme podemos observar (Figura 3), as únicas diferenças entre esta transcrição e a versão apresentada anteriormente por Ana Cristina Lima da Costa (2012), estão nos dois primeiros versos do texto.

Figura 3 – Transcrição de reza cantada presente no livro *Liturgias Ribeirinhas nº 1: Encomendação das Almas* (2006, s/p)

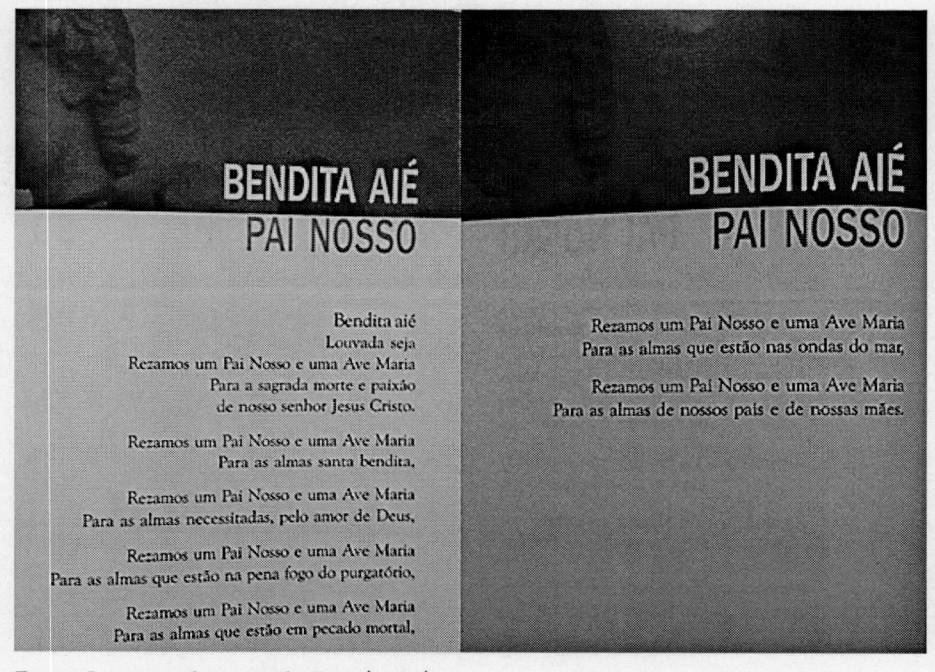

Fonte: Instituto de Artes do Pará (2006)

Segundo as informações contidas no livro *Liturgias Ribeirinhas nº 1: Encomendação das Almas*, a transcrição foi realizada literalmente, a partir da versão cantada pelo grupo de rezadores composto por Antônio Roberto Andrade Pereira (Bacu), Raimundo Tavares Élio (Japoca), José Rosenildo de Souza Ribeiro (Rose) e liderados por Antônio Soares Magno (Antônio Roque), já falecido na altura da pesquisa de Ana Cristina (2012). Nesse mesmo livro, encontram-se partituras, no entanto, estas correspondem a reinterpretações dos temas tradicionais realizadas pelo Grupo Vocal Masculino da Fundação Carlos Gomes a partir dos arranjos realizados por Luiz Pardal em seu *Réquiem*, aparentemente, inspirado na reza cantada[51] do grupo de encomendadores das almas liderado por Antônio Roque que atuava no município de Oriximiná[52].

---

[51] Ações como estas podem ser problematizadas a partir da ótica proposta por José Jorge de Carvalho (2004) em seu trabalho *Metamorfoses das tradições performáticas afro-brasileiras: de patrimônio cultural a indústria de entretenimento* e por Marc-Antoine Camp (2008) no texto *Quem tem autorização para cantar o cântico ritual?*, resultando em uma discussão sobre processos de apropriação e expropriação das rezas cantadas desse rito.

[52] Após o falecimento de Antônio Roque, o grupo passou a ser liderado por seu filho, Floriano Andrade Soares, contando com a participação de seu irmão e sobrinho, bem como com a participação de Raimundo Tavares Eloi (Japoca), único participante que restou da formação original, da época de Antônio Roque (COSTA, 2012, p. 61).

A partir das partituras apresentadas em *Liturgias Ribeirinhas nº1: Encomendação das Almas* (2006), não foi possível compreender a forma pela qual as rezas poderiam ser, de fato, cantadas no ritual ao qual o trabalho faz menção. A principal razão está relacionada ao fato de que estas surgem já grafadas em função de um contexto performático que retrata não mais o grupo de encomendadores, mas coro e orquestra de câmara.

Neste livro, são apresentadas transcrições de quatro rezas cantadas (*Bendita Aís- Pai Nosso*; *Sexta Santa*; *Saclário-Sacrário*; *Misaré-Miserere*), contudo, no material, não é mencionado o sentido, o momento, a circunstância, e nem a forma como estas são utilizadas na concepção do rito. Embora o trabalho mencionado prometa uma evidenciação dos aspectos etno e antropológicos do rito, estes não estão explícitos, mas cabe destacar que o mesmo é acompanhado por um CD, o qual contém gravações das rezas conforme são cantadas pelos encomendadores e, em seguida, reinterpretações.

Mariana Pettersen Soares (2013, p. 124) realizou uma pesquisa de cunho antropológico sobre o ritual de *Encomendação das Almas* na mesma região amazonense que os últimos dois trabalhos apresentados anteriormente, no entanto, além da cidade de Oriximiná, abarcou também Óbidos, Santarém e Curuá, todas estas também no estado do Pará. Por sua vez, apresenta a transcrição do texto de um *canto/reza* bastante semelhante ao apresentado por Ana Cristina e no livro de *Liturgias Ribeirinhas*, embora o possamos identificar como "Ladainha das Almas".

Ladainha das Almas

Acordai quem está dormindo
Acordai o vosso sentido
Lembras que tá chegando o tempo
De encomendar as almas de nossos pais falecidos
Lembras que temos duas eternidades
Primeiro é o céu pra onde vão os bem-aventurados
Segundo é o inferno pra onde vão os condenados
Bem aventurados
Pedimos um "pai-nosso" e uma "ave-maria" pela Sagrada Morte e Paixão de Nosso Senhor Jesus Cristo
Pedimos um "pai-nosso" e uma "ave-maria" para nossos pais falecidos

> Pedimos um "pai-nosso" e uma "ave-maria" para as almas santas benditas
>
> Pedimos um "pai-nosso" e uma "ave-maria" para as almas que estão no centro do mato
>
> Pedimos um "pai-nosso" e uma "ave-maria" para as almas que estão nas ondas do mar
>
> Pedimos um "pai-nosso" e uma "ave-maria" para as almas que estão no fogo do purgatório
>
> Pedimos um "pai-nosso" e uma "ave-maria" para as almas necessitadas
>
> (SOARES, 2013, p. 124).

Não podemos afirmar se a transcrição apresentada por Mariana Pettersen Soares é ou não o mesmo *canto/reza* apresentado por Ana Cristina, dado que não partilha detalhes da transcrição, como o local exato de coleta ou referências ao grupo e ao momento específico de sua realização. Devido ao fato de a autora ter realizado seu trabalho juntamente com vários grupos de encomendadores, inclusive grupos também de Oriximiná, compreendemos a proximidade entre os *cantos/rezas*: "A variação que existe nas letras das ladainhas, de grupo para grupo, é pequena, como por exemplo, na introdução da reza, como na ordem das *sete qualidades de pedidos*" (SOARES, 2013, p. 124, grifos do autor).

Na letra da *Ladainha das Almas*, a partir da perspectiva e análise de Mariana Pettersen Soares (2013, p. 125), podemos observar que no trecho "lembras que temos duas eternidades, primeiro é o céu pra onde vão os bem-aventurados, segundo é o inferno pra onde vão os condenados", há uma ideia relacionada à crença sobre o destino das almas dentro da tradição do catolicismo. Já no trecho "Pedimos um pai-nosso e uma ave-maria para as almas que estão no centro do mato", bem como as menções sobre as almas que estão nas ondas do mar[53], no fogo do purgatório e às almas necessitadas, nos direcionam ao pensamento de que estas estão vagando, não tendo chegado ao céu ou ido para o inferno. Estando, portanto, no purgatório. Desse modo, no *canto/reza* apresentado, é demonstrado que aqueles que não se fizerem livres de seus pecados, poderão vagar pelo purgatório e, se condenados por

---

[53] Tendo em perspectiva uma cosmovisão africana, a água pode ser compreendida com *kalunga* que é o limiar entre o mundo dos vivos e dos mortos (SANTOS, A. R., 2014, p. 32-33). Em uma perspectiva lusitana, país que historicamente desenvolveu grande atividade marítima, o mar representa o local para qual muitos foram, mas jamais regressaram, simbolizando, assim, incertezas e até mesmo lutos de pais e filhos ausentes, cujo por suas almas é preciso velar (DIAS; DIAS, 1953).

um Juízo Final, poderão ter suas almas direcionadas ao inferno. Já no caso contrário, tendo suas almas salvas, livres de pecados, poderão dirigir-se ao descanso eterno no céu, junto a Deus. No início do *canto/reza*, encontra-se o seguinte trecho: "Acordai quem está dormindo, acordai o vosso sentido, lembras que tá chegando o tempo, de encomendar as almas de nossos pais falecidos", em que podemos observar um chamado feito aos rezadores para que encomendem as almas de seus pais, rezando por eles, mesmo sob a crença de que estes já estão no céu e agem como bons filhos enquanto rezadores, demonstrando essa atitude a Deus (SOARES, 2013, p. 125).

A partir dos grupos com os quais trabalhou na região do Baixo Amazonas, Mariana Pettersen Soares (2013, p. 133-134) identifica, qualifica e apresenta sete tipos de pedidos explicando como os encomendadores classificam as almas pelas quais rezam/cantam segundo suas próprias explicações (ver Quadro 1).

Quadro 1 – Sete tipos de pedidos destinados às almas, segundo Mariana Pettersen Soares (2013)

1- Paixão e morte de Jesus Cristo	É reverenciado durante todo o ritual.
2- Almas santas benditas	São as almas que já estão próximas de Deus, ou seja, almas abençoadas.
3- Almas de pais falecidos	São as almas de todos os pais e mães falecidos.
4- Almas necessitadas	São aquelas que morrem devendo dinheiro, que furtaram em vida e/ou foram assassinadas. Pode ser também a alma daquele que morreu necessitando de alimento.
5- Almas das ondas do mar	São as almas dos afogados e/ou daqueles que não tiveram seus corpos enterrados. São consideradas como almas que precisam de muita oração[54].
6- Almas que penam no purgatório	São consideradas como as almas dos assassinos, que queimam no fogo do purgatório.
7- Almas que estão em pecado mortal	São as almas que possuem quantidade excessiva de pecados.

Fonte: elaborado pelo autor

---

[54] Para João José Reis (1991 *apud* SOARES, 2013, p. 133), aquele que morre e não recebe sepultura, é considerado como o mais temido dos tipos de mortos, pois morrer sem sepultura significa se tornar uma alma penada.

Segundo Mariana Pettersen Soares (2013, p. 132-133), com exceção ao primeiro pedido, a ordem dos demais pode variar de grupo para grupo, o que explica a diferença entre a transcrição oriunda de seu trabalho e as transcrições encontradas no livro *Liturgias Ribeirinhas* (2006) e no trabalho de Ana Cristina Lima da Costa (2012, p. 180). Mariana Soares ainda salienta que as categorizações dos distintos tipos de almas através das nativamente denominadas *qualidades de pedidos* servem para que os rezadores possam organizar o mundo social dos mortos, tendo por base valores ligados ao universo do catolicismo, mas classificando as almas em relação a seus próprios valores e interesses, apontando distinções sobre quais almas alcançarão mais facilmente a salvação e para quais essa glória é mais árdua de ser alcançada.

Mauro Passos (2013, p. 155) apresenta um exemplo de texto transcrito no qual destaca principalmente o sentimento de esperança dos rezadores em relação ao perdão e à salvação, pois no excerto apresentado, segundo o autor, é notória a presença de aspectos como o pedido de perdão e a confiança na misericórdia divina. O autor percebe a reza, tratada por ele como música, enquanto uma expressão "triste e entra em sintonia com o ritual de penitência, abandono e dor" (PASSOS, 2013, p. 155). Para ele, a força ritual da "música" contribui para acentuar a lembrança da morte e o quanto são necessárias orações e mediações para alcançar a glória da salvação, pois segundo a tradição popular e a doutrina cristã, existem almas que necessitam de uma purificação para ter o direito de comtemplar a presença de Deus.

Alerta, alerta, pecador adormecido,
Olha lá que Deus não dorme não,
Olha lá que da morte ninguém escapa não,
Arrepende e vem pedi perdão.

Reza um Padre-nosso com Ave-Maria,
Reza mais um Padre-nosso pras almas,
Vem aqui pedi perdão, vem rezá
Pras almas que morreram sem perdão.

Senhor Deus, Pai e Espírito Santo
Senhor Deus, Filho Santíssimo,
Pelas dores de vossa mãe,
Salva todos, salva todos.
(PASSOS, 2013, p. 155).

Oswaldo Elias Xidieh (1972, p. 14-16) apresenta uma breve descrição do rito acompanhada de uma transcrição em forma de partitura (Figura 4) e também texto. Na representação apresentada pelo autor, além de nos propiciar informações do conteúdo cantado durante o rito, encontramos também detalhamentos sobre os aspectos procedimentais da realização do ritual que ocorre na região de Jardinópolis até Tabapuã, no estado de São Paulo.

Figura 4 – Recolha "Cantiga da Adoração das Almas" de Oswaldo Elias Xidieh (1972, p. 15)

CANTIGA DA ADORAÇÃO DAS ALMAS

"Alerta, alerta pecadores
Acordai quem está dormindo
Veja lá que Deus não dorme
Nós também não dormiremos
Veja lá que a morte é certa
Temos que rezar pras almas
Reza lá um Padre Nosso
Junto com uma Ave Maria
Pras almas do purgatório
Reza pelo amor de Deus".

Espera-se, e msilêncio, alguns segundos a fim de que as pessoas que estiverem dentro da casa tenham tempo pra rezar. Terminada a oração implorada, alguém dentro de casa dá um sinal, batendo na mesa ou na janela. Continua então a cantiga:

"Reza mais um Padre Nosso
Junto com uma Ave Maria
Pras almas dos seus parentes
Reza pelo amor de Deus".

Outro silêncio e novos versos:

"Reza mais um Padre Nosso
Junto com uma Ave Maria
Pras almas vagantes
Reza pelo amor de Deus".

Terminados os pedidos o grupo todo canta um hino religioso qualquer em louvor a algum santo à escolha do "mestre". Depois, para finalizar, batendo a matraca para acompanahr o canto, todos juntos cantam o "Bendito" ou "Louvação".

Fonte: Oswaldo Elias Xidieh (1972, p. 15)

Na sequência, o autor ainda apresenta uma transcrição do que denomina como "Bendito" ou "Louvação" (Figura 5) e que, segundo ele, traz em si os elementos religiosos do ritual, reforçando inclusive sua origem eclesiástica. A *Cantiga da Adoração das Almas* está repleta de elementos que revelam uma identidade mágico-religiosa, principalmente, em relação aos adornos, às vestimentas e aos objetos que, conforme a tradição local — e tradições também similares em várias outras localidades em distintos níveis de variação —, compõem a operacionalização do ritual (XIDIEH, 1972, p. 17-30).

Figura 5 – Recolha "Louvação" de Oswaldo Elias Xidieh (1972, p. 16)

L O U V A Ç A O

"Oi Bendito louvado seja
O Santíssimo Sacramento
Da puríssima Conceição
Da Virgem Maria Senhora Nossa
Concebida sem pecado
Original, amém, Jesus".

E passam à outra casa, onde repeteb os mesmos pedidos e cânticos. Durante a Semana Santa a reza é feita todas as noites, terminando na Sexta-Feira Maior com uma procissão na qual toma parte toda a população rural dos arredores, devendo cada um levar uma vela acesa e a procissão terminar numa capela onde se deposita a matraca.

Fonte: Oswaldo Elias Xidieh (1972, p. 16)

Em relação aos processos operacionais, ou à performance da *reza/canto* para as almas, Sr. Bêjo (Benjamin Antônio Ribeiro), líder do grupo que realiza encomendações no povoado de Machadinho — um dos povoados pertencentes ao município de Cláudio (MG) —, relatou, através de entrevista informal, que para funcionalidade do canto, além da fé, é necessário que o *tirador*[55] possua conhecimento profundo sobre as possibilidades de variações melódicas e textuais, modificando através da variação destes a intenção dos pedidos em prol das almas. Tanto para Sr. Bêjo, quanto para dona Suelene, *tiradora* do povoado da Bocaina, é importante que se tenha algum conhecimento sobre quem são os moradores que recebem o ritual, bem como sobre suas famílias, pois assim saberá, através de decisões no âmbito das *rezas/cantos*, fazer com que a *Encomendação* aja de forma mais efetiva em relação às intenções do rito.

Durante todo o processo de revisão bibliográfica sobre o ritual de *Encomendação das Almas* que ocorre no Brasil, foram encontrados vários relatos que possibilitaram adquirir informações sobre seus aspectos procedimentais, selecionando fontes específicas para integrar este texto. Muitos dos trabalhos acerca desse tema no Brasil o descrevem e procuram compreender suas representações simbólicas (dentro da religião e misticismo) e sociais (dentro dos diversos grupos que o praticam e o reconfiguraram ao longo dos anos). Entretanto, enquanto músico e pesquisador, percebi a existência de uma limitada disponibilização acerca de materiais que descrevessem os elementos sonoros das *rezas cantadas* dessa manifestação e que nos possibilite aproximar mais de compreender como estas realmente ocorrem no âmbito do rito, umas vez que somente transcrições textuais não representam ritmo ou alturas sonoras e, mesmo diante das limitações da partitura convencional, esta é ainda um meio válido de ilustrar representações sonoras, podendo ser considerado como um idioma compreensível no meio musical.

Ainda em relação às partituras que ilustrem as *rezas/cantos* do ritual de *Encomendação das Almas*, saliento que, em todo corpus bibliográfico sobre o rito no Brasil, foram encontrados poucos exemplares em contraste aos estudos oriundos de Portugal, demonstrando que em solo lusitano há uma maior tradição (etno)musicológica em relação à recolha e à transcrição de exemplares musicais.

Durante esta pesquisa, tive acesso a algumas partituras que traziam *rezas/cantos* de *Encomendação das Almas* transfiguradas em forma de arranjos musicais para diversos tipos de conjuntos musicais, entretanto, estes não foram considerados como materiais pertinentes para esta pesquisa, pois não se trata de materiais que ilustrem as sonoridades entoadas pelos

---

[55] Nos povoados pertencentes ao entorno de Cláudio (MG), os termos mais comuns utilizados em referência a uma figura de liderança eram: *tirador da reza* ou simplesmente *tirador*; *chefe da reza*, ou com toda a informalidade característica dos encomendadores de menos idade, usa-se também o termo *chefe*.

encomendadores durante a manifestação do rito, mas sim, conforme José Jorge de Carvalho (2004), materiais *apropriados* e *expropriados* por agentes externos à cultura da qual esta pesquisa trata, assim como pode ser observado através das partituras existentes no livro *Liturgias Ribeirinhas nº1: Encomendação das Almas* (2006).

Entretanto, a partir de uma conversa com os musicólogos Paulo Castagna e Fernando Lacerda Simões Duarte, foi possível tomar conhecimento sobre a existência de manuscritos dos séculos XVIII, XIX e XX que continham transcrições de rezas cantadas da *Encomendação das Almas*, estes que, por meio das informações gráficas que contêm, permitem inferir ideias sobre a possibilidade de o rito em questão já ter ocorrido com configurações distintas das que conhecemos hoje e que atualmente são divulgadas em trabalhos acadêmicos e científicos que abordam essa temática, ocorrendo em outros espaços, como dentro de igrejas como parte integrante da liturgia.

Em um momento posterior, esses exemplares digitalizados de transcrições manuscritas foram gentilmente enviados por Paulo Castagna[56] a partir de materiais disponíveis no Museu da Música de Mariana[57] e na Orquestra Lira Sanjoanense. O trabalho com essas fontes documentais que contêm transcrições de música manuscrita nos possibilitou também questionar se em meados do século XVIII, XIX e no início do século XX, antes da implementação na Igreja Católica da normativa papal de 1903 sobre música sacra, as *rezas/cantos* de *Encomendação das Almas* poderiam ser interpretadas como repertório em outros contextos além da prática de cariz popular e rural na qual é celebrada em forma de cortejo noturno, abrindo margem para outra perspectiva de pesquisa sobre esse rito que, até então, é mencionado na bibliografia sobre o tema como uma prática de tradição oral.

Dentre os manuscritos musicais partilhados por Paulo Castagna, através de materiais disponíveis no Museu da Música de Mariana e da Lira Sanjoanense, há transcrições que, aparentemente, não são oriundas de observações do ritual em seu cariz tradicional — mais popular e rural, interpretado como cortejo noturno —, pois os elementos e indicações presentes nas transcrições remetem a um cariz composicional, contendo, alguns, arranjos elaborados, presença de baixo instrumental (que poderia ser realizado como baixo-contínuo), configuração para a interpretação por

---

[56]   Em dezembro de 2016, foram recebidos oito exemplares, todos digitalizados em alta resoluço, permitindo uma boa observação de seus detalhes gráficos.

[57]   Para mais informações, acesse o site http://www.mmmariana.com.br/. Acesso em: 27 fev. 2017.

coro masculino, o que nos permite distinguir a finalidade atribuída a essas *rezas/cantos* em relação aos tipos de sonoridades e interpretações musicais comuns às celebrações populares e rurais pelas quais o rito atualmente é mais conhecido e abordado em trabalhos acadêmicos e científicos.

Em seu formato enquanto tradição popular, o modelo mais convencional de divisão vocal para coro não é comum devido a seu cariz de transmissão oral, o que permite identificar, nessas fontes documentais, a possibilidade de o repertório pertencente a esse ritual já ter possuído um caráter de institucionalização ou e de organização atípica para os grupos de rezadores populares da *Encomendação das Almas*, remetendo a possíveis processos de *apropriação* e *expropriação*[58] (como indica o Exemplo 1) ou transformações contextuais, susceptíveis à tentativa de uniformização musical imposta por Roma, que sucedeu lentamente a partir de 1903 e poderia ter impulsionado modificações relacionadas às performances do rito e que, nas décadas que precedem o início do século XX, poderiam estar vinculadas diretamente à liturgia católica durante um período anterior à romanização.

Os manuscritos musicais digitalizados que compõem o corpus documental deste estudo são constituídos por seis *rezas/cantos* de *Encomendação das Almas*, das quais somente três encontram-se completas e apresentamos determinados recortes enquanto ilustração para as descrições e análises contextuais (Exemplos 1, 2, 3 e 4). As demais *rezas/cantos* existentes dentre os manuscritos partilhados do Museu da Música de Mariana, são partes avulsas de obras maiores, mas que ainda não foi possível obter acesso à sua completude por não estarem disponíveis.

As fontes musicais referem-se às seguintes *rezas/cantos*: 1) *Encomendação de almas* de Adhemar Campos Filho (1926-1997) para coro masculino e vozes, de 1960 (*BrMgMna MMM CDO.13.002 CUn (im.01) Coro-TitC (bf.01a) f.01r [22,0 x 31,9]*); 2) *Encomendação de almas* para coro misto a quatro vozes, flautas, trompas e baixo de Manoel Dias de Oliveira (17..-1813), presente na Coleção Música Sacra Mineira (n. 5) de 1975, mas composta no século XVIII, sem data de composição especificada, cujos originais são pertencentes à Lira Sanjoanense (sem código de inventariação); 3) Encomendação

---

[58] Ações como estas podem ser problematizadas a partir da ótica proposta por José Jorge de Carvalho (2004) em seu trabalho *Metamorfoses das tradições performáticas afro-brasileiras: de patrimônio cultural a indústria de entretenimento* e por Marc-Antoine Camp (2008) no texto *Quem tem autorização para cantar o cântico ritual?*, resultando em uma discussão sobre processos de apropriação e expropriação das rezas cantadas desse rito. No caso da *Encomendação das Almas*, podemos pressupor dinâmicas que extrapolem os sentidos atribuídos aos processos de *apropriação* e *expropriação* e que se fazem necessárias investigações que focalizem as relações historicamente existentes entre as práticas comunitárias e eclesiásticas.

de Almas *Alerta, alerta*, sem autor e data expressos na fonte (*BrMgMna MMM CDO.01.338*); 4) *Lembra-te das almas do purgatório*,l de 1860, cujo autor encontra-se ilegível, constituído por uma parte avulsa (*BrMgMna MMM CDO.02.140*); 5) *Tenor, em Comendação de Almas* (*BrMgMna MMM CDO.05.036*), cujas notações ao final da transcrição remetem à propriedade de José Pereira; 6) *Levanta-te ó pecador*, parte instrumental avulsa da qual não está disponível a parte vocal e não possui data ou identificação de autoria (*BrMgMna MMM CDO.02.287 CUn (im.01) INI (sf.01a) f.01r [21,6 x 23,6]*).

Exemplo 1 – Capa da *Encomendação de almas* de Adhemar Campos Filho (1926-1997) para coro masculino e vozes, datada em 1960 (BrMgMna MMM CDO.13.002)

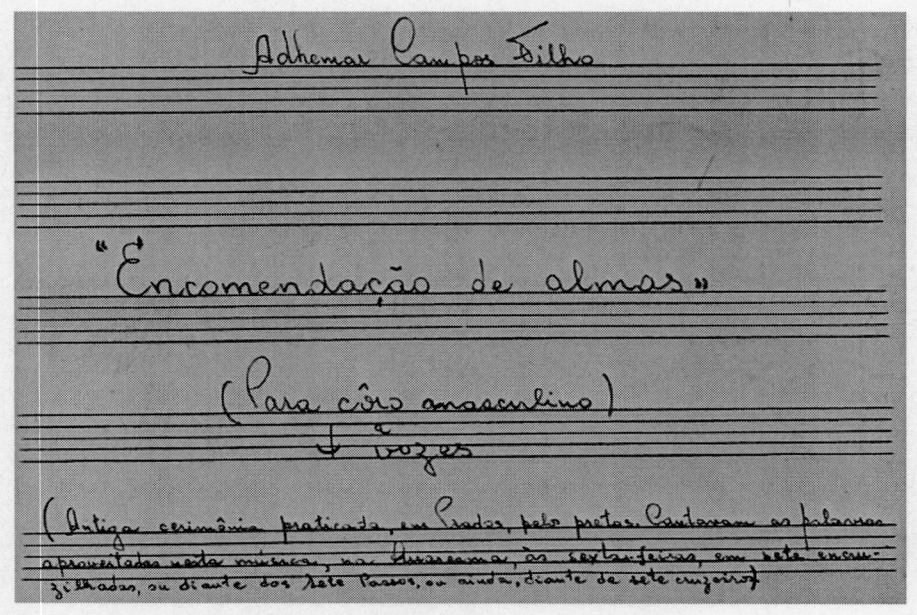

Fonte: acervo do Museu da Música de Mariana

O Exemplo 1, capa do manuscrito musical *Encomendação de almas* (*BrMgMna MMM CDO.13.002*) para coro masculino e vozes, de 1960, composta por Adhemar Campos Filho (1926-1997), contém informações que permitem inferir ideias sobre possíveis contextos em que as rezas cantadas do ritual eram interpretadas. Nesse exemplo, está escrito em letras menores: "Antiga cerimônia praticada, em Prados[59], pelos pretos. Cantavam as

---

[59] Município mineiro localizado a aproximadamente 30 quilômetros de São João Del Rei (MG).

palavras aproveitadas nesta música, na Quaresma, às sextas-feiras, em sete encruzilhadas, ou diante dos Sete Passos, ou ainda, diante de sete cruzeiros".

O texto escrito nessa capa demonstra através da expressão "Cantavam as palavras aproveitadas nesta música" que o autor dessa transcrição — composição de processos de *apropriação* e *expropriação* adaptada para coro — não considerou os cânticos entoados pelos "pretos" como música, mas sim o resultado de seu trabalho composicional. Outros pontos que merecem destaque são a expressão "Antiga cerimônia" e o fato de se tratar de uma peça para coro masculino (Exemplo 2), pois tais dados podem significar que o ritual de *Encomendação das Almas* poderia um dia, em algum lugar nas imediações de Prados (MG), ter sido considerado como uma liturgia ou paraliturgia corrente dentro do cenário das celebrações eclesiásticas. Entretanto, embora o manuscrito apresente a data de 1960, para atingir resultados mais amplos, torna-se necessário uma investigação contextual detalhada na localidade, a qual ainda não foi possível realizar.

Exemplo 2 – Primeira e segunda folha da *Encomendação de almas* de Adhemar Campos Filho (1926-1997) para coro masculino e vozes, datada em 1960 (BrMgMna MMM CDO.13.002)

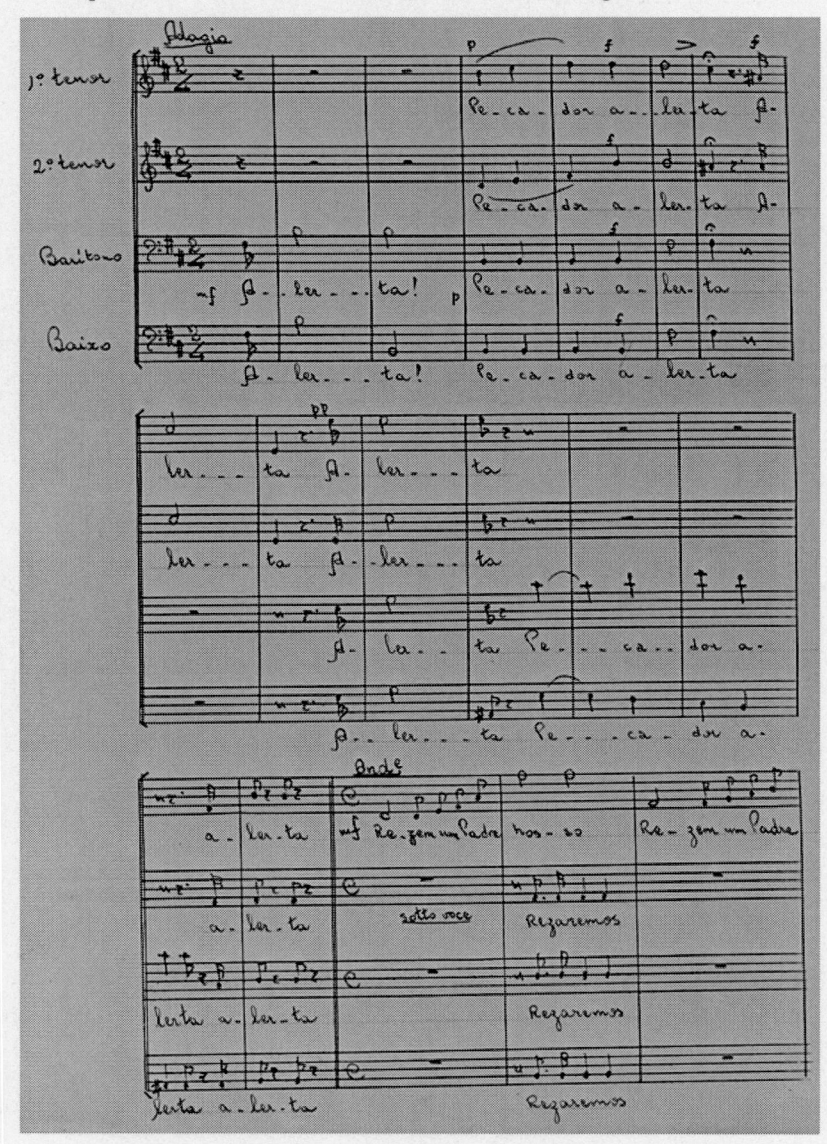

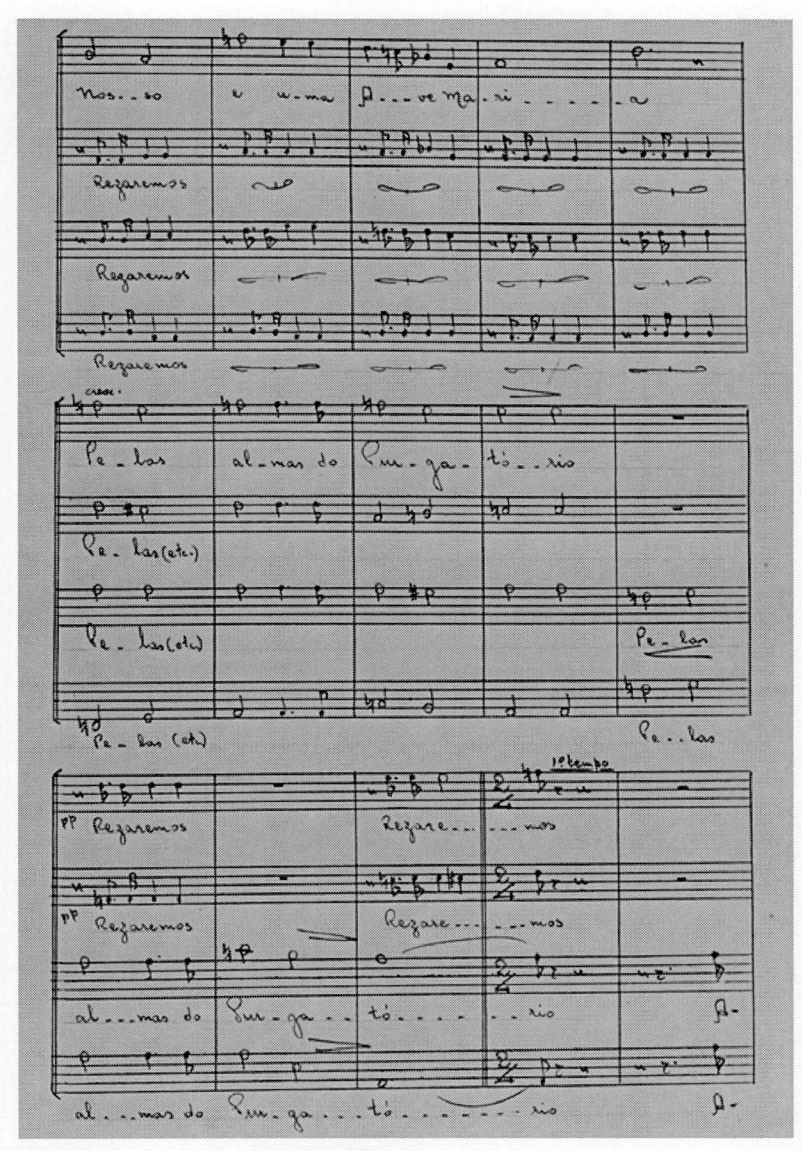

Fonte: acervo do Museu da Música de Mariana

O texto utilizado para a composição de Adhemar, apropriadas a partir da celebração de *Encomendação das Almas* realizadas pelos "pretos", demonstram que a mesma se enquadra dentro da categoria *reza/canto de pedidos*, pois além de indicar procedimentos do rito — "pecador alerta", indica que quem ouve o cântico deve acordar e ficar atento à celebração —, faz solicitação pelas orações *Pai Nosso* e *Ave Maria*.

Exemplo 3 – Excerto da *Encomendação de almas* para coro misto a quatro vozes, flautas, trompas e baixo de Manoel Dias de Oliveira (17..-1813), presente na Coleção Música Sacra Mineira (n. 5) de 1975, mas composta no século XVIII, pertencente à Orquestra Lira Sanjoanense (sem código de catalogação)

Fonte: acervo da Orquestra Lira Sanjoanense

Outro exemplo de *reza/canto de pedidos*, identificado como tal também mediante os versos que solicitam que os ouvintes realizem determinadas orações em prol das almas, é a composição de Manoel Dias de Oliveira (17..-1813), a qual apresenta características que permitem questionamento quanto ao pensamento de que a *Encomendação das Almas* era uma prática cujo a transmissão se deu somente pela via da oralidade, pois, ao refletirmos sobre sua peça (Exemplo 3), composta para coro misto, trompas, flautas e baixo, temos um contexto no qual seria complexo interpretar uma peça musical que contém 20 páginas caminhando por ruas noite adentro sem iluminação, como ocorre no formato mais popular e rural do rito. Desse modo, é possível inferir que a interpretação de um repertório como este demandaria uma estrutura diferente da que atualmente é expressa nos trabalhos que abordam o tema.

Exemplo 4 – Excerto da Encomendação de Almas *Alerta, alerta* (BrMgMna MMM CDO.01.338)

Fonte: acervo do Museu da Música de Mariana

Pensar na presença da *Encomendação das Almas* ocorrendo dentro da Igreja Católica no formato como esse ritual é concebido na atualidade, pode ser uma ideia ainda inexplorada, visto que pesquisas que têm abordado o rito buscam fundamentar suas investigações, na maior parte dos trabalhos, somente em informações recolhidas em observações e entrevistas, colhendo informações a partir de uma memória oral, a qual só é possível tanger até certo limite temporal. Contudo o trabalho com transcrições manuscritas, principalmente se aliado à recolha oral, pode nos permitir compreender contextos e até mesmo inferir aquilo que ainda não foi explorado, fundamentando argumentos também a partir de evidências documentais, como a presença de um baixo instrumental em um manuscrito musical sobre a *Encomendação das Almas*, rito perseguido pelo Catolicismo no século XX, pois, embora cristão, já em Portugal tenha sido relacionado a práticas pagãs e, no Brasil, a práticas afros.

Tendo em perspectiva a função dentro das categorias de *reza/cantos* do ritual, o Exemplo 4 configura um recorte manuscrito da transcrição de uma *reza/canto* definida em título como *Encomendação de Almas* e que foi copiada nos espaços em branco que sobraram de um manuscrito da *Oratória ao Menino Deus* de Inácio Parreiras Neves. Devido ao estado precário desse exemplar, não foi possível definir exatamente a totalidade do texto entoado, mas é possível categorizá-lo enquanto *reza/canto de pedidos* devido ao fato de que, nos versos iniciais, há a chamada característica "Alerta, alerta, alerta cegos mortais, cegos mortais", indicando procedimentos que aqueles que recebem a celebração diante de suas casas devem adotar.

Exemplo 5 – Lembra-te das almas do purgatório (BrMgMna MMM CDO.02.140) de 1860

Fonte: acervo do Museu da Música de Mariana

O Exemplo 5, como parte de uma *reza/canto* da *Encomendação das Almas*, representa uma parte avulsa referente à voz do baixo e, considerando o texto que pode ser identificado abaixo de sua linha melódica, pode ser categorizada como *reza/canto de pedidos* pertencente à Lamentação das Almas, denominação que também é atribuída ao ritual. Esse exemplo refere-se a práticas ritualísticas do século XIX, conforme o registro datando 1860, que está grafado no canto inferior direito do manuscrito. Através do texto transcrito abaixo da melodia, podemos perceber que a *reza/canto*, ao ser entoada, solicita que aqueles que a ouvem, levantem-se — possivelmente de suas camas, pois deveriam estar dormindo — para relembrar as almas que estão em pena no Purgatório, pedindo em prol destas, misericórdia ao Senhor.

Exemplo 6 – Tenor, em Comendação de Almas (BrMgMna MMM CDO.05.036), cujas notações ao final da transcrição remetem a alguém denominado José Pereira

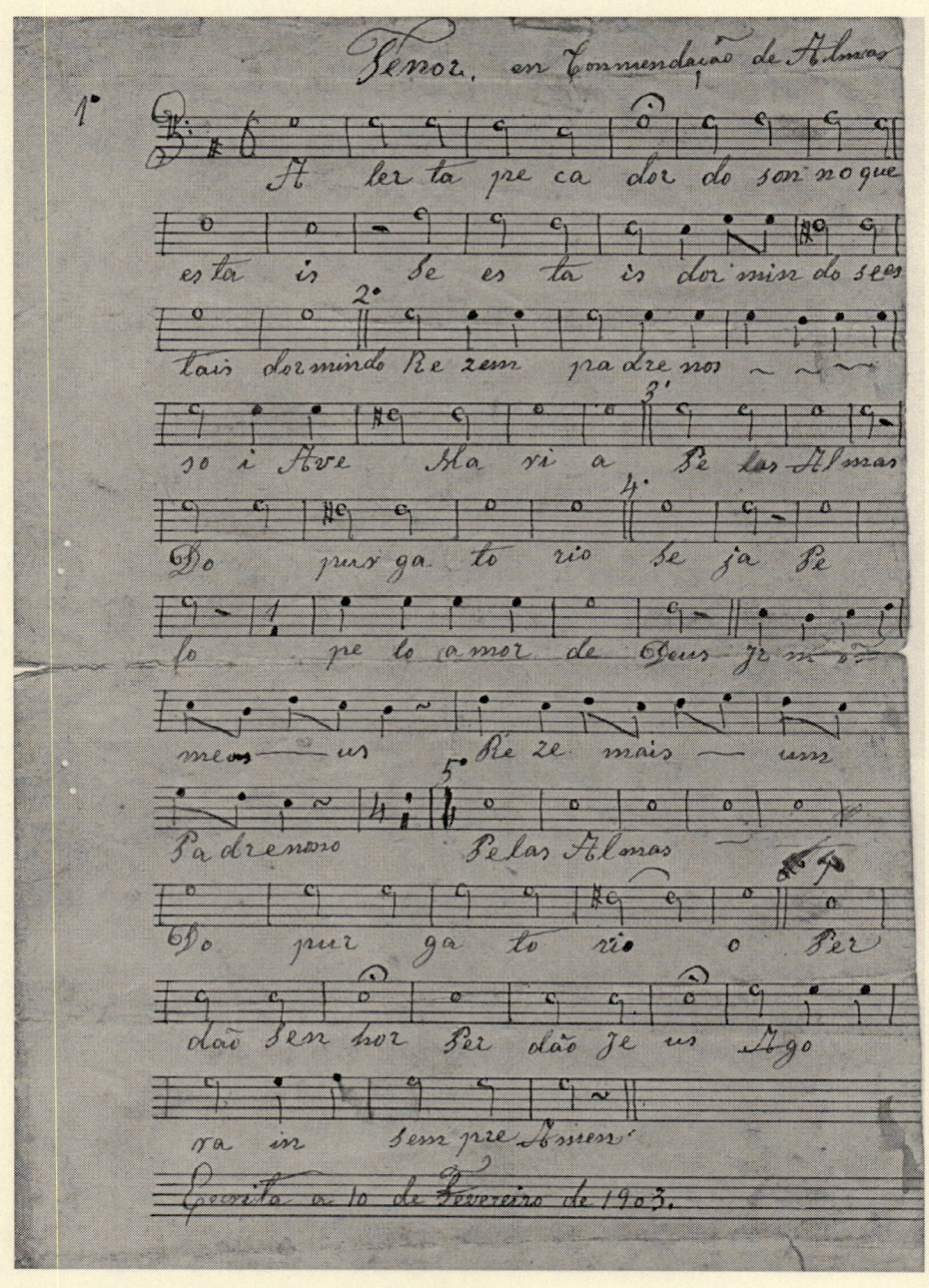

Fonte: acervo do Museu da Música de Mariana

Outro exemplo da *reza/canto* oriunda do ritual de *Encomendação das Almas* (Exemplo 6) surge a partir de uma transcrição de 10 de fevereiro de 1903, que, aparentemente, indica ser a uma parte avulsa de uma peça prevista para coro se considerarmos a indicação da respectiva voz do "Tenor". Contudo a presente indicação também pode remeter ao fato de que mesmo em localidades onde a transmissão do rito se deu pela oralidade, os responsáveis por entoar as *rezas/cantos* eram figuras de liderança dos grupos de encomendação, também denominados como *tenor*, e que provavelmente cantariam a base da melodia entoada para a realização de outras vozes improvisadas. Essa prática, oriunda de uma formação erudita e fortemente divulgada nos meios eclesiásticos de séculos passados, poderá ter permanecido curiosamente também por via oral.

Exemplo 7 – Manuscrito *Levanta-te ó pecador* (BrMgMna MMM CDO.02.287)

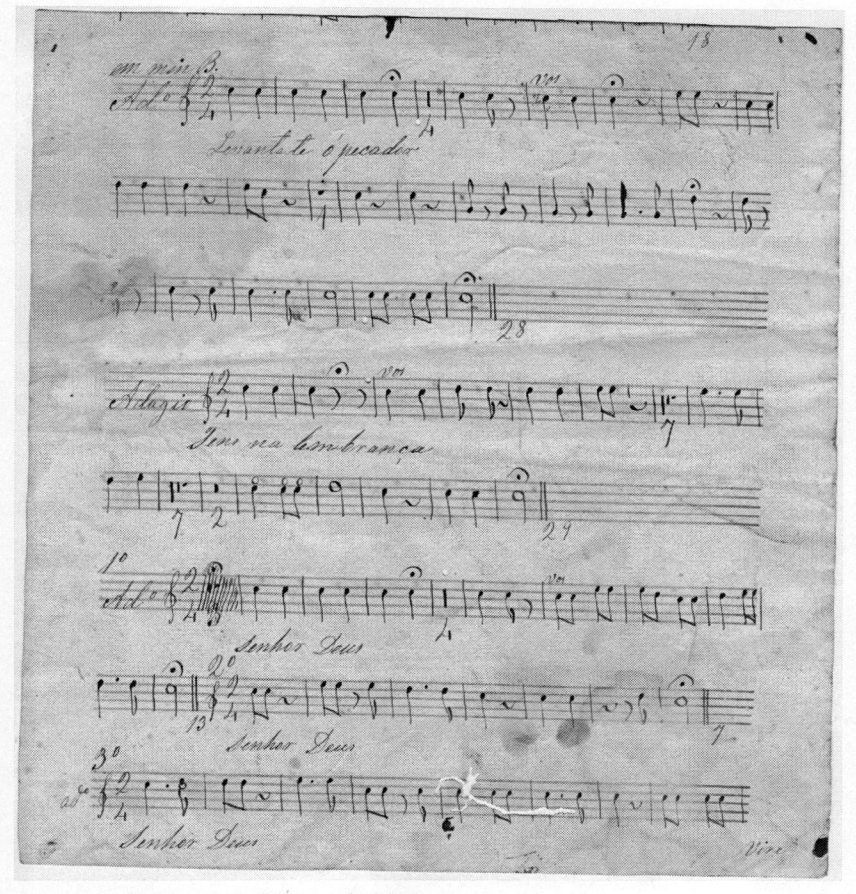

Fonte: acervo do Museu da Música de Mariana

Esse manuscrito (Exemplo 7) é também uma fonte de *reza/canto* incompleta, uma vez que se trata de uma parte puramente instrumental com breves transcrições do texto a ser entoado durante a reza cantada, possivelmente para que seu executor, durante a performance, pudesse acompanhar o canto com mais facilidade e se localizar musicalmente em meio à celebração. Em relação ao texto transcrito, embora incompleto, expressões como "levanta-te ó pecador" nos possibilitam considerá-lo como uma *reza/canto de pedidos*, pois, a partir deste, podemos inferir que os versos que lhe dão sequência estariam também de acordo com o que normalmente se espera em relação ao contexto do que é entoado, solicitando também orações aos devotos que recebem o rito do lado de fora das suas residências. Entretanto, por se tratar de uma fonte incompleta, esta não permite compreender como, de fato, o canto era entoado na *Encomendação das Almas*, a qual, um dia, essa *reza/canto* foi parte integrante.

Pudemos perceber que nenhuma dessas *rezas/cantos* apresentadas aqui, através dos manuscritos, são iguais, mas também que, mesmo aquelas que possuem maiores discrepâncias entre si, são compostas por expressões musicais e textuais que carregam elementos simbólicos comuns, como a solicitação de "alerta" ou "levanta-te" para que sejam realizadas determinadas orações em prol de diferentes tipos de alma, a entonação melancólica, a maneira responsorial e/ou em coro, o caráter comunicativo, a relação direta com o sobrenatural e demais aspectos tradicionais discorridos ao longo deste trabalho que formam consonância conjunta e permitem que tais exemplares possam ser categorizados como *rezas/cantos de pedidos* componentes do ritual de *Encomendação das Almas* e que ilustram várias de suas práticas dentro do Brasil.

Esta abordagem a partir dos manuscritos musicais da reza cantada de *Encomendação das Almas* permite levantar questões capazes de impulsionar futuras investigações que aliem análises de documentos musicais, como partituras, aos contextos nas quais estes eram interpretados. Assim, unindo informações emanadas por essas fontes que, embora vistas por correntes mais tradicionalistas das ciências musicais como objetos que competem a abordagens distintas, complementam-se mutuamente. Certamente, uma série de acervos pelo Brasil pode conter fontes documentais que guardam registros sobre as rezas cantadas de Encomendação das Almas.

Mesmo que informações generalizadas sobre a temática a enquadre como uma prática de transmissão oral pertencente à religiosidade popular, revisões bibliográficas realizadas em trabalhos que abordam a *Encomendação das Almas* no Brasil[60] e em Portugal[61] permitem constatar a existência também de práticas de transcrição musical desse rito, não só enquanto recolha, mas também enquanto transmissão e interpretação de repertórios.

Assim, nesta seção foi possível perceber que a maioria dos trabalhos produzidos no Brasil acerca desse tema o descreve e procura compreender suas representações simbólicas (dentro da religião e misticismo) e sociais (dentro dos diversos grupos que o praticam e o reconfiguraram ao longo dos anos e várias diásporas). Entretanto, através de buscas por um olhar das ciências musicais na produção bibliográfica encontrada acerca da *Encomendação das Almas*, foi perceptível a existência limitada de materiais que descrevessem os elementos sonoros das rezas cantadas dessa manifestação e que fossem capazes de possibilitar a compreensão sobre como estas ocorrem no âmbito da *Encomendação*. Considerando que transcrições somente textuais não representam em si valores de duração sonora, ritmos, alturas, intensidades e dinâmicas de expressividade, compreendemos que a transcrição musical (mesmo diante das limitações que a partitura convencional apresenta) é um instrumento válido para analisar contextos de práticas de *Encomendação das Almas* e ilustrar representações sonoras, permitindo-nos interpretá-las e justificar nossas considerações, pois é um idioma compreensível no meio musical e que possibilita diversas óticas de leituras, podendo ser considerado como uma ferramenta de análise quantitativa[62] do cientista musical.

Apontamentos sobre prática do rito em Portugal

Para uma ampla revisão sobre o ritual de *Encomendação das Almas*, dentro dos limites e possibilidades que uma pesquisa de mestrado pode proporcionar, principalmente em relação ao tempo para conclusão, considerei necessário também fazer uma abordagem sobre as práticas que ocorrem em Portugal. Mesmo que somente através de uma investigação bibliográfica e a partir de registros disponíveis na internet, torna-se importante ressaltar

---

[60] Em publicações oriundas do Brasil, foram encontramos poucos trabalhos que abordassem, mesmo que minimamente, o ritual tendo em foco a perspectiva sonora e, em cada um deles, encontra-se poucas transcrições musicais sobre as rezas cantadas (ARAÚJO, 2004; PARÁ, 2006; PEDREIRA, 2010).

[61] Em publicações oriundas de Portugal, são encontrados mais trabalhos e, em cada um deles, um número mais expressivo de transcrições musicais das rezas cantadas (ABRUNHOSA, 2016; CARVALHINHO, 2010; DIAS; DIAS, 1953; GIACOMETTI; LOPES-GRAÇA, 1981; GONÇALVES, J. P., 2007; JERÓNIMO, 1995).

[62] Ver mais no trabalho de Ângelo Nonato Natale Cardoso (2016, p. 72-77).

alguns apontamentos sobre as formas pelas quais essa devoção é manifestada em terras lusitanas, dado que, como vimos no decorrer da seção anterior, foi a partir de trânsitos migratórios, com a vinda dos colonizadores portugueses, que essa cultura adentrou nas terras brasileiras.

Para esta seção, destacam-se como principais referenciais os trabalhos *A Encomendação das Almas* (1953) realizado por Margot Dias e Jorge Dias e *El património musical en la cultura portuguesa y su adaptación a los currículos escolares (enseñanzas artísticas): el ritual de la "encomendação das almas" en los concejos do Fundão e Idanha-a-Nova* de Maria Adélia Gonçalves Martins de Abrunhosa (2016), pois essas obras, além de representarem um contraste temporal acerca de uma abordagem etnomusicológica sobre o tema, apresentam informações que foram capazes de me proporcionar uma visão, embora ainda distante, sobre uma prática que no âmbito desta pesquisa, pude somente presenciar no Brasil.

Na década de 1950, os dois primeiros autores realizaram uma seleção de diversas obras que fazem menção à celebração do ritual, trazendo desde frases únicas ou pequenos parágrafos que ilustram a recorrência dessa tradição em determinada localidade de Portugal até excertos de obras literárias, bem como descrições mais densas que continham características procedimentais do ritual, transcrições textuais e melódicas das *rezas cantadas* da *Encomendação das Almas* em Portugal. Maria Abrunhosa, em uma abordagem mais atual e com suporte audiovisual, realizada entre 2005 e 2015, apresenta descrições, relatos, imagens e transcrições em texto e grafia musical capaz de proporcionar maior aproximação às recorrências dessa prática nos concelhos do Fundão e de Idanha-a-Nova.

Pesquisadores de renome que possuem trabalhos expressivos nos campos da Música e da Antropologia como António Joyce, Rodney Gallop, Armando Leça, Fernando Lopes Graça, Michel Giacometti, José Leite de Vasconcelos, Moisés Espírito Santo, José Alberto Sardinha, Jorge Dias e Margot Dias, Albano Mendes de Matos, Maria da Assunção Robrigues, Maria Adelaide Salvado, João Geraldes, António Catana, entre outros, também investigaram aspectos importantes da música de transmissão oral, abordando inclusive as rezas cantadas do ritual de *Encomendação das Almas* (ABRUNHOSA, 2016, p. 28), alguns destes são citados ao longo desta obra, entretanto, infelizmente, principalmente devido à longa distância e ao pouco tempo de duração desta pesquisa, tendo em vista a dimensão desse ritual, não foi possível ter acesso aos trabalhos de alguns destes, pois muitos não se encontram disponíveis virtualmente ou não foi possível encontrar em formato físico a tempo pelas pessoas que me auxiliaram diretamente de Portugal[63].

Margot Dias e Jorge Dias (1953, p. 5-9) descrevem o ritual como um dos aspectos mais curiosos da devoção aos mortos realizados em Portugal, trazendo um cunho cristão, mas repleto de elementos mágico-pagãos que levam o rito a ser, por vezes, combatido pela igreja, a partir de uma ótica de purificação moral em relação às normas ortodoxas. Entretanto Jorge e Margot Dias (1953) apontam que, embora a prática preserve elementos pagãos, pode ser considerada essencialmente cristã e que tem como principal objetivo a infusão de piedade nos vivos em relação às almas dos mortos para que estes se reúnam em preces fervorosas almejando o perdão divino para as penas dos falecidos. Assim, os atores dessa manifestação são motivados pelo sentimento de cumprimento de promessa[64], dever ou penitência, incitando também os moradores de sua vizinhança ao sufrágio em prol da atenuação das penas destes, sejam eles amigos, conterrâneos, familiares *etc.* Os autores também elucidam essa prática como capaz de conferir um caráter diferenciador à cultura portuguesa, afirmando que, a partir de suas pesquisas, não encontraram recorrências dessa manifestação em toda Europa, tratando-a como exclusiva de Portugal e do Brasil[65], apontando dentre suas principais características, além da recorrência quaresmal[66], a busca por efeitos emocionais através da entonação de rezas cantadas em tom

---

[63] Diante de minha impossibilidade de viajar a Portugal, ressalto aqui, em agradecimento, nomes de pessoas que muito me auxiliaram na árdua tarefa de conseguir materiais que retratassem as recorrências da *Encomendação das Almas* em terras lusitanas. São estes: o então Vereador da Cultura da Câmara Municipal de Vila Nova de Gaia, senhor Delfim Sousa e o professor Manuel Pedro Ferreira, que gentilmente enviaram-me materiais digitalizados. Agradeço também a minha orientadora de mestrado, Professora Doutora Edite Rocha (UFMG), que amavelmente me proporcionou contato com ambos.

[64] De acordo com Manuel Rodrigues Simões Júnior, "Uma pessoa em cumprimento de um voto feito e paga de ter sido atendida promete encomendar as almas" (JÚNIOR, [s. d.], p. 268).

[65] Margot Dias e Jorge Dias (1953, p. 5) relatam que nem mesmo a Espanha, país com o qual dividem não só a fronteira, mas também várias semelhanças culturais, possui atividades dessa tradição. Entretanto os autores (1953, p. 71-72) cogitam a possibilidade desse ritual, ou prática similar, já ter sido recorrente em todo mundo cristão, identificando, por exemplo, a existência da *Novena de las Ânimes*, que era realizada na Espanha (Sarroca de Ballera) ainda em finais do século XIX e início do século XX.

[66] Há recorrências no trabalho de Margot e Jorge Dias (1953) que levam a crer que em Portugal o rito é realizado também na Semana Santa, pois nas páginas 13 e 20 é possível identificar menções que abordam o Sábado de Aleluia. Maria Abrunhosa (2016, p. 32) informa que o termo Quaresma tem origem no latim *quadragesima dies* (quadragésimo dia) e que compreende um período de 40 dias que se inicia na Quarta-feira de Cinzas e se prolonga até ao sexto domingo, oficialmente denominado pela Igreja Católica como Domingo de Ramos da Paixão, antecedendo o Domingo de Páscoa e marcando o início da Semana Santa.

lúgubre, ou através de um funil[67], buscando despertar temor pela morte e, consequentemente, maior fervor nas orações pedidas pelos encomendadores para aqueles que os escutam.

Na região de Loriga, a recorrência do ritual é denominada *Ementa das Almas* e é considerada como uma tradição muito antiga mantida de geração em geração. É descrita como uma prática religiosa que ocorre durante a Quaresma nas madrugadas de sábado para domingo, por volta das 2h da manhã. Momentos antes dessa hora, os "penitentes" reúnem-se no adro da igreja e, logo depois, separam-se, enquanto alguns encomendadores sobem na torre da igreja, outros se espalham por pontos altos da vila, de modo que lhes seja possível ver a torre e realizar um "*duelo*" de cantos, onde conjuram e louvam a paixão e morte de Jesus Cristo, bem como a salvação das almas. Desse modo, durante o silêncio da noite, as *rezas cantadas* ressoam pela vila, despertando os devotos que participam do ritual em suas casas, rezando em conformidade às preces que lhes são solicitadas. A celebração tem início a partir de badaladas no sino da torre da igreja seguidas por *rezas* que são cantadas através de melodias arrastadas, dolorosas, que caracterizam profunda tristeza[68] (GONÇALVES, J. P., 2007).

Figura 6 – Exemplo de reza cantada em Loriga (GONÇALVES, J. P., 2007)

Bendita e louvada seja,
A paixão do Redentor,
Para nos livrar das culpas
Morreu em nosso favor

*

Acorda, pecador, acorda,
Do sono em que está "dormente",
Lembra-te das benditas almas,
Que estão no fogo ardente.

Fonte: Joaquim Pinto Gonçalves (2007)

---

[67] O uso do funil não é uma prática comum em todas as localidades portuguesas onde há a recorrência do ritual. Esse fato é ilustrado no trabalho de Margot e Jorge Dias (1953, p. 27) a partir do seguinte trecho: "É de notar que em Cete não se usava, geralmente, o funil para transformar a voz; o próprio indivíduo é que a devia modificar em auxílio de qualquer instrumento".

[68] Informação retirada no site *Tradições Popular de Loriga* a partir do texto de Joaquim Pinto Gonçalves (2007). Disponível em: http://www.loriga.de/tradicoes.htm. Acesso em: 9 fev. 2017.

De acordo com o texto de Joaquim Pinto Gonçalves (2007), após a entoação dos versos apresentados, os penitentes que se espalharam pela vila, solicitam aos devotos que os ouvem de dentro de suas casas que rezem as orações do *Pai Nosso*, *Ave Maria* e *Salve Rainha* em prol das almas que lhes são queridas. Em seguida, aqueles que subiram na torre da igreja respondem em coro "seja pelo divino amor de Deus", logo, batendo o sino. Ao raiar da manhã, os encomendadores reúnem-se novamente no adro da igreja para que todos juntos realizem a "arruada", ou seja, passeiam pelas ruas da vila rezando ainda pelas almas dos seus mortos, regressando aos seus lares após terem cumprido esse seu dever que consideram como sagrado.

Em Portugal, a prática de *Encomendação das Almas* é também uma ocorrência noturna, entretanto, ao analisar os vários relatos coletados e compilados na obra de Margot e Jorge Dias (1953), é possível concluir que não há um consenso tradicional quanto aos horários de início e término das celebrações, tempo de duração, e nem sobre os dias em que o ritual pode ou deve ser realizado. Logo nas primeiras páginas de seu trabalho, lemos que é um costume *encomendar almas* durante todas as noites da Quaresma (DIAS; DIAS, 1953, p. 19), entretanto há menções que, em Castelo Branco, a cerimônia ocorre todas as sextas-feiras da Quaresma no horário da meia-noite (DIAS; DIAS, 1953, p. 60), contrastando com a recorrência na Beira Baixa, em que nas diversas povoações da freguesia de Peral (Proença-a-Nova) o ritual tem início por volta das 21h, e/ou o período "depois da ceia", visto que é a hora em que os moradores das vilas normalmente estão em torno da lareira e dali acompanhavam a *Encomendação* rezando as orações que lhe são encomendadas/solicitadas[69] (DIAS; DIAS, 1953, p. 55-56), fazendo contraste com o que foi relatado nos parágrafos anterioes a respeito do ritual em Loriga cujo rito se inicia às 2h da manhã. Margot e Jorge Dias (1953, p. 64) identificam também uma menção sobre a realização do rito nas segundas-feiras a partir de suas recorrências na região do Alentejo oriundas das *Investigações Etnográficas* de Tomás Pires. Para além, há também os ritos em Loriga que, segundo o texto de Joaquim Pinto Gonçalves (2007), ocorrem na madrugada de sábado para domingo.

Além da recorrência quaresmal do ritual de *Encomendação das Almas*, Margot e Jorge Dias (1953, p. 8) identificam uma forma semelhante de manifestação que ocorre no mês de novembro, e que é denominada *Fiéis*

---

[69] Entretanto há relatos que nos levam a crer que as *Encomendações das Almas* ocorriam a partir das varandas e sacadas das casas. Margot e Jorge Dias (1953, p. 55) mencionam que "grupos de raparigas sobem, depois da ceia, a janelas ou varandas sobranceiras ao casário [sic] e, numa toada triste e dolente, começam".

Defuntos[70]. Joaquim Pinto Gonçalves (2007) identifica em seu texto novembro como *Mês das Almas* e relata que a igreja possui uma tradição que se inicia dia 1º de novembro, dia de finados, tendo dia 2 de novembro como *Dia das Almas*, no qual são lembradas as almas que estão no purgatório. O autor ainda relata que este é tido como um tempo especial e é o período do ano em que mais são rezadas as *Santas Missas pelas Almas*, recordando destas através de orações pessoais, devoções e sacrifícios.

Na região do Algarve, a partir do texto dos padres Afonso Cunha e José da Cunha Duarte (1995, p. 47-48), é possível encontrarmos menções sobre o denominado *Peditório das Almas*, uma manifestação que, assim como o *Fiéis Defuntos*, possui similaridades com a *Encomendação das Almas*, embora, segundo Maria Abrunhosa (2016, p. 31), não se trate do mesmo rito[71]. O autor relata que vestindo um traje específico, chamado *opa*, com bacia de cobre em uma das mãos e na outra uma pequena esquila, visitava casa por casa a *pedir prás almas*, contudo, o dinheiro arrecadado era utilizado para mandar celebrar missas e para pagar ao *"pregador da Quaresma"*. Tal informação pode ser associada ao fato de que, segundo Margot e Jorge Dias, "o encomendador era outrora um cargo público" e que, portanto, recebia algum dinheiro para exercício dessa função.

Ainda sobre o Algarve, outra similaridade com o ritual de *Encomendação das Almas*, é o *Canto das Almas* (Figura 15) que, segundo os padres Afonso Cunha e José da Cunha Duarte (1995, p. 48), é entoado pelos participantes do *peditório*.

---

[70] No trabalho de Margot e Jorge Dias (1953) há menção: "Nalgumas freguesias as *almas* não são na Quaresma, mas na noite que precede os *Fiéis Defuntos*" oriunda do trabalho de Antônio Gomes Pereira (1916, p. 149), denominado *Tradições Populares de Barcelos*, citado na página 12 do trabalho *A Encomendação das Almas* realizado por A. C. Pires de Lima e A. Lima Carneiro (1951).

[71] "O ritual não tem por princípio a prática do peditório. Os peditórios de angariação de fundos para as Confrarias das Almas (ou para Sufrágios) não são Encomendação das Almas" (ABRUNHOSA, 2016, p. 31).

Figura 7 – *Canto das Almas* entoado no Algarve (JERÓNIMO *et al.*, 1995, p. 92)

Fonte: Rui Moura Jerónimo *et al.* (1995)

O *Canto das Almas* (Figura 7) foi recolhido pelo Pe. José da Cunha Duarte em 1987 em São Brás de Alportel a partir das informações cedidas pela senhora Maria Estefânia, afamada cantadeira (que na época tinha 83 anos de idade) omitiu o restante da letra, segundo consta, devido à sua idade avançada, não conseguindo relembrar o texto do extenso cântico (JERÓNIMO *et al.*, 1995, p. 135). Entretanto o livro *Algarve: tradições musicais* nos revela outra versão do *Canto das Almas*, denominada como À porta das almas (Figura 16), transcrita a partir da recolha de Rui Jerónimo e Francisco Lameira realizada em Marmelete-Monchique no ano de 1995, a partir de informações cedidas pelo senhor José Joaquim Fernandes que nessa altura tinha 89 anos. Esta última, por sua vez, é identificada como "uma versão, incompleta, do tradicional <<Canto das Almas>>" (JERÓNIMO *et al.*, 1995, p. 135).

Figura 8 – Cântico À porta das almas, versão do tradicional *Cantos das Almas* oriundo da região do Algarve (JERÓNIMO *et al.*, 1995, p. 93)

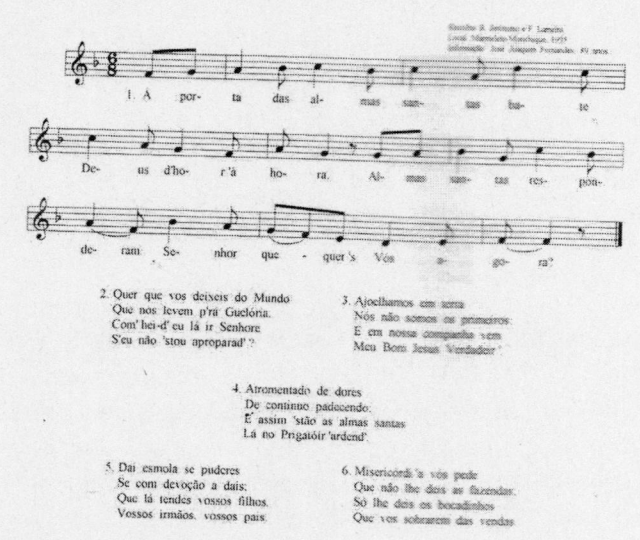

Fonte: Rui Moura Jerónimo *et al.* (1995)

Embora o *Fiéis Defuntos* e o *Peditório das Almas* não possam ser considerados exatamente como rituais de *Encomendação das Almas*, uma vez que este último não possui a prática de peditório dentre suas motivações e justificativas, é possível observar que esses três ritos mantêm um vínculo cultural expresso não somente a partir do caráter fúnebre e do ato de rezar em prol das almas que estão no purgatório, mas também pelo fato de que em tais práticas a devoção ao sobrenatural é expressa em forma de reza cantada.

No ritual de *Encomendação das Almas* é possível perceber que o canto, além de ser o elemento essencial à manifestação, está muitas vezes atrelado a elementos mágicos pagãos ou a representações numéricas, como no caso das práticas registradas em Cabeceiras de Basto e Celorico de Basto, em que a encomenda em prol das almas é bradada nove vezes em alto e bom som para que seja ouvida em três freguesias (DIAS; DIAS, 1953, p. 24-25), ou como em Castelo Branco[72] em que a campainha deve ser tangida, tradicionalmente, por três vezes "compassadas como lamentos de agonia"

---

[72] Miguel Nuno Marques Carvalhinho (2010, p. 375) aponta recorrências similares em Alcongosta, Alpedrinha, Casal da Serra, Castelo Novo, Louriçal do Campo, S. Vicente da Beira, Soalheira e Souto da Casa.

(DIAS; DIAS, 1953, p. 61) com tempo igual, cada um tendo duração de uma pulsação (CARVALHINHO, 2010, p. 374).

> Alerta, alerta!
> A vida é curta e a morte é certa!
> Rezai um Padre-Nosso
> e uma Ave-Maria
> pelas almas que estão no fogo do Purgatório.

> <<Depois de bradar isto nove vezes, diz:

> Rezai uma Salve-Rainha
> À Virgem Nossa Senhora
> que peça ao seu Divino Filho – Amém (DIAS; DIAS, 1953, p. 25).

Em Portugal, segundo dados presentes no trabalho de Margot e Jorge Dias (1953), parece ser comum que o ritual de *Encomendação das Almas* esteja associado a símbolos mágicos pagãos como o *Sino de Saimão*[73] (MACHADO, 1999, p. 34-35) ou a uma cruz dentro de uma circunferência (DIAS; DIAS, 1953, p. 31). Dentre estes, o primeiro é mais recorrente, e está intimamente vinculado a essa prática do rito em Portugal, surgindo ora desenhada no chão, ora em forma de amuletos feitos a partir de madeira ou metal (DIAS; DIAS, 1953, p. 12). Essa característica me remete a um relato obtido durante o trabalho de campo em que dona Lena, encomendadora do povoado da Bocaina, no entorno de Cláudio (MG) (Brasil), mencionou que em sua juventude participou de rituais que tinham início dentro de um círculo desenhado no chão[74]. Em relação à cruz dentro do círculo, foi encontrada somente uma referência em toda bibliografia consultada.

> Traçavam no chão uma cruz, dentro de uma circunferência. Ajoelhavam-se dentro a que ementava as almas, estando as outras de roda, também ajoelhadas. Benziam-se com a mão esquerda (para afugentar o diabo) e cantavam:
>> Olha, cristão, que és terra;
>> olha que terra é;

---

[73] Também denominado Signo de Salomão, Signo de Simão ou Estrela de Davi. É uma espécie de talismã formado pela sobreposição de dois triângulos equiláteros entrelaçados em forma de estrela de seis pontas a que vulgo atribui virtudes contra malefícios [etnografia] que simboliza o judaísmo [religião]. Disponível em: https://www.priberam.pt/dlpo/sino-saim%C3%A3o. Acesso em: 16 fev. 2017.

[74] Outra menção sobre o ritual acontecer em forma circular surge no trabalho de Miguel Mahfoud ([s. d.], p. 303).

> lembra-te que hás-de morrer.
> Tristes contas hás-de dar a Deus
> p'lo teu bom e má viver.
> Confessa bem teus pecados,
> emenda bem tua vida
> e a morte te vem buscar
> de noite e a mais de dia.

Rezavam um P. N. e uma A. M. Cantavam a seguir:

> Devotos fiéis cristãos, amigos de Jesus Cristo, lembremos das Benditas Almas. Ora seja pelo amor de Deus!
> Depois de cantarem, rezavam um P.N. e uma A. M. e terminavam assim esta cerimônia (DIAS; DIAS, 1953, p. 31-32).

Segundo o relato de Augusto César Pires de Lima e Alexandre Lima Carneiro, referenciados no texto de Margot e Jorge Dias (1953, p. 32), "esta cerimónia já não se realiza nesta freguesia há mais de 50 anos", ou seja, se considerarmos a data de publicação do referido trabalho, temos apresentado uma relato de mais de 100 anos atrás (recolhido em meados do ano de 1900) de um tipo de ritual de *Encomendação das Almas* com características distintas das demais celebrações posteriores mencionadas no trabalho dos autores.

Assim como no Brasil, é possível perceber que o rito em Portugal é também uma prática plural, não podendo ser simplificada em uma descrição estática e que tente sintetizá-la enquanto uma só, pois é tão múltipla quanto as pessoas que a praticam. Entretanto aspectos como o ato de rezar cantando, a intenção das *rezas* em prol dos alívios das penas dos mortos, a prática noturna, o ato de pedir orações, como as mais recorrentes que são o *Pai Nosso* e *Ave Maria*, podem ser considerados como pontos fundamentais que mais bem distinguem, juntamente com os aspectos variantes originário de cada localidade distinta, o que é a *Encomendação das Almas*.

Michel Giacometti (1981), com a colaboração de Fernando Lopes--Graça, apresenta em seu livro, *Cancioneiro Popular Português*, algumas transcrições referentes a cânticos entoados durante a realização do ritual de *Encomendação das Almas* em Castelo Branco (Figura 17), Braga (Figura 18), Bragança, Carrazedo, Tuiselo, São Miguel de Acha, Sendim, dentre outras. No livro há transcrições de seis partituras que, segundo consta, são transcrições de cânticos entoados na *Encomendação das* Almas. Em relação à cada uma das transcrições presentes, em uma parte final do livro o autor faz alguns apontamentos e apresenta descrições sobre a realização do ritual.

> O costume de encomendar as almas relaciona-se com o culto dos mortos. O seu fim era ajudar as almas penando no Purgatório a alcançarem o Céu. Embaraçado pelas autoridades da Igreja, o costume e, com ele, o canto que lhe era adstrito, caíram praticamente em desuso nestes últimos vinte anos. Encomendavam-se as almas geralmente pela Quaresma. Grupos de homens ou mulheres, ou grupos de ambos, escolhendo um lugar alto para serem ouvidos de longe (em alguns casos, das sete freguesias vizinhas), entoavam o sem canto, de algum modo fúnebre, cujo eco repercutido de rua em rua, de vale em vale, suscitava nos ouvintes o temor e inclinava ao recolhimento e actos de fé (GIACOMETTI, 1981, p. 307).

Figura 9 – Cântico de *Encomendação das Almas* denominado *Ai, recorda, ó pecador* recolhido por Fernando Lopes-Graça no ano de 1953 (GIACOMETTI, 1981, p. 63)

Fonte: Michel Giacometti (1981)

Figura 10 – Cântico de Encomendação das Almas denominado *Alerta, alerta!* recolhido por A. Santos no ano de 1943 (GIACOMETTI, 1981, p. 64)

Fonte: Michel Giacometti (1981)

Segundo Michel Giacometti (1981, p. 307), Fernando Lopes-Graça informou que a versão original do cântico apresentado era revestida em polifonia, mas que, entretanto, ao transcrevê-la, optou somente pela melodia principal, pois segundo seus critérios, assim a considerara mais bela. Fernando Lopes-Graça também admitia que transcrever as melodias oriundas da

Encomendação das Almas não era uma tarefa fácil devido à grande liberdade e à complexidade dos melismas empregados pelos entoadores e pelo ritmo flutuante que foge ao rigor métrico do sistema de notação tradicional da música ocidental, considerando suas transcrições como "aproximação da realidade viva da canção" (GIACOMETTI, 1981, p. 307).

A recorrência do rito em locais altos que permitissem uma maior projeção vocal foi um fato que também chamou a atenção na prática portuguesa, como: torre ou campanário de igrejas, balcões, varandas, sacadas ou terraços das casas mais altas, para, desses locais, pedirem em cantoria pelas almas (DIAS; DIAS, 1953, p. 52). Outro aspecto relevante é a recorrência do ritual ser realizado por uma única pessoa, que procura o local mais alto de determinada vila para entoar as encomendas aos moradores, que devem recebê-las e professar as orações solicitadas de dentro de suas casas, o que infere provavelmente um resquício de tradição islâmica.

> Saiam sempre, quer chovesse ou nevasse, mas neste caso iam para a varanda duma casa que ficasse num lugar alto. Quando o tempo permitia ficar ao ar livre, desenhavam um Signo de Saimão no chão, dentro do qual se metiam todos; pois quem ficasse de fora corria o risco de ser perseguido pelos espíritos maus. Em geral juntavam-se homens e mulheres, seis a sete pessoas, mas mais raparigas do que rapazes. Só um é que encomendava; em geral um homem. Os outros rezavam todos em coro, a que se juntava a outras vozes das varandas (DIAS; DIAS, 1953, p. 12).

A partir da citação apresentada, além dos aspectos procedimentais, é possível perceber também aspectos referentes aos significados místicos que os participantes atribuem a eventos dentro do acontecimento do ritual, como sobre permanência dos participantes dentro do *Signo de Saimão* para que, desse modo, recebam proteção contra quaisquer espíritos que venham a lhe causar algum mau. Assim, podemos perceber um sentimento de medo que acompanha aqueles que participam da celebração, gerado por uma tensão nervosa oriunda dos significados místicos atribuídos às ações dos participantes. Além disso, como ilustram Margot e Jorge Dias (1953, p. 12), a própria maneira de cantar a *Encomendação* induz ao medo, como em Palhais, onde um homem entoava a voz de tal forma que todos os que o ouviam chegavam a tremer, infundindo tamanho terror a ponto de ser atacado por vizinhos.

Ainda ilustrando o encomendador de almas como uma figura apavorante, Margot e Jorge Dias (1953, p. 62-64) transcrevem uma cena do livro *O Fidalgo Aprendiz* escrito por Dom Francisco Manuel de Melo e publicado em Portugal no ano de 1645, demonstrando, através do encontro entre o burguês D. Gil e um encomendador, uma perspectiva sobre o ritual que ocorria na área urbana de Lisboa em meados do século XVII.

> Gil: *Ide-vos convosco, amigos.*
>
> *Não!... quanto é destes perigos*
>
> *Bem nos vamos nós saindo.*
>
> *Todavia hei-de passar*
>
> *O Postigo da Trindade*
>
> *e – se hei-de falar a verdade –*
>
> *não me deixa de enfadar!...*
>
> *Mas a conta já é somada:*
>
> *virão medos... mas ao cabo*
>
> *levo cruz contra o Diabo,*
>
> *e contra os homens espada!...*
>
> *Oh! que grande escuridão!...*
>
> *Que esquinas tão carregadas!*
>
> *Tudo são encruzilhadas*
>
> *próprias de demo ou ladrão!...*
>
> *...Não sei por donde me vim!...*

(Toquem dentro uma campainha a compasso dos homens, que encomendam as almas.)

> *Hui! que é isto, se ouço eu bem?*
>
> *Eu não diviso ninguém...*
>
> *Mas oiço... talim... talim*
>
> *Ó pesar de quem me fez!...*
>
> *Boa vai a minha vida...*
>
> *Ouço uma voz muito sentida...*
>
> *Não lhe fujo eu esta vez!*
>
> *Eu fora um D. Gil ditoso,*
>
> *se acabara esta festa,*
>
> *com a parteira ser esta*
>
> *e o seu compadre medroso!...*

(Tange outra vez a campainha mais perto)

Tornai lá!... Que será isto?

Já não tenho pés nem mãos!...

Escutai!...

(Tange outra vez a campainha mais perto)

Voz: *Fieis cristãos!...*

Amigos de Jesus Cristo!...

Gil: *Axopra! que vem jurando!*

Em cristãos lhe ouvi falar!...

Jurará de os acabar,

por mim virá começando

(Dentro)

Voz: *Lembrai-vos das almas que*

estão no fogo...

Gil: *Oh! que jogo...*

Ele fala em alma e fogo

Sem falta demônio é.

(Dentro)

Voz: *...do Purgatório, e dos que estão*

em pecado mortal...

Gil: *Ora*

esperai lá isto agora...

ele vem co a maldição...

Purgatório lhe entendi!...

Se dirá que vem de lá?...

Mas ei-lo que chega já...

Que farei?... Triste de mim!...

Cena 6ª

(Sai um vulto negro de modo dos que costumam encomendar as almas, tocando a campainha.)

Gil: *Eis a coisa malfazeja!...*

Ó sem ventura D. Gil...

Fará tremer trinta mil!...

Queira Deus que me não veja!

> *Ai já me viu!... Santo Antão!...*
> *Contentara-me de açoutes!...*
> Vulto: *Deus lhe dê mui boas noutes,*
> *Irmão!... Que horas são?*
> Gil: *Se vós fantasma, falais*
> *não vos hei medo a deshoras;*
> *não sei... mas sei que são horas*
> *irmão, que recolhais...*
> Vulto: *Deo gratias!...*
> Gil: *Foi-se!... sem falta,*
> *que me lobrigou o alfanje!...*
> (Tange dentro outra vez a campainha)
> *Hui! má hora ainda ele tange?!*
> *Pois ainda me sobressalta...*
> *Não!... mas eu zombo, zombando...*
> *perto sou donde hei-de entrar;*
> *hoje levo que contar...*
> *enfim... ir-me-ei costumando!...*
> (DIAS; DIAS, 1953, p. 62-64).

Na recorrência do ritual de *Encomendação das Almas* no Brasil, segundo minhas observações de campo, o medo está também relacionado a um caráter sobrenatural do evento, entretanto, este parece ser fortalecido pelas histórias contadas pelos mais velhos sobre aparições de almas ou acerca das várias maldições lançadas por estas, principalmente sobre aqueles que procuram olhar diretamente para o grupo de encomendadores. Proibição esta, que embora seja frequente nas recorrências em terras brasileiras, não foi observada nas recorrências analisadas a partir dos materiais bibliográficos que trata do rito em Portugal.

Percebemos também que no acontecimento do ritual em terras lusitanas é comum encontramos relatos que demonstram a presença de homens e mulheres em que indivíduos de ambos os gêneros assumem papéis de liderança dentro do rito. Foi possível encontrar relatos que ilustram as presenças de lideranças independentes do gênero em grupos menores ou sobre locais onde a *Encomendação* é entoada por somente uma pessoa.

> Na Quaresma, todos os dias, logo após as Trindades, quando
> já é escuro, um homem sobe a um lugar alto. Em geral escolhe

o monte do Giestal do lugar de Paredes. O *encomendador* costuma embrulhar-se num lençol e depois riscar um Signo de Saimão, na terra, mete-se dentro e começa a encomendar as almas em alta voz (DIAS; DIAS, 1953, p. 10-11).

Dois homens, que tenham voz de trovão, percorrem as diferentes casas da freguesia a começar pela igreja: batem com um calhau a cada porta, depois tocam campainha, e começa um deles a entoar com voz de *stentor* a loa ou estribilho seguinte: Alerta, alerta que a vida é curta e a morte é certa! Juizo rigoroso, inferno para sempre, ai do preguiçoso! Lembrai-vos das benditas almas do Purgatório com Padre-Nosso e uma Ave-Maria! (DIAS; DIAS, 1953, p. 22).

Em Carrazedo de Bucos (Cabeceiras de Basto), uma rapariga sobe à janela ou varanda de sua casa, ou corta a aldeia até qualquer lugar alto, e brada: Irmãos meus, filhos de Jesus Cristo, / Rezemos um Padre-Nosso e uma Ave-Maria / Em louvor das Almas / Que estão no fogo do Pugatório. / Quem puder, será pelo divino amor de Deus. Quem ouve [...] reza as orações pedidas. O pregão deita-se nove vezes. E no fim, pela mesma intenção, a moça pede ainda uma Salve-Rainha a Nossa Senhora (DIAS; DIAS, 1953, p. 24).

Numa encruzilhada, junto de umas alminhas, em Cetos, desenhavam com uma sachola um <<Sino de Saimão>>. Dentro do desenho juntavam-se quatro mulheres: benziam-se (persignando-se antes) e cantavam: Devotos fiéis de deus: sois filhos de Jesu *[sic]* Cristo; lembrai-vos das Benditas Almas, co'a oração do Padre-Nosso e a mais da Ave-Maria (DIAS; DIAS, 1953, p. 29).

Como podemos também perceber, há uma preocupação para que um maior número de devotos ouça as *Encomendações* e realize as orações solicitadas. Assim percebemos que o ritual acontece em pelo menos dois modelos distintos: 1) Em que se vai de local em local entoando os pedidos por orações; 2) Que se entoa os pedidos por orações a partir de um ponto em que o encomendador poderá ser ouvido pelos devotos. Em ambos os modelos pudemos perceber a existência de variações procedimentais. Em relação ao primeiro, ocorrem variações nos locais de início e término do rito, bem como nos locais escolhidos para entoação dos pedidos, podendo estes ser: casas, encruzilhadas, cemitérios, capelas, igrejas ou determinados locais onde alguém já faleceu. Em relação ao segundo modelo, percebemos variações a partir dos pontos em que se escolhem bradar os cânticos que encomendam as orações, sendo estes recorrentemente locais altos, como:

sacadas e/ou varandas de casas altas; torre e/ou campanário de igrejas; e montes, principalmente se nestes há um cruzeiro[75]; ou, até mesmo, árvores[76]. Como exemplo dos dois tipos de modelo de recorrência em Portugal, temos os seguintes excertos:

> Dois homens [...] percorrem as diferentes casas da freguesia a começar pela igreja: batem com um calhau a cada porta, depois tocam a campainha, e começa um a entoar [...] logo seguem seu caminho entoando alternadamente os Padre--Nossos e Ave-Marias do rosário, que devem compassar de modo que chegue para dar a volta a toda a freguesia (DIAS; DIAS, 1953, p. 22-23).

> Durante todas as noites da Quaresma vai uma pessoa da terra, homem ou mulher, a um sítio elevado onde se ergue um majestoso eucalipto, que se avista de longe. De lá lança o brado aflitivo em favor das almas do Purgatório. [...] Do cimo da encosta alcantilada a voz ecoa pelas quebradas e espalha-se pelo vale, para lembrar as almas dos mortos àqueles que em suas casas acabam de cear tranquilamente. Segundo a tradição a voz do encomendador ouve-se em sete freguesias (DIAS; DIAS, 1953, p. 19-20).

De acordo com Margot e Jorge Dias (1953, p. 19), no ritual descrito anteriormente, cujo a recolha foi realizada no ano de 1950 (Carvalho, Celorico de Basto), o encomendador, sozinho, depois de desenhar um *Signo de Saimão* no chão e adentrá-lo, de mãos dadas, vira-se lentamente para todos os lados, com voz plangente, entoando:

---

[75] Quando não há um cruzeiro no local é comum que se ergam mastros ou até mesmo cruzes.

[76] "Em S. Vicente d'Areias é um homem só a entoar o rosário de cima de uma árvore muito alta" (DIAS; DIAS, 1953, p. 23).

Figura 11 – Recolha Nº 4 de Margot e Jorge Dias (1953, p. 19)

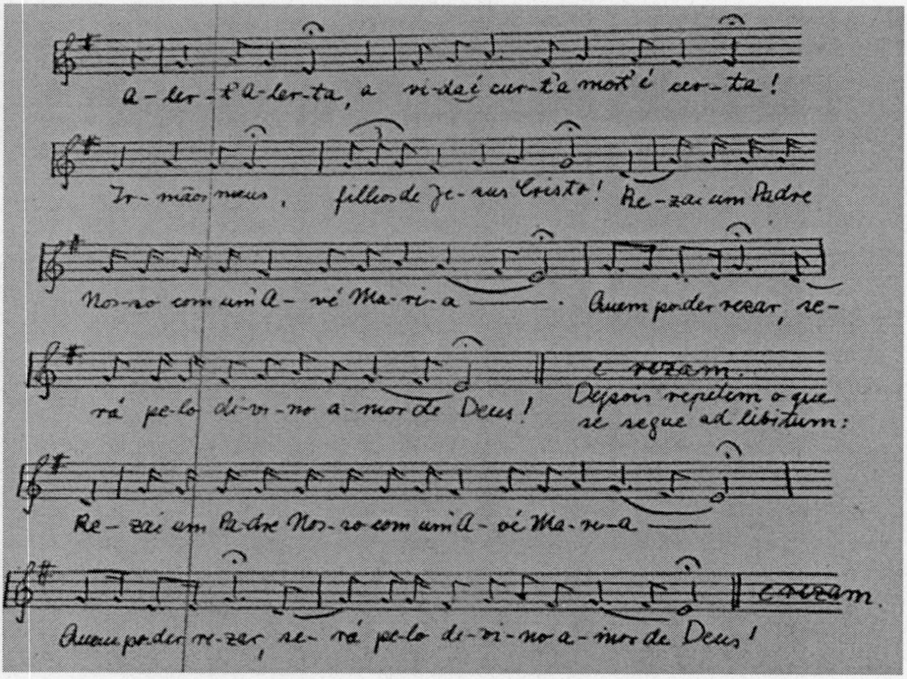

Fonte: Margot Dias e Jorge Dias (1953)

É comum em alguns locais de Portugal que não se saiba quem são os encomendadores, ou que as pessoas não os vejam. Assim, os participantes tomam atitudes para evitar que os devotos reconheçam suas identidades, como alterar características vocais, utilizar embudes ou funis também para provocar alteração no timbre da voz ou, até mesmo, embrulhando-se em lençóis.

> É regra que não se saiba antecipadamente quem são os homens. Por isso eles combinam tudo em segredo e fazem por desconfigurar a voz, e nalgumas das citadas freguesias usam de embudes ou funis, o que torna absolutamente impossível reconhece-los. Em Silveiros andam mesmo embrulhados em lençóis, para que ninguém os conheça pelo fato (DIAS; DIAS, 1953, p. 23).

Através da revisão bibliográfica e também do trabalho de campo realizado durante esta pesquisa, foi possível perceber que o desejo em manter o anonimato é algo recorrente também nos rituais de *Encomendação das Almas* que acontecem no Brasil. Entretanto, em grande parte das recorrências brasileiras, o ato de ver os encomendadores está vinculado a vários tipos de maldição, como ter os olhos perfurados, ver as almas no lugar dos participantes em si, receber de um dos encomendadores (que poderia ser uma das almas disfarçada de homem ou mulher) uma vela que após o rito se transforma em osso, ou simplesmente pelo desejo de manter-se em anonimato (BORGES; MAURÍCIO; SANTOS, 2011, p. 6-7).

Relatos sobre essas maldições foram lidos nos vários trabalhos sobre o tema ou recolhidos, principalmente, durante meu trabalho de campo no povoado da Bocaina, entorno de Cláudio (MG), em 2015. Nesse mesmo período e local, Suelene, umas das encomendadoras locais, mencionou que, vez ou outra, enquanto realizavam a celebração, os participantes cobriam a cabeça com panos, ou, até mesmo com o casaco ou com a blusa. Esse relato de Suelene motivou Eliza (amiga que me acolhia na cidade de Cláudio e presidente da Organização Não Governamental Ipê Amarelo que me acompanhava nas visitas aos povoados), juntamente com seu esposo, a confeccionarem capuzes e doarem para os encomendadores do povoado da Boicaina no intuito de fomentar a prática e sanar uma de suas demandas.

Em minhas leituras sobre a prática do rito em Portugal, por alguns momentos cheguei a imaginar o cenário do ritual e, por vezes, cheguei a pensar que o fato dos encomendadores cobrirem todo o corpo poderia, de alguma forma, estar associado à época em que tradicionalmente ocorre o ritual e às baixas temperaturas desse período em algumas regiões lusitanas. Encontrei duas menções no trabalho de Maria Abrunhosa (2016) que me possibilitam sustentar ainda esse pensamento, pois de acordo com a autora, "uma o[sic] outra moradora abre a janelas e oferece licores e chocolates[77] aos Encomendadoras[sic] para assim aquecerem[sic] a voz e o corpo pois nesta altura a temperatura atinge valores negativos" (ABRUNHOSA, 2016, p. 181) considerando também que "a maior parte das vezes, os Encomendadores são idosos, tornando-se difícil e cansativo fazer o longo percurso da procissão pelas ruas da povoação, cantando e rezando, a altas horas da noite, em que as temperaturas podem atingir valores negativos" (ABRUNHOSA, 2016, p. 190-191).

Atitudes como essas podem ser entendidas como atos de penitência, sendo, inclusive, compreendidas tanto por Margot e Jorge Dias (1953, p. 20) quanto por Maria Abrunhosa (2016, p. 31), como atos de sacrifício ou

---

[77] Durante meu trabalho de campo, observei que era deixado café, pães e bolo do lado de fora de algumas casas para que, ao passar por ali, os encomendadores pudessem se alimentar. Margot e Jorge Dias (1953, p. 57) informam que na região da Beira Baixa, em Portugal, os grupos de *Encomendação das Almas* costumam se reunir no Sábado de Aleluia, após a meia-noite, para uma ceia. No trabalho de Manuel Rodrigues Simões Júnior ([s. d.], p. 269), também é mencionado sobre pessoas levarem pão ou bolo quente para quem encomenda almas.

efetivação de promessas. "O *encomendador* ou encomendadores são levados pelo sentimento, ou em cumprimento duma promessa, ou penitência a incitar os seus vizinhos a rezar pelos mortos, para os aliviar das penas do Purgatório" (DIAS; DIAS, 1953, p. 8, grifos dos autores).

O que motiva cada um a participar dos rituais é algo que não é possível de ser partilhado como uma promessa, que, no dizer popular, é necessário que a cumpra para que seja validada. Assim sendo, de acordo com a tradição, depois de iniciado o ritual, não deve ser quebrado (ABRUNHOSA, 2016, p. 31) e quem começa a *encomendação* tem que ir até o final (DIAS; DIAS, 1953, p. 57). Se algum dos Encomendadores, por razão de força maior, não puder comparecer ao rito, deve garantir a sua substituição, por um membro de sua família a fim de não ser quebrado seu voto (ABRUNHOSA, 2016, p. 31).

A ideia de pecado ou de tipos deste e também de ações de penitência para o perdão destes são elementos também bastante presentes na cosmologia daqueles que *encomendam almas* em Portugal. Margot e Jorge Dias (1953, p. 27) relatam que, em Cete, aqueles cujo pecados eram graves deveriam, como penitência, vagar sozinhos, à meia-noite, por montes, cemitérios e igrejas gritando em voz arrastada "Pe-las bem-di-tas al-mas do fo-go do Pur-ga-tó-rio".

De acordo com Maria Abrunhosa (2016, p. 29-33), por ser a Quaresma, conforme o costume cristão, um tempo dedicado à oração, à reconversão, ao sufrágio, aos martírios e à morte de Cristo e, depois, à ressurreição do corpo (de forma análoga a Jesus), constituiu-se uma base para a tradição em relação às preces em prol dos mortos considerando a doutrina de que a alma cumpre o seu percurso no pós-morte de acordo com suas práticas na vida terrena, devendo as orações, portanto, agirem em consolação para os finados. Tal cosmovisão pode ser percebida a partir da recolha realizada por Padre Firmino Martins (1923) presente no trabalho de Margot e Jorge Dias (1953, p. 34-45), na qual transmite os versos que são entoados em prol das almas, de forma triste, em Vinhais.

> *Meus irmãos, cuidai na morte,*
> *ou no dia do Juízo.*
> *O inferno é mui feio,*
> *Deus nos leve ao paraíso.*
> *Paraíso, Paraíso,*
> *onde as almas vão gozar,*
> *umas vão para bom mundo,*

outras vão p'ra mau lugar.
As que vão p'ra mau lugar
Vão chorando e vão gritando;
as que vão pra bom lugar
vão dançando e vão cantando.
– Ó meu filho Jesus Cristo!
Ó meu filho Jesus Cristo!
Aqueda-me cá essas almas
que elas vão p'ra mau juízo.
– Deixe-as ir, ó minha mãe,
que elas bem m'o têm mer'cido;
cá le deixei o meu pão
e cá le deixei o meu vinho;
que dessem e que esmolassem
ao menos cada domingo.
Ó almas que estais em penas
ó almas que em penas 'stais
lá vos mando um Padre-Nosso,
p'ra que das penas saiais.
As almas s'estão queixando
que delas não vos lembrais,
que dormis a noite toda
e vós que le não rezais.
As contas do meu rosário
são peças de artelharia
que fazem tremer o inferno
quando digo Ave-Maria (DIAS; DIAS, 1953, p. 34-35).

Os cantos ou rezas cantadas encontrados a partir da revisão biblio-gráfica sobre o rito em Portugal podem ser também considerados como *reza/canto de pedidos*, pois, têm como característica marcante, o ato de pedir cantando para que se realizem orações em favor de determinados tipos de almas. Dentre os cantos encontrados sobre o ritual de *Encomendação das Almas* em Portugal, destacam-se alguns que possuem os textos ainda mais específicos em relação aos pedidos ou às encomendas, feitas aos fiéis solici-tando orações para determinados tipos de almas, pois estes apresentam uma maior proximidade com os cantos que foram encontrados na recorrência do rito tanto na pesquisa acerca dessa prática, de modo mais geral, no Brasil, quanto em meu trabalho de campo nos povoados do entorno do município de Cláudio, em Minas Gerais (também Brasil).

Entretanto não foram encontrados cantos que possam ser classificados como *rezas/cantos de fechamento* ou *rezas/cantos de agradecimento*[78], mas há menções que nos levam a crer que nos ritos que ocorrem em Portugal há *rezas/cânticos* que são entoados após aqueles que podem ser classificados como *reza/canto de pedidos* como é o caso dos *Martírios* presentes no trabalho de Michel Gieacometti (1981, p. 70-71) e que, segundo o autor, "participavam na cerimônia da *Encomendação das almas*, sendo entoados em geral depois do próprio canto da Encomendação" (GIACOMETTI, 1981, p. 307).

Figura 12 – Martírio denominado *Ai, o Vosso Devino Nome* recolhido em Alcongosta/ Fundão, Castelo Branco no ano de 1970 (GIACOMETTI, 1981, p. 71)

Fonte: Michel Giacometti (1981)

Dentre os principais tipos de pedidos encontrados, há uma maior recorrência sobre aqueles que pedem em benefício: das almas do outro

---

[78] Pois embora alguns benditos tenham sido encontrados, não há, junto a estes, informações que permitam compreender em que momento e sob quais circunstâncias são entoados.

mundo e/ou do Purgatório[79]; das almas familiares, sobressaltando a relação entre pais e filhos; das almas sobre as águas[80]; das almas em pecados mortais; das almas dos nossos defuntos; e em prol das almas em agonia de morte. É também comum observar, dentre os versos cantados, o pedido de oração pela paixão e morte de Cristo, tendo em vista que os ritos ocorrem em uma época sagrada para os devotos a Jesus e que as tradições deste tempo têm sua culminância nas celebrações de sua morte e ressurreição[81]. O excerto a seguir (Figura 13) pressupõe ser entoado de forma triste e dolente após o horário da ceia nas povoações da freguesia de Peral (Proença-a-Nova).

Figura 13 – Versos entoados no ritual de *Encomendação das Almas* realizado nas povoações da freguesia de Peral (DIAS; DIAS, 1953, p. 55)

— Lembremo-nos das almas do Purgatório e rezemos um Padre Nosso pelas almas dos nossos defuntos. — (P. N.).

— Rezemos mais um Padre Nosso, pelas almas que estão em agonia de morte. — (P. N.).

— Rezemos mais um Padre Nosso, pelas almas que estão em pecado mortal. — (P. N.).

— Rezemos mais um Padre Nosso pelas almas, que andam sobre as águas do mar. — (P. N.).

— Rezemos mais um Padre Nosso em louvor do Padre São Francisco. — (P. N.).

— Rezemos mais um Credo em louvor da Sagrada Morte e Paixão. — (Credo).

— E rezemos mais uma Salvé Rainha à Virgem Nossa Senhora! — (Salvé Rainha).

Fonte: Margot Dias e Jorge Dias (1953)

---

[79] Este que pode ser compreendido como outro mundo, embora em um mesmo cântico haja recorrência de pedidos tanto para as "almas do Purgatório" quanto paras as "almas do outro mundo".

[80] "O período dos descobrimentos acabou a muito, mas os Portugueses continuam sempre a sulcar os oceanos para procurar noutras terras o pão que o sobrepovoamento da sua tornava escasso. [...] Em todas as famílias houve durante séculos e ainda hoje os há, lutos, incertezas, filhos e pais ausentes, por cujas almas ausentes é preciso velar. É por isso que, em muitos lugares a voz do encomendador recorda aos crentes a alma daqueles que anda sobre a água dos mares" (DIAS; DIAS, 1953, p. 76). "Por tradição, uma má morte é também morrer e ser enterrado fora da sua terra, porque a alma pode perder- se e não encontrar a alma dos seus conterrâneos falecidos" (ABRUNHOSA, 2016, p. 52).

[81] "Dada a época em que se realiza, o ritual é também uma maneira de santificar o tempo quaresmal, de lembrar a morte e ressurreição de Cristo, de fazer penitência, de rezar pela conversão dos pecadores e pelos que estão em pecado mortal, para além de ser uma maneira de mostrar devoção às almas" (ABRUNHOSA, 2016, p. 53).

Maria Abrunhosa (2016, p. 174-177) apresenta em seu trabalho um relato que descreve amplamente a realização do ritual na freguesia de Seguro, demonstrando inclusive seu caráter responsorial. Segundo relatos dos moradores que realizam o rito local, o mesmo deixou de ser realizado por anos, tendo sido retomado somente em 2014, assim foi preciso adaptar a melodia entoada ao texto existente, contudo, tais relatos não apresentam informações que justifiquem a necessidade dessas adaptações.

> Cantam na Sexta-feira Santa, depois da meia-noite. Vão alguns irmãos da
> Confraria da Santa casa da Misericórdia com as opas e algumas mulheres da aldeia, vestidas de escuro com lenços pela cabeça. Cantam e rezam, no alto do castelo, na torre do relógio e à porta da igreja, formando dois grupos [...] De noite, com a povoação em silêncio, ouvem-se, alternadamente, os dois grupos a cantar e a rezar.
>
> O 1º grupo formado por dois homens e sete ou oito mulheres canta no castelo os seguintes versos:
>
> Bendita e louvada seja
> A Paixão do Nosso Senhor Jesus Cristo.
> Rezemos, meus irmãos, um Padre-Nosso e uma Avé-Maria em seu louvor.
> Seja por amor de Deus.
>
> (batem as palmas e rezam em voz alta; grupo da torre substitui as palmas por uma badalada).
>
> O 2º grupo, formado por um homem e cinco ou seis mulheres canta na torre os versos:
>
> Rezemos, meus irmãos, um Padre-Nosso e uma Ave-Maria
> Pelas almas que andam em pecado mortal,
> Para que Deus lhes dê uma hora de arrependimento.
> Seja por amor de Deus.
>
> (Tocam o sino e rezam em voz alta um P.N. e uma A.M.).
>
> Volta o 1º grupo a cantar:

Rezemos, meus irmãos, um Padre-Nosso e uma Ave-Maria
Pelas almas que estão no Purgatório
Para que Nosso Senhor as tire das chamas e as leve a ver a face divina.
Seja por amor de Deus.

(Batem as palmas e rezam em voz alta um P.N. e uma A.M.).

2º grupo:

Rezemos outra vez, meus irmãos, um Padre-Nosso e uma Ave-Maria
Pelas almas que andam nas águas salgadas.
Que Nosso Senhor as leve a bom porto e as conduza a luar a Bem-aventurança.
Seja por amor de Deus.

(Dão uma badalada e rezam em voz alta um P.N. e uma A.M.).

1º grupo:

Rezemos ainda, meus irmãos, uma "Glória Patri"
Pelas almas que estão em agonia de Morte,
Para que sofram menos.
Seja por amor de Deus.

(Batem as palmas e rezam em voz alta a Glória Patri)

2º grupo:

Rezemos mais, meus irmãos, uma Salve-Rainha.
A Nossa Senhora dos Aflitos,
Para que seja nossa Mãe, nossa advogada e nossa intercessora e peça ao seu amado filho, por nós.
Seja por amor de Deus.

Tocam o sino e rezam em voz alta o Pai-Nosso e a Salvé--Rainha (ABRUNHOSA, 2016, p. 174-177).

Segundo Maria Abrunhosa (2016, p. 176), os versos são entoados de forma monofônica e com ritmo livre, baseado na própria prosódia do texto, tendo como base apenas uma melodia que é repetida a cada verso pelos coros *a capella*.

Figura 14 – Melodia entoada na Encomendação das Almas de Segura (ABRUNHOSA, 2016, p. 175)

Fonte: Maria Abrunhosa (2016)

Manuel Rodrigues Simões Júnior ([s. d.], p. 269) traz em seu trabalho a informação de que muitas vezes as pessoas pedem para que se encomende em intenção de uma ou outra alma específica rezando e solicitando ao menos um *Pai Nosso* em prol desta que normalmente trata-se de um familiar ou ente querido.

> Muitas vezes algumas pessoas pedem ao ementador para pedir e rezar um Pai Nosso pela alma dos seus, por alguma intenção particular ou mesmo pela alma dos que morreram na guerra; uma vez feito o pedido, nunca mais o ementador pode deixar de o fazer; podendo, no entanto, diminuir o número de Pais Nossos pedidos mas não aumenta-los (JÚNIOR, [s. d.], p. 269).

Também como ilustração dos tipos de pedidos que são feitos durante a *Encomendação das Almas*, apresento um exemplar oriundo da *Etnografia da Beira* realizada por Jaime Lopes Dias (1944) e que está presente nas coletas existentes no trabalho de Margot e Jorge Dias (1953, p. 52) retratando o canto entoado no ritual de Escalos de Baixo durante todos os sábados da Quaresma que, homem ou mulher, brada em voz forte e timbrada:

> <<Bendita e louvada seja a sagrada Morte e Paixão>>. Responde o grupo: <<Seja pelo amor de Deus>>. <<Peço-vos,

> irmãos, um Padre Nosso e uma Ave-Maria pelas almas do Purgatório>>. Rezam todos e, no final, o coro responde. <<Seja pelo amor de Deus>>. <<Mais vos peço, irmão, um Padre Nosso e uma Ave-Maria pelos que andam sobre as águas do mar, que Nosso Senhor os chegue a porto de salvamento>>. <<Seja pelo amor de Deus>>. << Mais vos peço, irmãos, uma Salve-Rainha à Virgem Nossa Senhora, para que Ela seja advogada e nossa protetora, e para que, diante do seu amado Filho, na hora da nossa morte, Senhora, seja conosco>>. <<Seja pelo amor de Deus>>... (DIAS; DIAS, 1953, p. 52).

O excerto apresentado não é acompanhado de uma transcrição em forma de partitura ou qualquer outro tipo de notação que nos permita compreender ou comparar como o presente texto é entoado. A respeito de casos como este, os autores Margot e Jorge Dias (1953, p. 21) comentam sobre a variedade de tipos de informação que se encontram sobre esse ritual em Portugal; alguns relatos trazem descrições com maior ou menor nível de detalhamento, por vezes, não apresentando letra ou música e salientam: "sobretudo a música é omissa na maior parte dos trabalhos pela falta de folcloristas capazes de a colher" (DIAS; DIAS, 1953, p. 21).

Neste levantamento, há poucas transcrições musicais, se compararmos à quantidade de transcrições que trazem somente o texto cantado. Muitas vezes é transcrita a melodia de apenas uma estrofe de todo o cântico, o que, segundo opinião pessoal, é insuficiente para a compreensão global da música gerada pela melodia entoada, pois é comum em tradições populares, no ato da performance, os participantes realizarem variações sob influência de diversos fatores que podem advir desde as suas emoções ao próprio contexto do ambiente.

Como exemplo disso, também presente no trabalho de Margot e Jorge Dias (1953, p. 59), temos a recolha de António Avelino Joyce (1949) colhida em Monforte da Beira (ver Figura 15).

Figura 15 – Recolha realizada por António Avelino Joyce (1939) em Monforte da Beira (DIAS; DIAS, 1953, p. 59)

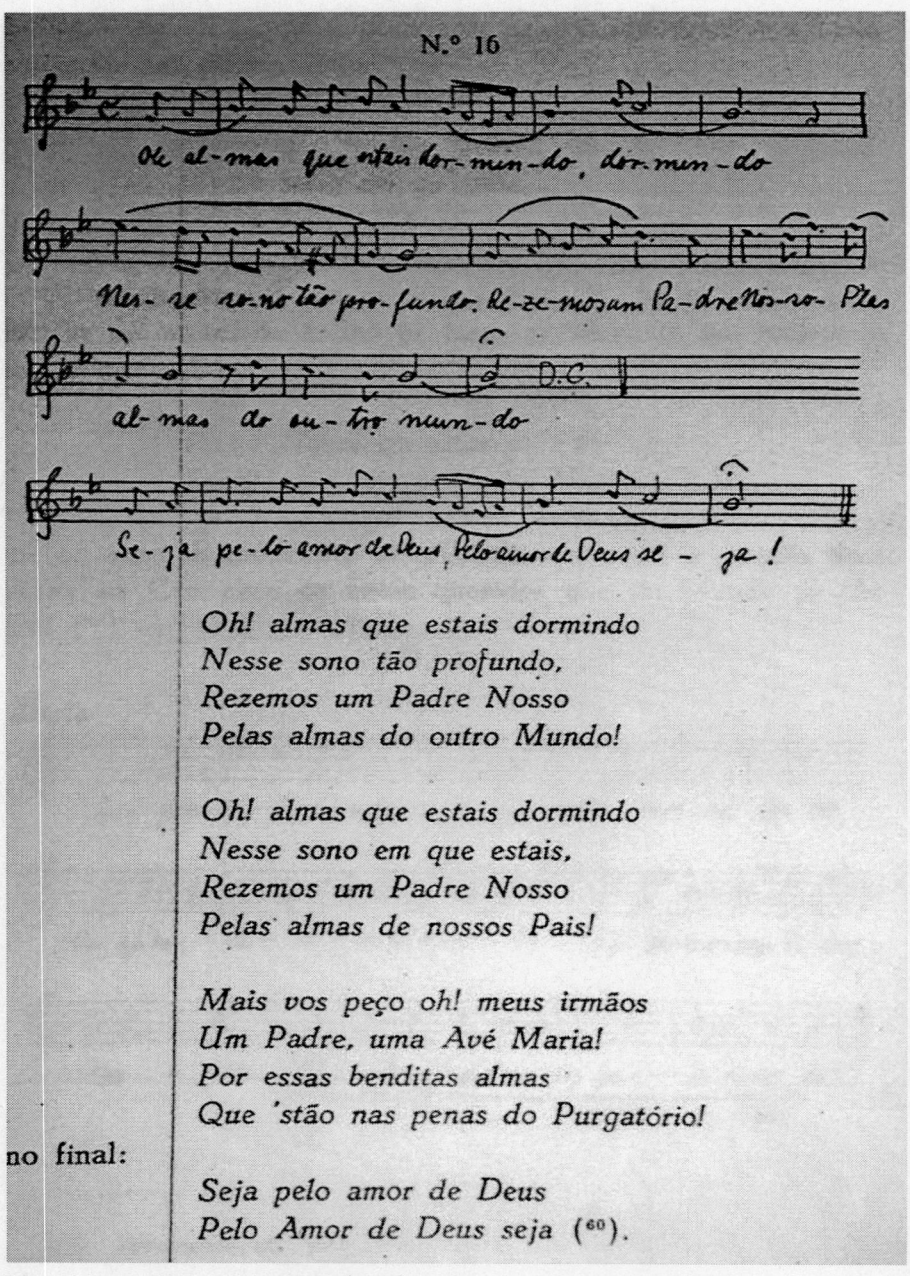

Oh! almas que estais dormindo
Nesse sono tão profundo,
Rezemos um Padre Nosso
Pelas almas do outro Mundo!

Oh! almas que estais dormindo
Nesse sono em que estais,
Rezemos um Padre Nosso
Pelas almas de nossos Pais!

Mais vos peço oh! meus irmãos
Um Padre, uma Avé Maria!
Por essas benditas almas
Que 'stão nas penas do Purgatório!

no final:

Seja pelo amor de Deus
Pelo Amor de Deus seja ([60]).

Fonte: Margot Dias e Jorge Dias (1953)

Ao comparar os estudos de Margot e Jorge Dias (1953) e Maria Abrunhosa (2016), podemos perceber que os trabalhos coincidem em abordar a recorrência da *Encomendação das Almas* em uma localidade em específico, sendo que os dois primeiros autores o fazem a partir da recolha de António Avelino Joyce, de 1939 (Figuras 16 e 17). Mesmo considerando a distância temporal de aproximadamente 65 anos entre ambas as recolhas[82], é possível perceber similaridades entre recolhas dos cânticos em uma mesma região, como no caso de Monsanto, onde é possível encontrarmos transcrições de uma mesma reza entoada, provavelmente por pessoas distintas, refletindo-se com características como tonalidade e rítmica modificada, embora mantendo as mesmas proporções métricas[83] e intervalares (Figura 18).

Figura 16 – Recolhido por Antônio Avelino Joyce em Monsanto em 1939 (DIAS; DIAS, 1953, p. 60)

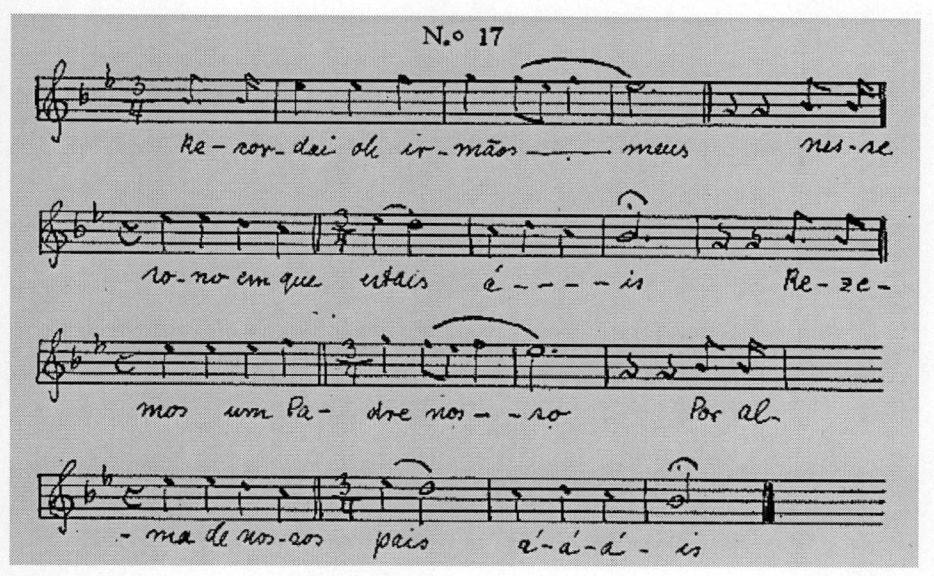

Fonte: Margot Dias e Jorge Dias (1953)

---

[82] O que nos permite inferir a importância da transcrição musical — técnica por vezes não utilizada por algumas abordagens presentes na etnomusicologia brasileira (CARDOSO, 2016) — e os desdobramentos científicos que estas podem gerar.

[83] Miguel Nuno Marques Carvalhinho (2010, p. 375) define o canto de *Encomendação das Almas* como uma oração e que, portanto, não teria uma métrica definida.

Figura 17 – Recolhido por Antônio Avelino Joyce em Monsanto em 1939 (DIAS; DIAS, 1953, p. 61)

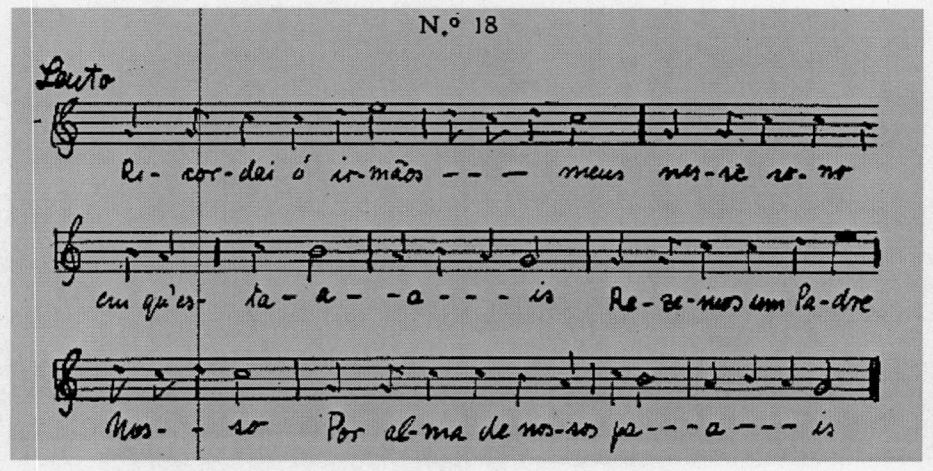

Fonte: Margot Dias e Jorge Dias (1953)

Figura 18 – Recolha realizada em Monsanto no ano de 2014 (ABRUNHOSA, 2016, p. 127)

Fonte: Maria Abrunhosa (2016)

Existe igualmente uma pequena alteração no texto que é entoado; enquanto nos dois primeiros exemplos, recolhidos em 1939, inicia-se o cântico com a palavra "recordai", no exemplar colhido em 2014, canta-se "acordai", termo que possui significado completamente distinto do anterior, embora possua a mesma acentuação métrica, duas sílabas em comum e terminação com o som das mesmas vogais, proporcionando no canto uma sonoridade semelhante. Tendo em vista que a melodia mantém uma mesma estrutura simétrica, principalmente, em sua relação intervalar, podemos considerar que somente o texto foi modificado. Um caso semelhante é relatado no trabalho de Margot e Jorge Dias (1953, p. 37), no qual versos de um cantochão denominado *O romance sacro das Almas Santas* são adaptados em quadras dispersas, mas conservando-se a melodia[84].

Os cantos de *Encomendação das Almas* cantados em Monsanto são caracterizados como sendo bastante similares aos cânticos comuns da Idade Média, sobretudo ao Canto Gregoriano. "Quem desejar canções vindas diretamente do canto gregoriano terá de escutar as *Encomendações das almas*, sempre diferentes de aldeia para aldeia" (DIAS; DIAS, 1953, p. 60).

Margot e Jorge Dias (1953, p. 68-69) fazem algumas menções em relação ao canto da *Encomendação das Almas* e a influência advinda das músicas litúrgicas, salientando, sua proximidade musical com os cantochões medievais afirmando perceberem nitidamente essa relação em várias recorrências do ritual, dando como exemplo as recolhas advindas de Portelo de Cambres; ambas dispostas a seguir (Figuras 19 e 20).

> Como esta época de orações pelos defuntos provém da liturgia católica da Quaresma, em que se comemoram os padecimentos de Jesus, alguns cânticos de ofícios eclesiásticos sofreram transladação, e foram aplicados ao <<amentar das almas>> [...] em que a letra e a nítida forma de cantochão revelam a origem (DIAS; DIAS, 1953, p. 24).

---

[84] Durante meu trabalho de campo, puder observar que quando os encomendadores pretendiam se lembrar de algum determinado canto, sua maior dificuldade era o texto. Em alguns trechos que esqueciam a letra, a melodia mantinha-se soando melismaticamente, em forma de sonorizações vocais em sílabas aleatórias, e só depois, através de ajustes entre os participantes, é que letra e melodia se completavam em um consenso local, aparentemente até momentâneo.

Figura 19 – Cântico recolhido em Portelo de Cambres (DIAS; DIAS, 1953, p. 13)

Fonte: Margot Dias e Jorge Dias (1953)

Figura 20 – Cântico recolhido em Portelo de Cambres (DIAS; DIAS, 1953, p. 15)

Fonte: Margot Dias e Jorge Dias (1953)

Em contraste com a influência musical eclesiástica do cantochão, Margot e Jorge Dias (1953, p. 69) apontam que há também cânticos de *Encomendação das Almas* que aparentemente possuem origens nas canções vulgares da terra, como a recolha de Pedro Fernandes Tomás (Figura 21), as quais os autores distinguem por possuir características musicalmente laicas; entretanto não oferecem detalhamentos que justifiquem tais considerações. Uma possibilidade poderia ser a relação intervalar entre as duas vozes melódicas com resultados harmônicos pouco usuais na música sacra medieval.

Figura 21 – Recolha de Pedro Fernandes Tomás (DIAS; DIAS, 1953, p. 66)

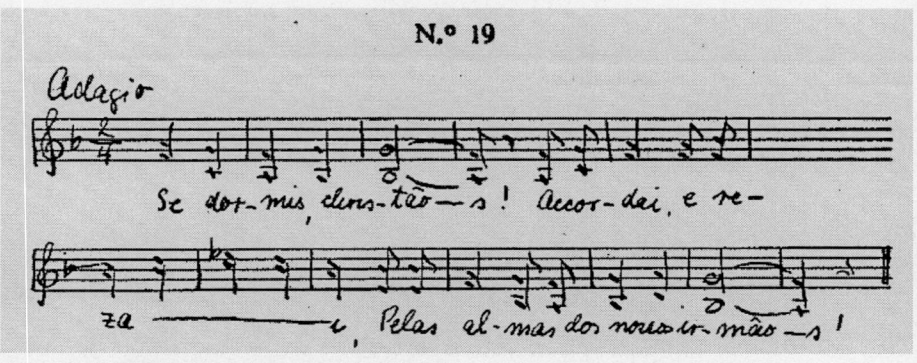

Fonte: Margot Dias e Jorge Dias (1953)

Casos como este ilustram como o ritual de *Encomendação das Almas*, embora possua características que o definem, é um rito plural, tendo recorrências procedimentalmente distintas em cada localidade em que é celebrado em Portugal, sendo passível de várias formas de reinterpretação dos costumes e valores estampados na tradição do povo. Margot e Jorge Dias (1953, p. 70) propõem um mapeamento que tenta delimitar geograficamente recorrências semelhantes do ritual, entretanto, os próprios autores assumem não conseguir uma homogeneidade quanto à realização dessa prática no país.

Vemos que existem alguns elementos constantes na encomendação das almas, em todos os casos registrados, como: o fundo cristão, a hora, que é sempre depois do escurecer, em geral já noite cerrada; a música – em toda a parte a encomendação é declamada musicalmente, sendo mesmo a música e a palavra o elemento fundamental de todo o ritual. Outro elemento constante é a forma individual da encomendação; quer seja um, ou muito os que vão para o lugar da encomendação, é sempre um que encomenda e os outros só respondem ou rezam [...] Há, por outro lado, um certo número de elementos variáveis, que se encontra nuns lugares e noutros não, como o número de encomendadores – um ou um grupo; os sexos – nalguns lugares são só homens, noutros homens e mulheres; o local – lugares altos e proeminentes, varandas ou sacadas de casas sobranceiras, encruzilhadas, junto aos cruzeiros e à porta dos cemitérios. A música é um elemento constante, mas o seu carácter varia bastante – nalguns lugares é saudosa e dolente, noutros apavorante e sinistra [...] Os elementos mágicos tão frequentes na encomenda são variá-

REZAS CANTADAS DE ENCOMENDAÇÃO DAS ALMAS

veis. A insistência em certos números: 3, 7 e 9, o Signo de Saimão, benzer-se com a mão esquerda, o uso de amuletos, etc., não são comuns a todos os lugares. São variáveis os elementos acessórios, como o uso do lençol, das correntes, da campainha, do funil ou embude, etc. É também variável a determinação das almas que se encomendam – as almas dos cemitérios, as que andam sobre as águas dos mares, as que estão em pecado mortal, ou ainda as almas de determinadas pessoas (DIAS; DIAS, 1953, p. 68-69).

Nesta revisão bibliográfica acerca do ritual de *Encomendação das Almas* em Portugal, podemos perceber que os estudos encontrados abordaram o rito em várias das regiões do país revelando recolhas sobre recorrências capazes de ilustrar um ato que tem sido "registrado desde o Minho e Trás--os-Montes até o Algarve" (DIAS; DIAS, 1953, p. 70). Em suma, podemos concluir que em Portugal, bem como foi aferido no Brasil, a prática desse ritual, além de bastante disseminada, é também plural, contendo elementos que formam sua base estruturante, mas também variando características em suas recorrências pelo país adentro.

A categoria *reza/canto de pedidos*, em que os encomendadores soli-citam aos devotos que as ouvem que realizem as orações *Pai Nosso* e *Ave Maria* utilizada anteriormente nesses trabalhos para caracterizar um dos tipos de rezas cantadas encontradas no Brasil é um modelo também bas-tante recorrente em Portugal, o que poderia ser considerado óbvio visto que a disseminação do ritual em território brasileiro se dá, inicialmente, por um trânsito migratório através da colonização portuguesa. Entretanto, em Portugal, foi possível também encontrarmos *reza/canto de pedidos* que frequentemente não solicitam especificamente essas duas orações, fato este, que não se mostrou ser tão recorrente no Brasil, embora esta não possa ser uma afirmação definitiva devido ao possível grande número de recorrências dessa prática, principalmente no amplo território brasileiro, que ainda não foram estudadas. Podemos destacar que nas recorrências do rito em ambos os países, os elementos presentes no texto das encomendas e o modo cantado de os entoar, representam pilares fundamentais para a definição do que é o ritual de *Encomendação das Almas*.

Considerações sobre o rito praticado no Brasil e em Portugal

Não obstante a origem portuguesa, o ritual de *Encomendação das Almas* pode ser considerado atualmente como uma manifestação típica da religiosidade popular brasileira, por ter sido adaptado em diversas partes do país, tendo pequenas variações em seus procedimentos ritualísticos e mantendo objetivos similares (PEREIRA, 2005, p. 142).

O rito é encontrado em trabalhos apresentados por diversos autores, tendo em perspectiva abordagens distintas. No entanto, face às variações na prática desse rito observadas a partir da leitura de relatos existentes na bibliografia sobre o assunto, é possível traçar pontos de transformação do ritual que são comuns a um número crescente de manifestações, sendo estas recorrentes em práticas tanto no Brasil quanto em Portugal, ilustrando, em um plano estrutural, a correspondência luso-brasileira no âmbito dessa prática.

Desse modo, gostaria de destacar enquanto elementos que nos auxiliam a caracterizar a proximidade luso-brasileira do ritual de *Encomendação das Almas*, sendo estes: o fato de ser uma prática exclusivamente noturna; a presença de um líder[85] ou responsável pelo rito; a existência de três grupos distintos de participantes, sendo estes encomendadores, receptores devotos[86] e as almas; a experiência com o sobrenatural, que se dá a partir da crença de comunicação com as almas ou com o divino; a intenção de pedir para a salvação de vários tipos de almas e pelo alívio de suas penas; o ato de se entoar rezas e/ou pedidos em forma de cantos diante de determinadas residências ou de forma que aqueles que lá dentro estão possam ouvir; a frequente proibição e/ou medo de se olhar para trás[87]; o fato de o texto das rezas ser cantado e trazer em seus versos os passos e/ou as intenções do ritual; melodias por vezes melismáticas[88], de caráter lúgubre, entoadas sobre ritmos irregulares e com aspectos próximos do cantochão; a presença de elementos simbólicos que representam características mágico-pagãs e relacionadas ao cristianismo.

Dentre esses traços que compõem a prática religiosa, damos destaque neste trabalho aos elementos sonoros, sobretudo, aos cantos lamentosos, de caráter lúgubre, através dos quais são transmitidas as intenções do rito, ou seja, pelos quais os participantes rezam para as almas de seus familiares já falecidos ou pelas almas de muitos outros tipos de mortos que consideram

---

[85] Pessoa responsável por organizar e conduzir o grupo, além de agir como a voz principal da reza durante o ritual (ÁVILA, 2014, p. 48).

[86] São as pessoas que recebem os encomendadores do lado de fora da porta de suas casas, não devendo ter qualquer contato visual com estes. Participam do ritual do lado de dentro de suas residências realizando as orações que lhes são pedidas pelo grupo externo no decorrer do ritual.

[87] Em Portugal, o medo e/ou proibição de olhar para trás foi encontrado em Arouca, onde "o ementador vai sozinho ou acompanhado e outros [...] à porta da igreja na qual bate três pancadas <<*sem olhar patrás, tanto na ida como à porta da igreja*>> (não sabendo explicar o que sucederia se olhasse para trás)" (JÚNIOR, [s. d.], p. 268).

[88] Esse aspecto está bem mais presente nas transcrições realizadas a partir da prática do rito em Portugal.

ainda necessitar de orações. Dentre esses elementos sonoros, há aqueles que são mais comuns à maioria dos locais onde há registro da ocorrência dessa manifestação, como é o caso de instrumentos musicais ou recursos sonoros tradicionalmente mais presentes no evento, como o uso de funil para modificar a voz, a campainha ou sininho, o berra-boi e a matraca. Instrumentos menos tradicionais como: viola, violão, rabecão, sanfona, tambores (como a caixa de *Folia* e/ou *Congado*), e até mesmo instrumentos de sopro (metais e palhetas), surgem em determinados relatos sobre a prática do rito, no entanto são apresentados mais como eventualidade do que regra geral. Até então, o uso do funil para a modificação do timbre vocal foi identificado somente em Portugal e, o uso do berra-boi enquanto instrumento musical, somente no Brasil.

Rossini Tavares de Lima (1972), identifica, nas Recomendas das Almas no estado de São Paulo, a utilização do berra-boi como um traço cultural indígena que reverbera nessas celebrações do catolicismo popular. Segundo o autor:

> Pelo que se sabe da música do nosso índio, que ainda é pouco, a música folclórica brasileira se acha mais próxima dos estilos africanos e eurasiático ou eurasiático antigo. Entretanto, ao estilo ameríndio devemos alguns traços culturais. Instrumentos musicais como, por exemplo [...] zumbidor ou berra-boi, aerofone livre na forma de uma tábuazinha presa num cordel, dando um zumbido, quando a giram, utilizado nas Recomendas de Almas, no Estado de S. Paulo (LIMA, 1972, p. 82).

No entanto, ainda em seu livro *Abecê do Folclore* (1972), Rossini, ao falar dos traços culturais portugueses identificados no folclore brasileiro, aponta o berra-boi lhe atribuindo a função de brinquedo de criança (LIMA, 1972, p. 138). Dentre os instrumentos menos tradicionais, Portugal e Brasil partilham apenas o eventual uso de instrumentos de sopro e rabecão, sendo que relatos sobre os demais só foram encontrados em referências que remetiam à prática no Brasil.

Para ilustrar a presença eventual desses instrumentos musicais no Brasil, podemos considerar o depoimento de dona Nazaré, *matraqueira*[89] do grupo

---

[89] Mesmo havendo trabalhos que descrevam a utilização da matraca por pessoas diferentes da figura do líder em práticas desse ritual em Minas Gerais (PASSARELLI, 2007) e no estado do Mato Grosso (VIOLA, 2010), de modo geral, podemos dizer que o ato de tocar a matraca é uma tarefa que cabe somente ao líder do grupo de encomendação, entretanto, este não é único fato que faz com que dona Nazaré possa ser considerada, atualmente, como principal figura de liderança no ritual que ocorre no povoado da Bocaina. Durante as visitas ao povoado, fica claro que ela é a principal incentivadora da prática, ficando responsável por sua organização e orientação procedimental.

de encomendadores de alma do povoado da Bocaina, em Cláudio (MG), que através de entrevista informal relatou: "*mais antigamente, vez ou outra, vinha uns omi da fulia que ajudava a cantá pras'alma. Hoje em dia eles já não vem mais, mas mesmo assim nóis sai, mesmo assim nóis canta. O canto não pode faiá*". De acordo com ela, senhores que vinham de outras comunidades próximas, participantes das *Folias de Reis* ou do *Reinado de Nossa Senhora do Rosário*, eventualmente amigos de algum encomendador[90] do grupo, traziam principalmente violão, sanfona e viola para ajudarem no ritual de encomendação, o que, segundo a perspectiva de dona Nazaré, tornava as rezas ainda mais bonitas.

Nos relatos aos quais temos acesso sobre a realidade do rito em Portugal, não encontramos qualquer menção à presença de instrumentos sonoros além da campainha e da matraca, entretanto, através de algumas gravações partilhadas na internet[91], pude perceber a existência de instrumentos de sopro e rabecão acompanhando alguns rituais. Já na pesquisa bibliográfica, as descrições e relatos que acompanham as transcrições mencionam somente o canto em coro *a capella* e a presença do toque de sino marcando o início e o término das rezas cantadas, mas que "na altura da semana santa, o sino deve ser substituído pela matraca, pois o sino (ou campainha) pode indicar, também, festa e alegria" (ABRUNHOSA, 2016, p. 49-50). Embora esse objeto seja percebido em práticas de Encomendação das Almas, Rossini Tavares de Lima faz-lhe menção atribuindo-a a grupos de mascates sírios e libaneses que no Brasil faziam utilização "de sua indefectível matraca" (LIMA, 1972, p. 143) durante atividades de vendas ambulantes, porém Rossini não faz qualquer relação entre as Recomendas das Almas e o objeto, uma vez que é identificável um emprego distinto por cada grupo sobre o utensílio.

Também através do estudo realizado por Cistian Pio Ávila (2014), e a partir de uma breve pesquisa audiovisual[92], foi possível notar, por meio dos vídeos disponíveis na internet[93], que várias similaridades simbólicas têm sido mantidas entre as práticas de *Encomendação das Almas* observadas

[90] Muitos encomendadores de almas são participantes ativos em outras manifestações típicas da religiosidade popular, transitando dentre vários ritos. É comum ouvir depoimentos de pessoas que, a partir de um vínculo de amizade, compadrio ou até mesmo de fé e devoção, auxiliam-se mutuamente em seus deveres de devoção.

[91] Como exemplar capaz de ilustrar a presença de instrumentos de sopro no rito, indico o vídeo *Amenta das almas-Loriga*. Disponível em: https://www.youtube.com/watch?v=K1PSH9YAJjE. Acesso em 26 fev. 2017.

[92] Durante a pesquisa, os conceitos utilizados que levaram a resultados proveitosos foram: "Encomendação + Almas"; "Encomendação das Almas"; "Recomendação das Almas"; "Lamentação das Almas" (EUFRÁSIO; ROCHA, 2015).

[93] Durante a pesquisa, as principais mídias sociais que apresentaram resultados proveitosos foram o YouYube e o Vimeo.

no Brasil e em Portugal. Foi possível constatar que, devido ao dinamismo cultural entre as diferentes populações praticantes do rito, o mesmo é performado de forma semelhante, mas, ao mesmo tempo, contendo distinções nas ocorrências apreciadas no interior dos dois países.

Ao considerarmos os excertos dos textos que são cantados durante as rezas do ritual no momento das *rezas/cantos de pedidos* apresentados neste trabalho, podemos observar a existência de um caráter de comunicação, ou *folkcomunicação*[94], que está presente na realização do rito, e que é manifestado através das rezas cantadas em cerimônias de determinadas localidades tanto no Brasil quanto em determinadas localidades de Portugal. Nesse âmbito, é possível reconhecer a trama de uma cultura partilhada[95], que há séculos perdura e se mantém enquanto prática de resistência[96] no espaço luso-brasileiro, mesmo diante do abandono e embate realizado pela própria igreja católica que contesta sua sacralidade mediante a presença de elementos pagãos e pela demonização de seus atos oriundos de pessoas pertencentes a outras religiões ou que desconhecem os preceitos do ritual e significados dos gestos que o compõem.

Dentre os componentes dessa tradição, podemos perceber que é principalmente por intermédio do texto da reza, entoado em forma de *reza/canto de pedidos*, que se dá o processo comunicativo que podemos considerar como cerne da cerimônia, considerando como sua característica principal a presença de versos que trazem a intenção de pedir aos devotos, que ouvem as encomendas do rito de dentro suas casas, para realizarem orações em favor das almas as quais a celebração pretende beneficiar para que, assim, estas sejam absolvidas de suas penas e alcancem paz e salvação.

A partir da comparação entre dois textos que provêm de rezas cantadas transcritas no Brasil e em Portugal[97], podemos identificar correlações nos momentos em que os encomendadores, de acordo com o que é cantado,

---

[94] Esse conceito se refere ao processo de trocas de informações e manifestação de ideias, opiniões e atitudes de um povo por intermédio de agentes e meios ligados direta ou indiretamente a práticas concebidas como folclóricas. Para mais informações, ver Nascimento (2007) e Schmidt (2007).

[95] Ver Eufrásio e Rocha (2016).

[96] A *Encomendação das Almas* nem sempre é bem aceita por todos os moradores das comunidades nas quais sua prática ocorre. Muitos, desconhecendo os princípios que regem essa manifestação, condenam o rito por o considerarem como uma prática macabra, demoníaca e relacionada ao mal. Há relatos capazes de ilustrar que, muitas pessoas, "ao ouvir o som da matraca, fechavam suas portas na tentativa de impedir a entrada do pai das trevas em suas casas" (BORGES; MAURÍCIO; SANTOS, M. F. J., 2011, p. 5).

[97] O texto referente ao Brasil foi extraído de uma gravação realizada em campo, no povoado da Bocaina, durante os rituais que ocorreram na quaresma de 2015 e 2016. O texto referente a Portugal (Conselho do Fundão) foi transcrito por Maria Adélia Gonçalves Martins de Abrunhosa (2016) em seu trabalho.

sugerem procedimentos de ação e intenção para serem considerados no decorrer da cerimônia. Estão presentes em ambas as transcrições a intenção de alertar/acordar os receptores devotos, e de pedir para que estes realizem orações/rezas destinadas a vários tipos de almas presentes no texto cantado. No caso deste exemplo, são solicitadas orações em prol das almas dos parentes/pais e almas do outro mundo/purgatório (ver Quadro 2).

Quadro 2 – Excertos de textos de cânticos transcritos a partir de ritos realizados no Brasil e em Portugal

Exemplo de canto/reza de Encomendação das Almas transcrito no Brasil (Cláudio, MG)	Exemplo de canto/reza de Encomendação das Almas transcrito em Portugal (Conselho do Fundão)
Alerta pecador, alerta	Ó almas que estais dormindo
Deste sono adormecido	Nesse sono em que estais
Pra rezá um Padre Nosso	Acordai se quereis rezar
Também uma Ave Maria	Pelas almas dos vossos pais
Pras almá do purgatório	
Reza pelo amor de Deus	Ó almas que estais dormindo
	Nesse sono dormitório
Reza, reza, reza, reza,	Acordai se quereis rezar
Reza pelo amor de Deus	Pelas almas do purgatório
Alerta pecador, alerta	Ó almas que estais dormindo
Deste sono adormecido	Nesse sono tão profundo
Pra rezá um Padre Nosso	Acordai se quereis rezar
Também uma Ave Maria	Pelas Almas do outro mundo
Pras almá dos seus parentes	(ABRUNHOSA, 2016, p. 97).
Reza pelo amor de Deus	
*Texto da reza cantada nos rituais realizados no povoado da Bocaina durante a quaresma de 2015 e 2016.	

Fonte: elaborado pelo autor

Embora a partir da transcrição realizada no Brasil, seja possível perceber de forma explícita as rezas pedidas aos receptores devotos, o mesmo não ocorre na transcrição realizada em Portugal por Maria Adélia Gonçalves Martins de Abrunhosa (2016), em que não apresenta informação específica sobre a prece que é pedida aos receptores devotos. No entanto, outros exemplos de transcrições disponibilizados pela mesma autora (2016), são capazes de retratar as orações pedidas no texto que é cantado durante o rito de *Encomendação das Almas,* o que nos demonstra mais uma correspondência entre as práticas que ocorrem em Portugal e também no Brasil, correlação esta, impressa no ato de pedir por *um Pai Nosso* e uma *Ave Maria* (ver Figuras 22 e 23), e expressa a partir de um elemento sonoro essencial dessa manifestação, o jeito cantado de se rezar.

Figura 22 – Transcrição do texto de reza cantada no ritual de Encomendação das Almas realizada no Concelho de Idanha-a-Nova em Portugal (ABRUNHOSA, 2016, p. 113)

> *Bendita e louvada seja*
>
> *A Sagrada morte e paixão de Jesus Cristo*
>
> *E seja pelo amor de Deus seja*
>
> *Alembrai-vos meus irmãos*
>
> *das benditas almas que lá estão no purgatório*
>
> *Ajudai-as a tirar com* Padre- Nosso *e uma* Avé-Maria
>
> *E seja pelo amor de Deus seja*
>
>
> *Mais vos peço meus irmãos*
>
> *Outro* Padre-Nosso *e uma* Avé-Maria
>
> *Por aqueles que andam em pecado mortal*
>
> *Que Nosso Senhor lhes dê graça*
>
> *Com que se apartem dele*
>
> *E seja pelo amor de Deus seja*

Fonte: Maria Abrunhosa (2016)

Figura 23 – Transcrição de melodia recolhida em Portugal nas regiões de Conselho do Fundão, Salles Viana e Souto da Casa (ABRUNHOSA, 2016, p. 79)

Fonte: Maria Abrunhosa (2016)

Nos registros de Conselho do Fundão, Salles Viana e Souto da Casa foi possível observar que a transcrição traz a indicação de um *canto/reza de pedidos*, pois podemos perceber que na linha inferior do texto que acompanha a melodia encontra-se o verso "reze mais um Pai Nosso e uma Ave Maria" (ABRUNHOSA, 2016, p. 79). Mesmo que o recorte apresentado (Figura 23) no trabalho de Maria Abrunhosa (2016, p. 79) não nos permita conhecer a continuidade do texto, a autora relata ser similar ao seu recolhimento apresentado a seguir (Figura 24), no qual é dado destaque aos versos presentes na partitura do exemplo anterior (Figura 23).

Figura 24 – Transcrição de canto/reza de *Encomendação das Almas* transcrito em Portugal no Conselho do Fundão (ABRUNHOSA, 2016, p. 76)

Mais vos peço meus irmãos.

Rezemos um Pai Nosso e uma Avé- Maria.

Em honra e louvor do nosso Padre S. Francisco.

Que Ele seja o procurador das nossas almas.

Perante Nosso Senhor Jesus Cristo.

Fonte: Maria Abrunhosa (2016)

Outros dois exemplos, advindos de estudos em localidades distintas dos excertos anteriores, também nos permitem representar uma correspondência luso-brasileira a partir da recorrência das orações que são pedidas e pelas intenções que são manifestadas na reza cantada. A transcrição, que corresponde ao Brasil, foi realizada por José Carlos Pereira (2005), em Franca, no estado de São Paulo, e a transcrição que corresponde a Portugal foi realizada por Miguel Nuno Marques Carvalhinho (2010) em Castelo Novo (Quadro 3).

Quadro 3 – Excertos de textos de rezas cantadas transcritos a partir de ritos realizados no Brasil (Franca, SP) e em Portugal (Castelo Novo)

Exemplo de canto/reza de Encomendação das Almas transcrito no Brasil (Franca, SP)	Exemplo de canto/reza de Encomendação das Almas transcrito em Portugal (Castelo Novo)
Alerta, alerta pecadores	Reze outro pai-nosso
Acordai, quem está dormindo	Com sua ave-maria, ó irmão das almas
Veja que o sono é irmão da morte	Com sua ave-maria, ó irmão das almas [coro]
E a cama é a sepultura	Para todas aquelas almas
Peço que voz rezem um Padre Nossos	Das nossas obrigação, ó irmão das almas
Padre Nosso e Ave Maria	Das nossas obrigação, ó irmão das almas [coro]
Pras almas da obrigação	Reza, reza irmão meu
Peço pelo amor de Deus	Peço pelo amor de Deus, ó irmão das almas
(PEREIRA, 2005, p. 142).	Peço pelo amor de Deus, ó irmão das almas [coro]
	(CARVALHINHO, 2010, p. 317).

Fonte: elaborado pelo autor

Em ambos os *cantos/rezas de pedidos* podemos observar que o ato de pedir aos receptores devotos que realizem as preces *Pai Nosso* e *Ave Maria* é recorrente em manifestações realizadas nos dois países. Isso demonstra que além de adotarem procedimentos semelhantes, os praticantes do ritual de *Encomendação das Almas* em ambas as nações partilham também valores e sentidos comuns, dando importância às mesmas preces, enfatizando seus pedidos por orações e pedindo para que os devotos rezem em prol das almas "pelo amor de Deus".

Em suma, a prática de *Encomendação* não é uniformizada, mas se apresenta plural a cada reincidência. Portanto, devemos considerar que nenhuma das análises apresentadas neste trabalho possui a intenção de definir paradigmas, mas, pelo contrário, almejamos apresentar e discutir possibilidades de perspectivas, trazendo, aos interessados sobre o tema, um olhar sob a ótica etnomusicológica/musicológica, tendo como principal objeto de estudo as *rezas cantadas* do ritual de *Encomendação das Almas*.

Análise comparativa entre cantos transcritos em determinadas regiões no Brasil e em Portugal

Ao compararmos os cânticos entoados em rituais que ocorrem em determinadas regiões do Brasil com os que ocorrem em ritos praticados em determinadas localidades de Portugal, podemos perceber, a partir de uma amostra selecionada, que o texto aparece como ponto estrutural da reza que se canta, e não somente a melodia. Sobre um mesmo texto vários contornos melódicos podem ser entoados, conforme podemos averiguar nas transcrições existentes dentro de um recorte geográfico definido para a presente seção deste estudo acerca de correspondências entre essa prática tradicional nos dois países.

Como amostra para nossa abordagem comparativa, foram determinadas duas áreas para análise, sendo uma em cada país, a partir das quais selecionamos trabalhos contendo transcrições realizadas segundo manifestações do ritual de *Encomendação das Almas* que ocorrem nessas determinadas localidades do Brasil e de Portugal.

Ao delimitar um espaço de estudo a partir do qual tenham sido realizadas transcrições dentro de distância similar em cada um dos dois países, selecionamos transcrições disponibilizadas por Maria Adélia Gonçalves Martins de Abrunhosa (2016) em Portugal, oriundas da prática do rito em São Miguel d'acha, Idanha-a-Nova e Castelo Branco, bem como transcrições disponibilizadas por Carolina Pedreira (2010a), oriundas da prática do rito em Andaraí, Igatu e Macugê, localizados na região da chapada diamantina, no estado da Bahia (ver Figura 25).

A distância média entre as três localidades selecionadas em cada país, está entre 63 e 64 quilômetros, possibilitando-nos assim um enquadramento geográfico coerente, para que assim, seja possível e viável a realização de uma análise comparativa dos elementos presentes nas rezas cantadas nos âmbitos de amostras consideráveis, que segundo as transcrições disponíveis, apresentam-se com maior ou menor variedade melódica.

Figura 25 – Mapa ilustrando a distância entre São Miguel d'Acha, Idanha-a-Nova e Castelo Branco, em Portugal (à esquerda) e mapa ilustrando a distância entre Andaraí, Igatu e Macugê, no Brasil (à direita)

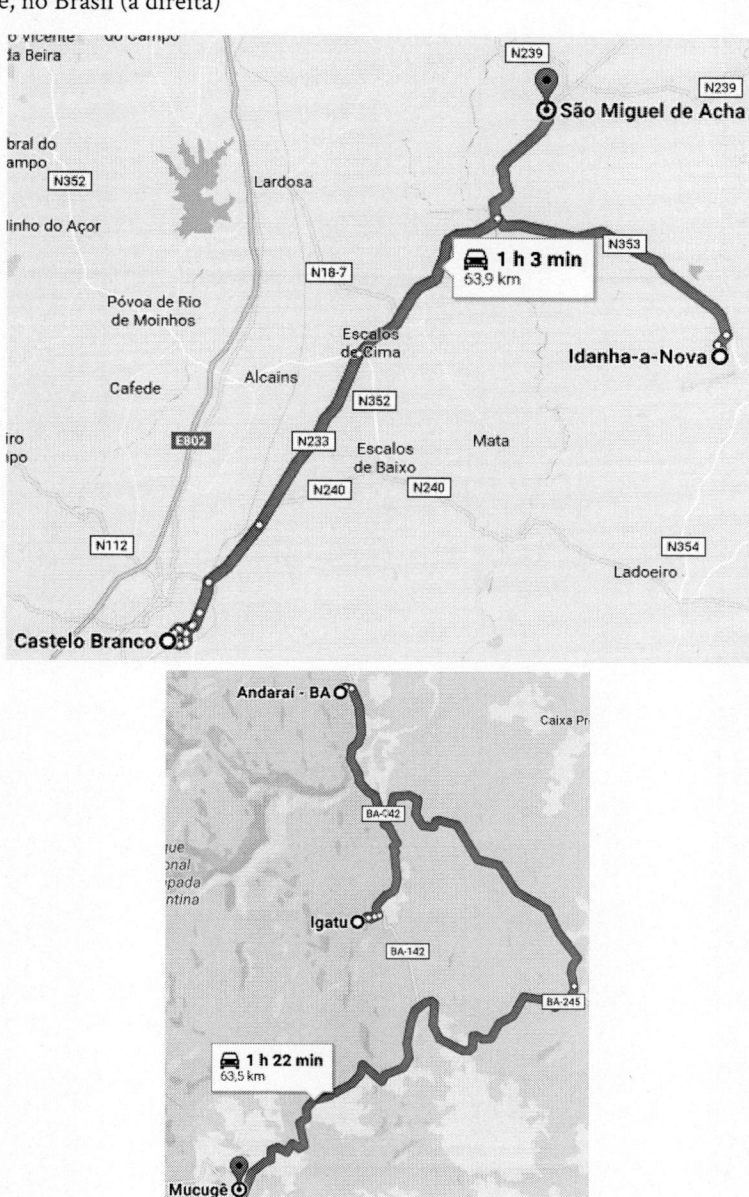

Fonte: elaborado pelo autor através do *Google Maps*

Ao analisar as transcrições realizadas em Portugal, identificadas enquanto cantos de *Encomendação das Almas*, foi possível observar que não somente o texto se apresenta invariável, como também a melodia entoada a partir deste. No trabalho de Maria Abrunhosa (2016), é possível encontrar duas transcrições reconhecidas como tal: uma realizada pela autora no ano de 2010 (ver Figura 26), e outra, realizada por Fernando Lopes Graça, datada de 1953 (ver Figura 27).

Embora Maria Abrunhosa registre somente as notas que compõem a melodia entoada (Figura 26) enquanto Fernando Lopes-Graça transcreve também a componente rítmica (Figura 27), é possível observar através das relações intervalares e do contorno melódico juntamente com a indicação silábica, que se trata da mesma *reza/canto*, transcrita em épocas diferentes e a partir de perspectivas distintas.

Assim, é possível considerar que, em Portugal, a reza de *Encomendação das Almas* cantada na região de Idanha-a-Nova mantém um caráter de unicidade há anos, preservando um mesmo texto e melodia dentro de uma tradição que tem sido capaz de transpor não somente uma distância geográfica, mas também uma distância temporal de décadas.

Figura 26 – Transcrição apresentada por Maria Abrunhosa em Portugal em de 2010

Fonte: Maria Abrunhosa (2016)

Figura 27 – Transcrição apresentada por Maria Abrunhosa (2016) realizada por Fernando Lopes Graça em Portugal no ano de 1953

Fonte: *Cancioneiro Popular Português* (GIACOMETTI, 1981, p. 67)

As análises destes recortes sugerem uma continuidade na realização do ritual nesta região nas últimas décadas, fato este, que não se replica em todas as regiões sobre as quais tenho informação no Brasil. Durante minhas coletas de dados, sobretudo a partir de conversas com pessoas relacionadas a esse ritual ou a práticas do catolicismo popular brasileiro, tive informações de vários locais onde essa manifestação tem passado por tempos de descontinuidade gerados por fatores como a impossibilidade física ou morte dos principais praticantes ou líderes sem a existência de sucessores.

Pelo que me foi possível observar, outro fato que ocorre, que não implica necessariamente uma descontinuidade, mas o contrário, é o trânsito migratório de pessoas através de regiões, que por consequência levam consigo sua cultura transmitindo-a oralmente a uma nova rede de pessoas e transformando-a gradualmente. Assim, uma palavra passa a ser cantada mais rápida por um e mais lenta por outro, é substituída, alterada, e assim, o fazer vai sendo rearranjado em partes, variando em torno de si, dentro das possibilidades que os fundamentos enraizados nessa cultura permitem.

Ao colocarmos em perspectiva a reza cantada em terras brasileiras, na região de Andaraí, Igatu e Macugê, na Bahia, podemos observar, a partir dos exemplos apresentados por Carolina Pedreira (2010a) (Figuras 28 a 32), a quantidade de melodias (ou *toadas*[98]) existentes sobre o texto dos benditos. É preciso salientar que embora sejam abordados aqui exemplos oriundos de recorrências distintas do rito, primeiramente em Portugal e agora no Brasil, a temática do texto entoado permanece a mesma, sendo esta a paixão e morte de Jesus Cristo Redentor.

Considerando que, embora seja identificado o mesmo texto, as *toadas* sobre este surgem de formas distintas em cada uma das transcrições apresentadas pela autora, ilustrando assim uma pluralidade melódica que, segundo a crença local, influencia a eficácia do ritual.

> As toadas são a forma certa de rezar para os mortos – errando a toada, a comunicação falha. Conseguir tirar um bendito na toada em que se tirou o pai-nosso significa estar atento ao momento do ritual e, acima de tudo, "saber rezar". O perfeito encadeamento da toada com o pai-nosso requer concentração, habilidade e boa voz. Ter boa voz significa conseguir alcançar diferentes alturas nas toadas. Não há, todavia, uma classificação, até onde pude perceber, de boa voz como uma voz bela. Existem toadas mais fáceis, costumeiras, e outras difíceis, nas quais algumas pessoas se embaralham em meio à melodia ou em rápidas variações de altura (PEDREIRA, 2010a, p. 83).

---

[98] Denominação nativa referente às melodias entoadas nas rezas/cantos (PEDREIRA, 2010a).

Figura 28 – Transcrição apresentada por Carolina Pedreira a partir de seu trabalho na região de Andaraí, Igatu e Macugê no ano de 2010

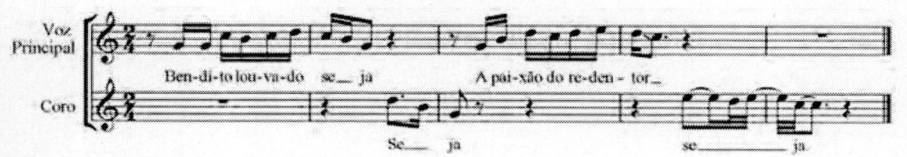

Fonte: Carolina Pedreira (2010a)

Figura 29 – Transcrição apresentada por Carolina Pedreira a partir de seu trabalho na região de Andaraí, Igatu e Macugê no ano de 2010

Fonte: Carolina Pedreira (2010a)

Figura 30 – Transcrição apresentada por Carolina Pedreira a partir de seu trabalho na região de Andaraí, Igatu e Macugê no ano de 2010

Fonte: Carolina Pedreira (2010a)

Figura 31 – Transcrição apresentada por Carolina Pedreira a partir de seu trabalho na região de Andaraí, Igatu e Macugê no ano de 2010

Fonte: Carolina Pedreira (2010a)

Figura 32 – Transcrição apresentada por Carolina Pedreira a partir de seu trabalho na região de Andaraí, Igatu e Macugê no ano de 2010

Fonte: Carolina Pedreira (2010a)

A existência de várias melodias e a relação de comprometimento que os encomendadores têm com essas *rezas/cantos* demonstram que estas, além de comporem o corpo sonoro característico do rito naquela região, representam elementos essenciais da devoção local, pois para os participantes desse rito, a capacidade de entoá-las corretamente é capaz de influenciar diretamente a eficácia do rito em benefício das almas (PEDREIRA, 2010a).

Embora os textos entoados nas rezas cantadas ilustrem uma correspondência luso-brasileira capaz de aproximar as práticas que ocorrem nesses dois países, as melodias delineadas sobre essas palavras apresentam transformações que devem ser consideradas nesta análise. Podemos observar que na construção das melodias entoadas sobre o texto "Bendito seja a paixão do redentor", variam em aspectos como: ênfase modal ou tonal dependente das obras, cadências, relação intervalar e movimento melódico, tessitura, estrutura rítmica, construção do fraseado e, principalmente, nas relações entre texto/ritmo/e intervalos melódicos. Esses aspectos tornam possível a distinção das características entre essas rezas cantadas, apontando apenas como único elemento comum em todas, o texto que é cantado, podendo este ser considerado como o material estruturante na construção da reza cantada do ritual de *Encomendação das Almas* e ponto central de sua correspondência luso-brasileira.

Assim, a partir do recorte apresentado, foi possível encontrar que, dentre o que pudemos considerar como algumas das principais correspondências luso-brasileiras apresentadas, além dos aspectos operacionais já mencionados, estão, sobretudo, a partilha de elementos comuns que pairam em torno de uma fé professada por núcleos populacionais que levam suas vidas em espaços geográficos tão distantes. Essa fé é professada, ilustrada e expressa a partir de um texto ornamentado por meio de construções sonoras que resultam em melodias representativas dentro do simbolismo e sacralidade que cada um desses povos manifesta durante sua recriação de suas versões locais do ritual que tratamos genericamente por *Encomendação das Almas*.

Reflexões e correspondências acerca da revisão bibliográfica

Conforme demonstrado no decorrer deste capítulo, o ritual de *Encomendação das Almas* foi disseminado por várias localidades dentro do território brasileiro, sendo atualmente encontrado em municípios de todas as regiões do país. Da mesma forma como as diásporas desse ritual contribuíram para a transformação de sua prática, contribuíram também para transformações da forma como ele é denominado em cada local. Além do termo *Encomendação das Almas*, no Brasil, é possível encontrar na bibliografia sobre o tema designações como: *Procissão das Almas* (PAES, 2007; TEIXEIRA, 2009); *Recomendação das Almas*; *Sete Passos*; *Procissão da Penitência* (PAES, 2007); *Lamentação das Almas* (PEDREIRA, 2009, 2010a, 2010b); *Alimentação das Almas* (BORGES; MAURÍCIO; SANTOS, M. F. J., 2011; PAES, 2007); *Folia das Almas* (NASCIMENTO, 2007); *Cântico para as Almas* (NASCIMENTO, 2013); *Canto das Almas Penadas* e *Devoção das Almas* (XIDIEH, 1972). Já em Portugal, são encontrados como denominações desse ritual os termos: *Encomendação das Almas*; *Ementa das Almas*; *Amenta das Almas* (ÁVILA, 2014; CARVALHINHO, 2010; PORTO, 2014); *Solfa das almas, Deitar das Almas, Pregão das Almas, Botar as Almas, Botar a loa* (PAES, 2007) e *lembras às almas* (DIAS; DIAS, 1953).

Embora possamos também identificar neste trabalho algumas das formas pelas quais Portugal e Brasil possuem um vínculo cultural e religioso através da prática do ritual de *Encomendação das Almas*, para uma perspectiva comparativa entre as recorrências nesses dois países, demandaria uma pesquisa metodologicamente mais abrangente[99] e de maior aprofundamento sobre as recorrências culturais existentes nas práticas desse rito entre esses dois países para que, então, seja possível aprofundar a compreensão sobre os processos históricos por meio dos quais se deram os trânsitos luso-bra-

---

[99] Que recorra a fontes documentais para uma investigação historiográfica e que seja capaz de etnografar e analisar recorrências em diversas localidades brasileiras e lusitanas, pois apenas uma perspectiva meramente comparativa não é capaz de oferecer respostas sólidas (FONSECA, 2014, p. 90).

sileiros dessa manifestação ritualística e que, consequentemente, resultou em vários outros trânsitos subsequentes dentro do território brasileiro.

Cabe aqui, considerar, que a trama de relações históricas entre estes dois países não é redutível tão somente a uma contradição simplória entre Metrópole e Colônia, entendidas por um pensamento ainda engessado enquanto entidades estagnadas entre si, esquecendo-se que toda relação deriva de uma interação, nesse caso, uma interação complexa de fatores que constituem uma dinâmica intercultural, sobre as quais é imprudente desconsiderar a presença de conflitos de interesses de classes e populações étnicas dentro de uma estrutura hierárquica social e de seus tão possíveis particularismos regionais dentro do território brasileiro (NERY; LUCAS, 2013).

Portanto, para melhor compreendermos a gama de relações multiétnicas e culturais, é necessário também que mais referenciais e fontes documentais sejam identificadas e analisadas, tendo como subsídio um extenso trabalho de campo intercontinental para que, futuramente, possamos compreender mais profundamente como esses trânsitos sociais foram capazes de influenciar valores culturais e religiosos que originaram tantas transformações de significados de valores na vida das pessoas.

Assim, como podemos observar nesse ritual ao longo de suas várias diásporas, sejam estas internacionais ou também nacionais, partindo de um ponto inicialmente de caráter migratório através da colonização pelos portugueses até sua proliferação dentro do território brasileiro, a *Encomendação das Almas* foi apropriada e reinterpretada por parte de algumas comunidades tanto de brancos quanto de negros (PAES, 2007, p. 54; SILVA, 2009, p. 24-25), compondo o quadro de formação de um fazer religioso e cultural *luso-(afro)-brasileiro* impresso no ritual de *Encomendação das Almas*.

O termo *luso* é referente à matriz histórica do ritual. Introduzo o termo *afro* entre o termo *luso-brasileiro*, pois não seria plausível omitir os múltiplos contatos culturais que de certa forma deixaram suas heranças impressas na prática da *Encomendação das Almas*. E enquanto *brasileiro* podemos compreender, além das influências ameríndias, os múltiplos resultados obtidos a partir das somas de distintas cosmovisões que compuseram as mais atuais recorrências no país, sendo que a influência advinda de cada uma destas é expressa em níveis diferentes que dependem da história local e da formação social de cada grupo que pratica o rito no Brasil.

Ao analisar excertos de textos que exemplificam as rezas que são cantadas na *Encomendação das Almas*, transcritas a partir de abordagens sobre o rito em distintas partes geográficas do Brasil e Portugal, onde essa prática ocorre, constataremos que, embora possuam constituições distintas, podem ser consideradas enquanto *rezas/cantos de pedidos*, ilustrando um elo comum da partilha multicultural no âmbito desse rito, dado que, na maior parte dos exemplos apresentados podemos constatar a recorrência de solicitações, principalmente, pelas orações *Pai Nosso* e *Ave Maria* em prol dos tipos de almas que os participantes dos ritos acreditam necessitar orações. Ambas são orações tradicionais do catolicismo, elemento característico da difusão do rito via Península Ibérica, presentes na liturgia de rito latino e nas devoções paralitúrgicas e que aparece como ponto fulcral nos *cantos/ rezas de pedidos* exemplificadas anteriormente, ilustrando aspectos que atualmente podemos considerar como multiculturais em um rito pluriétnico (EUFRÁSIO; ROCHA, 2017).

Outro exemplo (Figura 33) capaz de demonstrar a existência de uma partilha multicultural no âmbito dessa manifestação pode ser encontrado na transcrição e emprego de expressões particularmente típicas de tradições religiosas pertencentes à antiga liturgia católica expressas em celebrações que ocorrem distantes do controle canônico. Nesse caso, a integração do *Kyrie Eleison* na *Ladainha de Nossa Senhora* encontrado no estimado[100] caderno de *Cânticos e Rezas* de Sr. Bêjo, demonstra uma interpenetração cultural.

---

[100] Sr. Bêjo guarda este caderno com demasiado zelo, não permitindo que qualquer pessoa o possua a não ser sobre sua supervisão.

Figura 33 – Ladainha de Nossa Senhora transcrita no Caderno de Cânticos e Rezas do Sr. Bêjo

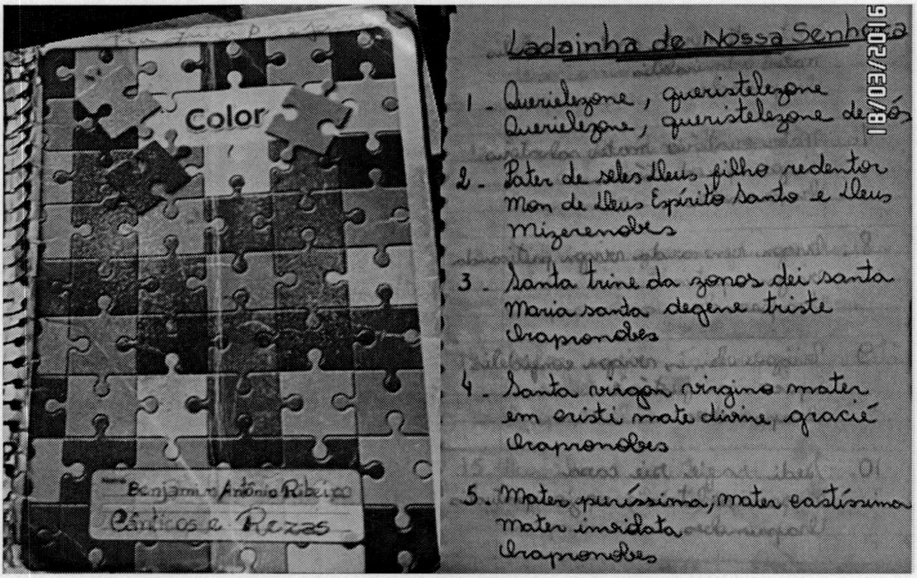

Fonte: caderno de Cânticos e Rezas do Sr. Bêjo (fotografia: acervo do autor)

Ao observar os textos das rezas cantadas, é relevante considerar os aspectos religiosos, simbólicos e místicos presentes na reza cantada do rito de *Encomendação das Almas*, principalmente nas *rezas/cantos de pedidos*, uma vez que estas surgem não somente como um elemento musical que meramente compõe a operacionalização do cerimonial, mas também como um elemento cujo significado expresso não pode ser encontrado unicamente na produção sonora, pois está simultaneamente imbricado no contexto cultural e nas crenças religiosas que envolvem sua prática e fundamentam seus procedimentos e ações, bem como no fato de ser considerado como ponto culminante para a comunicação com o outro mundo, concebido como componente essencial para que as preces alcancem o contato com o divino (EUFRÁSIO; ROCHA, 2017).

Em suma, ao adentrar bibliograficamente no mundo dos rituais de *Encomendação das Almas* que foram registrados no Brasil e em Portugal, foi possível refletir e comparar a recorrência de determinados elementos que considero válidos de serem salientados para que, a partir deste trabalho, seja possível o acesso a um escopo comparativo resultante de algumas análises oriundas de materiais bibliográficos.

- Em ambos os países há recorrência do ritual na Quaresma e também na Semana Santa, embora no Brasil exista a menção sobre a celebração ocorrer também no feriado de finados (MENEZES *et al.*, 2010). Em Portugal também há menção sobre práticas que se assemelham à *Encomendação das Almas* no dia 2 de novembro, data de celebração dos *Fiéis Defuntos* (DIAS; DIAS, 1953, p. 8), mas que se mistura com outros tipos de práticas como: adornar sepulturas com flores, coroas, velas e luzes; rezar pelo descanso pleno e eterno das almas e dar dinheiro e/ou alimentos para as pessoas mais pobres para que estes também realizem orações pelas almas (MACHADO, 1999, p. 36). Nem todas as práticas que ocorrem no *Fiéis Defuntos* podem ser consideradas como atos relacionados à *Encomendação*, mas Mauro Passos (2013, p. 153) identifica traços de sua origem nas tradições de 2 de novembro. No Algarve, sul de Portugal, há também manifestações similares que ocorrem todos os anos no dia 1º de janeiro (CUNHA; DUARTE, 1995, p. 48).

- Tanto no Brasil quanto em Portugal é uma prática de uma recorrência exclusivamente noturna. Entretanto, excepcionalmente, existe o caso da prática da *arruada* que acontece em Loriga logo ao amanhecer (GONÇALVES, J. P., 2007) e que, segundo ao que foi possível perceber, trata-se de uma ocorrência ligada à *Encomendação das Almas*, ocorrendo após a sua realização e se tratando, portanto, de uma ação no âmbito do ritual.

- A entonação das *rezas/cantos* de forma lúgubre está presente nas celebrações de ambos os países, entretanto, nos registros sobre recorrências em algumas localidades de Portugal há menções sobre a utilização de adereços como cone ou funil para causar modificações na voz do entoador (DIAS; DIAS, 1953, p. 9). Nos materiais consultados sobre a prática no Brasil, não foram encontradas quaisquer menções sobre adereços similares.

- Sobre os dias em que o ritual é realizado, tanto no Brasil quanto em Portugal, a partir da leitura acerca de várias recorrências distintas, não foi possível definir um dia exato para que se ocorra a celebração, pois esse dia, segundo o que foi possível observar e analisar, está estritamente vinculado a negociações ou tradições dentro de um âmbito local[101], tendo recorrências distintas no interior dos dois países.

- Enquanto no Brasil a prática de *Encomendação das Almas* é dividia por Ulisses Passarelli (2007) em duas tipologias distintas, *primitiva* (com flagelação) e *típica* (sem flagelação), na bibliografia que trata do rito em Portugal não foram encontradas quaisquer menções sobre atos penitenciais que envolvessem castigos corporais como a autoflagelação.

- No Brasil é bem comum encontrarmos na tradição a proibição de olhar para trás durantes os cortejos que seguem de parada em parada durante a realização do ritual, em Portugal aparentemente essa proibição é menos recorrente, pois, em toda a revisão bibliográfica, foi identificada somente nos relatos que tratam do ritual em Arouca (JÚNIOR, [s. d.], p. 268), mas, mesmo assim, não há maiores explicações sobre o que motiva a proibição. Diferentemente, no Brasil, inúmeras histórias sobre visões sinistras e castigos por meio de maldições que assolam aqueles que abusaram e olharam para trás ou agiram de forma indevida durante a celebração são relatadas pelos encomendadores de mais idade na tentativa de inibir tal ato.

- As solicitações das orações *Pai Nosso* e *Ave Maria* são amplamente recorrentes em ambos os países. Entretanto, tanto no Brasil quanto em Portugal, foi possível perceber que estas não são as únicas orações solicitadas, podendo haver, em determinadas localidades brasileiras e também lusitanas, a inserção de outras orações, como a Salve Rainha.

- Em relação à estrutura procedimental do ritual de *Encomendação das Almas*, foi possível constatar que no Brasil, aparentemente, há recorrência de um só modelo a partir do qual os encomendadores, seguindo em cortejo, realizam paradas para entoar suas *rezas/cantos* e solicitar orações. Contudo, em Portugal, foi possível identificar dois modelos que diferem entre si, sendo estes: 1) Modelo similar ao que é mais recorrente no Brasil; 2) Os encomendadores não *rezam/cantam* especificamente diante das casas, mas sim em encruzilhadas

---

[101] Como exemplo desse sistema de negociação local, no dia 1 de março de 2017, primeiro dia da Quaresma, telefonei para os encomendadores do povoado da Bocaina, em Cláudio (MG), para perguntar se realizariam o ritual e em quais dias o fariam. Como resposta, obtive: *"Então, eu vou ver com a turma os dias certinho e te aviso pro cê vim"*.

próximas destas, para possibilitar a toda vizinhança ao entorno ouvi-los, recebendo a *Encomendação* de dentro de suas casas e, de lá, atendendo às orações que lhe são solicitadas por meio dos versos entoados pelos que encomendam; 3) Para conseguir maior projeção vocal, os grupos de encomendadores sobem em sacadas e varandas de casas localizadas e locais altos e dali entoam as *rezas/cantos* solicitando orações para os moradores devotos de toda a vila que as devem cumprir de dentro de suas residências; 4) O grupo de encomendadores se divide em grupos menores, estes, por sua vez, dispõem-se em distintos pontos altos a partir dos quais possam se ver ou ouvir e também serem ouvidos pelos moradores devotos (estes dentro de suas casas) que recebem a *Encomendação* e, então, entoam *rezas/cantos*, realizando o ritual; 5) Um só indivíduo, ou também um grupo, posiciona-se no ponto mais elevado de determinada vila e a partir de lá entoa as *rezas/cantos* para que possam ser ouvidas por todos os moradores devotos que, de dentro de suas casas, recebem a *Encomendação* e realizam as orações solicitadas.

- Nas recorrências do ritual em ambos os países, embora identificados e expressos por meio de formas distintas, é possível notarmos aspectos que ilustram a presença do medo em torno da atmosfera de sentidos que envolve a celebração, sobretudo, relacionados à crença em maus espíritos. No Brasil, o caráter do medo pode ser relacionado à ideia de abuso ou desrespeito, ou seja, os participantes do rito evitam tomar determinadas atitudes por considerá-las desrespeitosas, o que sugestivamente demonstra que temem a consequência que pode advir do ato de que, segundo "causos" contados pelos mais velhos, uma maldição pode ser lançada de algum espírito, ou mesmo, o participante pode vir a ter a visão deste. Já em Portugal, o caráter de medo é impresso na relação que os participantes do rito fazem a objetos, amuletos ou até mesmo procedimentos para que consigam proteção contra maus espíritos, como o ato de benzer-se com a mão esquerda.

- Em ambos os países podemos perceber que, segundo a tradição do rito, uma vez iniciado o ritual, quem participa não pode por motivo algum abandonar a celebração (DIAS; DIAS, 1953; MAHFOUD, [s. d.]). Entretanto não se trata de um tipo de menção que se encontra frequentemente em relatos sobre o ritual.

- Em ambos os países foi possível constatar que nos rituais há a presença de panos ou capuzes que cobrem as faces ou todo o corpo dos participantes permitindo a estes a possibilidade de manterem um certo anonimato. Sobre essa prática no Brasil, embora seja destacado que de forma geral os encomendadores são tratados com muito respeito e a possível dúvida sobre quem são os praticantes do rito contribua para o clima de mistério que envolve as celebrações, alguns autores mencionam que o anonimato pode ser buscado para que se evitar chacotas ou deboches que os encomendadores possam vir a sofrer (BORGES; MAURÍCIO; SANTOS, M. F. J., 2011, p. 7).

- Em Portugal, as crenças em relação a significados atribuídos às representações numéricas estão frequentemente relacionadas ao número nove, possivelmente pelas ideias de novena presente nas celebrações típicas de novembro e dos *Fiéis Defuntos* que, segundo Mauro Passos (2013, p. 153), é uma das tradições que possivelmente fundamentou o ritual e *Encomendação das Almas*. Por outro lado, no Brasil, os significados atribuídos a representações numéricas parecem estar mais ligados principalmente ao número três, mas há recorrências frequentes de representações ligadas aos números cinco, sete, nove e, até mesmo, onze, ou em torno de números ímpares, sendo identificado como limite o algarismo 11.

- Foi possível perceber que o ritual sofre/sofreu variados níveis de perseguições em ambos os países, principalmente, devido à presença de elementos identificados como mágico-pagãos. Em Portugal, há menções que ilustram a perseguição ou proibição por parte da Igreja Católica. No Brasil, embora seja possível identificar atitudes preconceituosas e de perseguição também vinculadas a ações da Igreja Católica de seus membros, atualmente, é comum encontrar relatos orais que mencionam traços de repúdio advindos de pessoas participantes a religiões Evangélicas.

- Sobre a participação dos jovens, em ambos os países é possível encontrar traços de sua presença, entretanto, também em trabalhos sobre ambas as realidades, podemos encontrar relatos que mencionam determinada falta de interesse sobre a manutenção dessa tradição.

- Nos dois países é comum pedir, através das *rezas cantadas*, orações pela paixão de morte de Jesus Cristo. Tanto em Portugal quanto no Brasil faz-se as *rezas/cantos de pedidos* em prol de diferentes tipos de almas, estes que variam dentre as localidades nas quais o rito é recorrente em cada um dos países, contudo, em ambos, foi possível perceber maior incidência de pedidos em prol das almas benditas, almas necessitadas, almas do outro mundo, almas do Purgatório, almas de familiares, almas perdidas, almas sobre as águas, almas em pecado mortal e até mesmo para aquelas em agonia de morte, ou seja, que estão prestes a deixar este mundo.

- No ritual de *Encomendação das Almas* que ocorrem tanto em Portugal quanto no Brasil, há a constante presença das *rezas cantadas*, principalmente, em forma de *rezas/cantos de pedidos*, não obstante, em todo corpus bibliográfico, não foi encontrada nenhuma menção que desvinculasse esse aspecto à realização do ritual ou que negasse a recorrência desse elemento. Basicamente, foram encontrados três modelos de canto: 1) Todos os participantes cantam as *rezas/cantos*, seja em uníssono ou com abertura de vozes; 2) As *rezas/cantos* são entoadas de forma de responsório, sendo que um só indivíduo é geralmente o líder, ou alguém incumbido por ele, faz o solo e os demais respondem em coro, seja em uníssono ou com abertura de vozes; 3) Há somente solo, pois as *rezas/cantos* são entoadas por uma única pessoa, quando junto a esta há outros participantes, estes realizam as orações solicitadas pela *reza/canto* entoada.

- Considerando em perspectiva as *rezas cantadas* nos rituais, num panorama entre Brasil e Portugal, foi possível perceber que os trabalhos portugueses, frequentemente, apresentam transcrições musicais, enquanto os trabalhos brasileiros o fazem menos, apresentando, na maioria das vezes, somente a transcrição do texto que é entoado.

No decorrer desta primeira parte do livro, foi possível relacionar a prática do ritual de *Encomendação das Almas* que acontece no Brasil com os múltiplos processos que, a partir de um contato migratório, resultaram na transformação cultural e a disseminação do ritual pelo território brasileiro, tendo algumas de suas características modificadas a cada recorrência em nova localidade. Contudo mantendo elementos comuns que nos possibilitam identificar e delimitar as principais atitudes dos participantes que correspondem à prática desse rito, distinguindo-o de outras práticas semelhantes.

A partir da análise das rezas cantadas coletadas por meio de transcrições realizadas por autores que trabalharam com encomendadores em distintas localidades, foi possível identificar que, mesmo através da distância geográfica e temporal, as recorrências do ritual mantiveram uma base simbólica que permaneceu sólida através de todas as diásporas e influências pelas quais esta celebração passou. Assim configura-se, atualmente, como uma tradição que, embora possua matrizes estrangeiras, pode ser considerada como uma manifestação brasileira. O cenário da religiosidade popular surge como expressão de valores sacros resultantes das misturas de variadas cosmovisões que, neste solo, materializaram contato através de processos não lineares e que, consequentemente, geraram e intensificaram a gama multicultural de variações de uma mesma tradição.

Muitos dos aspectos multiculturais existentes no ritual de *Encomendação das Almas* são identificados neste trabalho tendo em perspectiva os textos e melodias que são entoados durante as rezas cantadas, a partir do quais podemos localizar elementos que remetem a elementos mágicos, ao catolicismo romano e ao mesmo tempo à valorização da ancestralidade, relacionando-se com a cosmovisão de povos africanos, que se manifesta quase que sincreticamente a ideia de devoção às almas estampada em um fundo cristão devido ao contexto histórico de demonização e perseguição das crenças e tradições relacionadas ao universo africano.

Neste trabalho também foi salientada a relação das *rezas cantadas* com alguns elementos oriundos da operacionalização do ritual, além de elementos provenientes das matrizes europeias e africanas, que podem ser identificados em sua prática como pontos capazes de ilustrar aspectos multiculturais concomitantes às condutas de origem mágico-pagãs, como a realização exclusivamente noturna; a presença de objetos aos quais os participantes conferem poderes (como símbolos desenhados, amuletos e até mesmo a matraca); realização de benzeções; simbolismos associados aos números três, cinco, sete e nove; e resquícios dos antigos cultos aos mortos realizados na Europa durante o período medieval e relações com determinadas práticas mortuárias de povos indígenas, relacionando as *rezas cantadas* a toda a estruturação necessária para o acontecimento do rito.

Em suma, conforme mencionado no início deste trabalho, o ritual de *Encomendação das Almas* é uma prática sobre a qual ainda existe um vasto campo de estudo a ser explorado, no qual ainda são necessárias várias abordagens, sobretudo, em fontes documentais que possam revelar componentes de sua história e disseminação pelo Brasil, pois na tradição desse rito é possível identificar, além da relação entre tradição, religiosidade e a musicalidade do povo, aspectos de sua formação social expressa através de seu modo de professar a fé.

PARTE II
ENCOMENDAÇÕES DAS ALMAS NO INTERIOR DE MINAS

INVESTIGAÇÃO NOS POVOADOS DE CLÁUDIO (MG)

O município de Cláudio está localizado no oeste do estado de Minas Gerais, na zona geográfica Campos das Vertentes, na microrregião do Vale do Itapecerica, aproximadamente a 140 quilômetros da capital estadual Belo Horizonte. Segundo dados do Instituto Brasileiro de Geografia e Estatística (IBGE), publicados em 1º de julho de 2016, a população do município gira em torno de 28.063 habitantes[102]. A dimensão de sua área possui aproximadamente 627 quilômetros quadrados de extensão dentro de um perímetro de aproximadamente 122,5 quilômetros, fazendo fronteira com os municípios de Itapecerica, Divinópolis, Carmo do Cajuru, Carmópolis de Minas, Itaguara e Carmo da Mata (CARVALHO, 1992, p. 13-14). Em alguns destes, também como os três primeiros, tem-se notícias de recorrência de rituais de *Encomendação das Almas* em seu modo *típico* (sem flagelação).

---

[102] Mais dados sobre o município de Cláudio podem ser acessados a partir do livro *História de Cláudio (1911-1992) para os alunos do I e II graus* (CARVALHO, 1992); do site de sua prefeitura, disponível em: http://www.claudio.mg.gov.br/, acesso em: 24 nov. 2016; da página referente ao município presente no site do IBGE, disponível em: http://www.cidades.ibge.gov.br/xtras/perfil.php?lang=&codmun=311660, acesso em: 24 nov. 2016.

Figura 34 – SEQ Figura * ARABIC 34: Localização do município de Cláudio (MG)

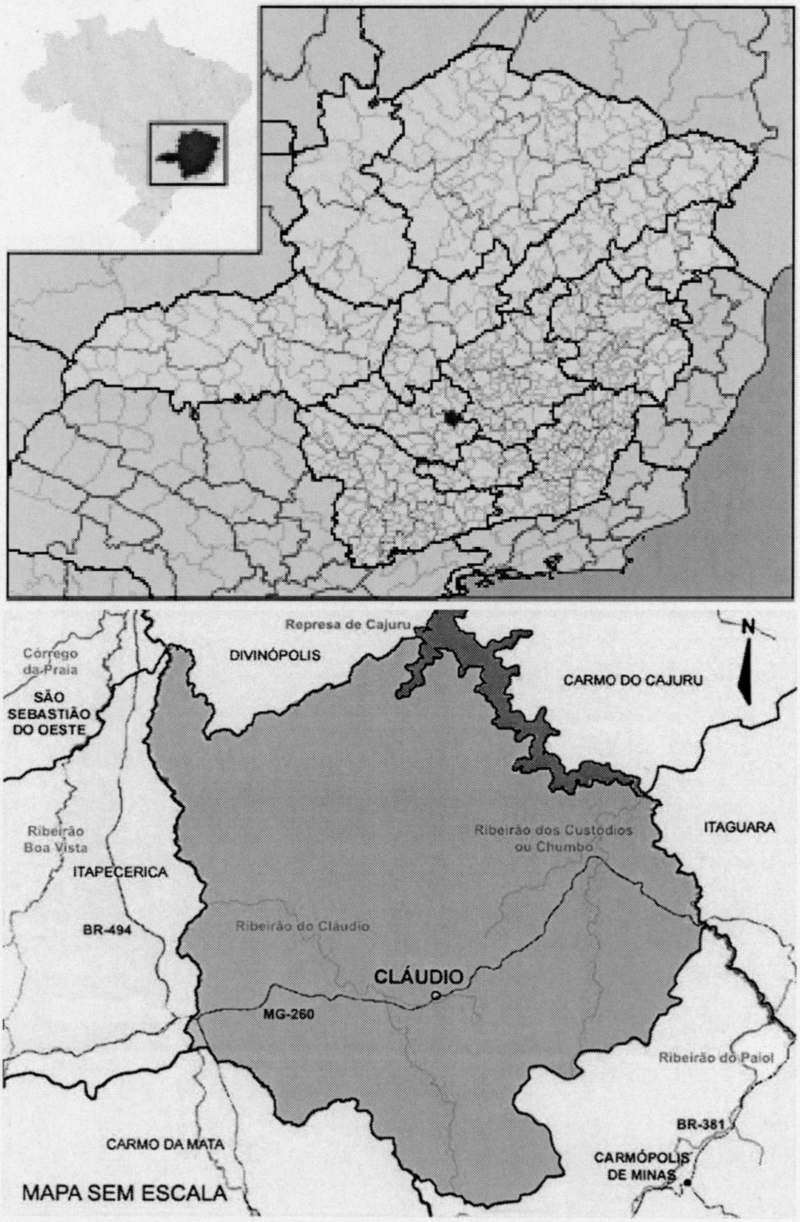

Fonte: Wikipédia

No entorno da área urbana, há diversos povoados[103], onde grande parte desta pesquisa foi realizada, especificamente nos povoados Bocaina, São Bento e Machadinho, em que foi realizada a coleta de dados etnográficos e o acompanhamento às manifestações do ritual de *Encomendação das Almas* durante as quaresmas de 2015, 2016 e 2017.

No ano de 2015, tomei conhecimento sobre a existência do ritual na região de Cláudio (MG), aproximando-me da prática por meio do grupo que a realiza no povoado da Bocaina e acompanhando-os em um ritual naquele ano mesmo sem que ainda estivesse formalmente envolvido em uma pesquisa de mestrado. Em 2016, já inserido no Programa de Pós-Graduação em Música da Universidade Federal de Minas Gerais e envolvido com o andamento da pesquisa, acompanhei quase todos os rituais realizados no povoado supracitado, com exceção de duas celebrações, pois, nas noites de 11 e 18 de março de 2016, fui ao encontro de outros dois grupos — respectivamente nos povoados São Bento e Machadinho. Tomei conhecimento sobre a ocorrência de ritos para as almas nesses outros dois povoados a partir de entrevistas realizadas e por meio de indicações orais dos participantes, o famoso "boca-a-boca", comum em pequenas cidades nas quais se diz popularmente que "todo mundo conhece todo mundo".

Embora durante a pesquisa tenha ouvido vários relatos sobre a recorrência desse rito em outros povoados do entorno de Cláudio (MG) e até mesmo em seu centro urbano, estes traziam consigo, na maior parte das vezes, dois tipos de conotação: a primeira, enunciada de forma que remetia sempre ao passado, informando que o rito ocorria em determinada região, mas que, devido ao falecimento ou mudança de residência por parte de pessoas da liderança ou de seus participantes, já não era mais praticado; o segundo tipo de informação era conotado enquanto suposições que não levavam a resultados concretos. Entretanto é preciso destacar que foram frases que começam com "eu acho" que me levaram a conhecer a manifestação que ocorre no povoado São Bento, apontando aqui essa expressão enquanto dificuldade e possibilidade dentro da pesquisa com grupos humanos.

Minha entrada em campo se deu em meados da quaresma de 2015, tendo como primeiro contato Euler[104], neto de Sr. Afonso (antigo líder dos

---

[103] Sendo estes: Frazão, Matias, Rocinha, Palmital, Corumbá, Córrego da Fábrica, Monsenhor João Alexandre (Cachoeira de Imamembé), Custódios, Machadinho, Ribeirão dos Cervos, Ribeirão São Vicente, Bocaina, Cachoeira dos Pios, Jacarandá, Formiguinha, São Bento, Bananal, Sobrado, Canjerana, Canoas, Ribeirão do Santinho, Souzas, Tombadouro, Vargem Alegre e Sete Lagoas (CARVALHO, 1992, p. 19).

[104] O contato com Euler foi proporcionado por Gibran Zorkot, meu primeiro professor de música, além de grande amigo e mentor.

encomendadores do povoado da Bocaina), o que me possibilitou uma fácil aproximação com o grupo, agendando com sua família dia e horário para que me recebessem para uma conversa sobre a então chamada "reza pras alma". Desse modo, meu primeiro contato com o ritual foi através dos encomendadores da Bocaina, já na última semana da quaresma do referido ano.

A primeira etapa do processo de etnografia foi realizada a partir de visitas ao campo de pesquisa, uma realizada na quinta-feira, 19 de março, e duas realizadas durante as duas últimas sextas-feiras da quaresma de 2015 (respectivamente dias 20 e 27 de março) para observação do ritual. A segunda, sob um planejamento mais cauteloso, estendeu-se por toda a quaresma de 2016 (entre os dias 12 de fevereiro e 18 de março), iniciando-se somente no povoado da Bocaina, mas agregando durante o percurso, respectivamente, os povoados Machadinho e São Bento.

O primeiro contato, devido ao seu caráter ainda especulativo, ilustrado por minha falta de experiência, visto que até então nunca havia realizado pesquisa de campo, apresenta, sem dúvida, falhas maiores do que o contato realizado na quaresma de 2016. Entretanto foi fundamental, pois como a *Encomendação das Almas* se trata de um rito quaresmal e que, portanto, só ocorre nessa época do ano, funcionou como ponto de contato com seus praticantes, possibilitando maior aproximação e até mesmo intimidade para uma coleta de dados mais sistemática e embasada, ocorrida em 2016.

Lembro claramente que antes de ingressar no curso de mestrado e ter acesso às reflexões propostas pelas disciplinas ligadas à linha de pesquisa *Música e Cultura*, havia em mim somente um desejo de documentação enquanto via para salvaguarda desse ritual[105], não enxergando as possíveis problematizações acerca disto e, principalmente, suas implicações positivas e também negativas nas vidas que promovem o rito.

A falta de sistematização e orientação em meu campo especulativo me levou a ter dados sem a devida organização, o que por algumas vezes, confundiu-me durante o processo de escrita. Entretanto, felizmente, nós, pesquisadores do século XXI, principalmente os que realizam coletas junto a pessoas não tão distantes, possuímos certa vantagem no momento de sanar dúvidas sobre fatos que ocorreram no decorrer da pesquisa. Digo isso em contraste ao etnomusicólogo clássico do século XX, que viajava para terras

---

[105] Acreditava, ingenuamente, que somente o trabalho de registro audiovisual seria suficiente como resultado de uma pesquisa, pois a minha então inexperiência como pesquisador não me permitia compreender que tais recolhas poderiam servir de fonte para a compreensão de aspectos da *Encomendação das Almas* que ocorre nos povoados do entorno de Cláudio (MG).

distantes e necessitava fazer um trabalho de campo extenso, coletando rigorosamente tudo o que pudesse para que, assim, quando regressasse, tivessem ao seu dispor materiais suficientes para sua escrita. Em minha coleta, contei com um aplicativo de gravação em meu telefone pessoal e, posteriormente, com esse mesmo celular, diante de dúvidas que ocorreram durante o processo de escrita, realizei ligações para meus interlocutores, sanando-as imediatamente[106].

De forma geral, o processo de recolha dos dados sobre os rituais de *Encomendação das Almas* que ocorrem nos povoados rurais do entorno de Cláudio (MG) se deu a partir de uma calendarização que, inicialmente, previa a pesquisa somente junto aos encomendadores do povoado da Bocaina, contudo essa calendarização foi alterada em função de minha tomada de conhecimento sobre a ocorrência do rito em locais como os povoados São Bento e Machadinho somente nas últimas semanas do trabalho de campo em 2016.

Quadro 4 – Calendarização do trabalho de campo nos povoados rurais do entorno de Cláudio (MG)

DATA	LOCAL DE PESQUISA	PROCEDIMENTO
20-03-2015	Bocaina	Entrevistas gravadas com as principais lideranças no âmbito da tradição.
27-03-2015	Bocaina	Observação do ritual e coleta de gravações no âmbito da celebração.
12-02-2016	Bocaina	Observação do ritual e coleta de gravações no âmbito da celebração.
17-02-2016	Bocaina	Observação do ritual e coleta de gravações no âmbito da celebração.
19-02-2016	Bocaina	Observação do ritual e coleta de gravações no âmbito da celebração.
24-02-2016	Bocaina	Observação do ritual e coleta de gravações no âmbito da celebração.
26-02-2016	Bocaina	Observação do ritual e coleta de gravações no âmbito da celebração.
02-03-2016	Bocaina	Observação do ritual e coleta de gravações no âmbito da celebração.

---

[106] É preciso salientar que, no âmbito da realização da coleta de dados, foram as relações pessoais — sobretudo de confiança e respeito — estabelecidas com os interlocutores ao longo do processo de pesquisa que possibilitaram a captação de informações durante as entrevistas e participação nas celebrações dos ritos.

DATA	LOCAL DE PESQUISA	PROCEDIMENTO
03-03-2016	Bocaina	Realização de entrevistas com participantes do ritual.
04-03-2016	Bocaina e Machadinho	Realização de entrevistas gravadas nos povoados da Bocaina e Machadinho. Nessa noite, devido a uma forte chuva, não houve celebração.
09-03-2016	Bocaina	Observação do ritual e coleta de gravações no âmbito da celebração.
11-03-2016	São Bento	Realização de entrevistas, observação do ritual e coleta de gravações no âmbito da celebração.
16-03-2016	Bocaina	Observação do ritual e coleta de gravações no âmbito da celebração.
18-03-2016	Machadinho	Observação do ritual e coleta de gravações no âmbito da celebração.

Fonte: elaborado pelo autor

Em acordo com as ideias expressas por Anthony Seeger (2008, p. 239), compreende-se que a etnografia da música não deve ser concebida como uma antropologia da música, uma vez que a etnografia é uma abordagem descritiva sobre um objeto ou campo de estudo — neste caso a reza cantada do ritual de *Encomendação das Almas* e o contexto que envolve sua realização — e que não se define a partir de linhas disciplinares ou perspectivas teóricas. No caso específico de uma etnografia da música, a descrição deve ir além do registro dos sons, sendo compreendido como a escrita sobre a maneira pela qual as pessoas fazem música, ou seja, o modo pelo qual concebem, criam, apreciam e performatizam os sons, levando em consideração a maneira com esses processos influenciam e são influenciados pela relação com o contexto social (SEEGER, 2008, p. 239).

Considerando que a etnografia da música deve estar ligada tanto à transcrição analítica dos eventos sonoros quanto à transcrição somente dos sons, devemos considerar, como apontado por Ângelo Cardoso (2016, p. 71-76), a transcrição dos sons como uma ferramenta importante para a pesquisa etnomusicológica — assim como Maria Alice Volpe (2016) e Diósnio Machado Neto (2016), embora a partir de um âmbito mais historiográfico, inferem a transcrição e análise como ferramentas específicas de estudos musicológicos — e que pode ser utilizada a partir de uma abordagem quantitativa.

Ângelo Cardoso (2016, p. 74) discorre sobre a eficácia da transcrição sonora por meio de signos gráficos elencando essa prática como um recurso fundamental para a análise e compreensão dos elementos sonoros em uma pesquisa, enquadrando a transcrição musical como ferramenta quantitativa da pesquisa etnomusicológica, evidenciando sua função enquanto representação e não como objeto em si, pois a representação gráfica do som em forma de transcrição musical — tida neste estudo como a partitura convencional — permite que o pesquisador evidencie aspectos os quais considera pertinentes à compreensão de seu trabalho e das sonoridades abordadas no seu trabalho, uma vez que não é possível ter o objeto de estudo — neste caso a reza cantada da *Encomendação das Almas* — completamente presente.

Nesse sentido, este estudo apresenta representações da reza cantada que foram observadas e coletadas por meio de gravações no âmbito da realização do ritual de *Encomendação das Almas* nos povoados da Bocaina, Machadinho e São Bento durante o trabalho de campo nas Quaresmas de 2015 e 2016. Tais representações são apresentadas em forma de transcrições musicais por meio da partitura convencional, linguagem comum no meio acadêmico musical brasileiro e também internacional. Contudo, na tentativa de promover uma maior aproximação com o campo estudado e interatividade entre texto e leito, são utilizados *QR-Codes*[107] como recurso tecnológico intermidiático que permite a integração entre mídias digitais e o papel impresso a partir de qualquer aparelho celular que possua uma câmera.

Assim, no âmbito deste trabalho, as transcrições apresentadas expressam apenas um retrato das rezas cantadas que ocorrem no âmbito do ritual de *Encomendação das Almas*, uma vez que, a cada celebração do rito e entoação das rezas, estas são apresentadas de formas distintas do que, em ocorrência anterior, havia sido observado. Aspectos como a regularidade de andamento, métrica e tonalidade não são observados como uma preocupação daqueles que realizam as celebrações, pois, estes, por sua vez, aparentavam maior preocupação com a pronúncia do texto e uma entonação capaz de evidenciar os aspectos da *reza/canto* que são responsáveis pela interação comunicativa entre aqueles que estão do lado de fora e dentro das casas, bem como com as entidades sobrenaturais que, segundo a tradição, também se envolvem no âmbito das celebrações.

---

[107] Os *QR Codes* ou *Quick Response* são códigos de barras bidimensionais que podem ser reconhecidos através de telefones celulares equipados com câmera. Estes podem ser convertidos em textos interativos, números de telefones, localizações georreferenciadas, e-mails, ou, como no caso deste trabalho, links de redirecionamento.

Desse modo, as transcrições não representam literalmente a música enquanto objeto, e tão pouco são apresentadas almejando passar-se por um retrato fiel do que ocorre na prática do rito, pois, segundo o que foi observado, em cada ocorrência do ritual os participantes entoam as rezas/cantos em um tom cuja escolha não é previamente determinada e nem segue um diapasão específico. Contudo é valido ressaltar que, conforme revelado pelas transcrições, embora as entonações melódicas não sigam um rigor tonal, é possível perceber certa uniformidade em relação às cadências empregadas nos finais. Assim, ao interpretarmos tais transcrições, talvez seja mais coerente consideramos uma maior coesão entre as relações intervalares dos motivos melódicos expressos do que propriamente os demais aspectos grafados que, consequentemente, tendem a enrijecer nossa percepção da fluidez musical que ocorre durante as performances do rito.

Para possibilitar maior aproximação e compreensão da atmosfera sonora da *Encomendação das Almas* que ocorre nos povoados do entorno de Cláudio (MG), neste trabalho, apresento a possibilidade de acesso às gravações coletadas durante a pesquisa. Contudo é importante ressaltar que estas foram selecionadas dentre um grande conjunto de possibilidades, compondo também parte essencial, mas não completa, do retrato realizado a partir do estudo sobre uma tradição antiga cuja qual, através deste livro, exponho os relatos de meus interlocutores e detalhes de minhas observações, com o objetivo de conduzir o leitor a uma aproximação daquilo que, dentro das minhas limitações, foi possível perceber, transcrever e apresentar no presente texto.

O contato inicial com o rito e com seus participantes

Trabalhei em Cláudio enquanto educador musical de 2013 a 2015, assim me aproximei de pessoas que me possibilitaram conhecer o ritual de *Encomendação das Almas*, como Euler, que é neto de Sr. Afonso, o morador mais antigo ainda vivo a participar dos ritos, e filho de Vera, que é filha de Sr. Afonso e participante do grupo que atualmente realiza os rituais no povoado da Bocaina. O contato com Euler aconteceu por intermédio do maestro e educador Gibran Zorkot[108], responsável também por meu contato com Eliza e Jota, seu marido. Tais pessoas, em sua generosidade,

---

[108] O senhor Gibran Zorkot, grande conhecedor da cultura popular mineira, foi a primeira pessoa a me indicar fontes sobre a existência do ritual de *Encomendação das Almas* na região de Cláudio (MG), visto que a essa altura lecionava música para Euler, possibilitando nossa primeira conversa sobre o tema.

acolheram-me amavelmente em sua residência durante todo o trabalho de campo realizado.

Eliza, pessoa ímpar, extremamente interessada pela cultura local, presidente da ONG (Organização Não Governamental) *Ipê Amarelo*, além de acolher-me em sua residência, fez questão de me acompanhar durante os momentos de coleta de dados em campo, tanto nas entrevistas quanto nas observações dos rituais. Sua presença, por ser uma pessoa amável e pertencer a uma família bastante conhecida na cidade, proporcionou-me, certamente, maior abertura com meus interlocutores; e foi também com ela que, durante os caminhos de volta entre os povoados e a cidade, partilhei diálogos que culminaram na maioria das reflexões presentes neste trabalho. Sem Eliza, certamente minhas dificuldades seriam redobradas perante as várias e imbricadas estradas de terra sem quaisquer placas indicativas durante todo o trabalho de campo.

Assim, em uma quinta-feira — dia 19 de março de 2015, por volta das 15h, partindo da casa de Eliza e Jota, guiado por eles —, visto que eu sequer sabia onde ficava o povoado da Bocaina, somente conhecia sua fama de lugar longínquo, segui na esperança de encontrar os nomes indicados por Euler, sendo estes, sua mãe, Vera, seu avô Afonso, e sua vizinha Suelene, que, segundo ele, atualmente, era uma das pessoas que promoviam a reza no povoado.

Ao chegarmos no povoado da Bocaina, depois de um trajeto que durou aproximadamente 40 minutos de carro, fomos à casa da família de Euler, no entanto, não encontramos quem procurávamos. Ao chamarmos por Vera e Sr. Afonso, fomos atendidos por Rosilene, irmã de Vera e filha de Sr. Afonso, que nos informou que ambos estavam em um evento religioso. Ao perguntarmos sobre Suelene, prestativamente, Rosilene indicou-nos o caminho até o bar de seu marido, existente na principal via do povoado, onde encontramos Suelene, que nos finais de semana o auxilia trabalhando como cozinheira. Suelene foi, portanto, a primeira pessoa com quem conversei no povoado da Bocaina a respeito da *Reza das Almas*. O contato com ela — realizado na tarde de 15 de março de 2015 — foi o ponto de partida para agendar uma visita para realizar a observação do ritual na sexta-feira seguinte, dia 20 de março.

Na entrevista informal cedida, Suelene referiu que no povoado da Bocaina ainda não se havia realizado a *Encomendação das Almas* em nenhum dia daquele ano, pois, segundo ela, a mocidade ainda não a havia procurado para tal. Explicou que, nos últimos anos, alguns jovens do povoado vinham procurando-a, bem como dona Nazaré (também figura de liderança do grupo), para a realização do ritual[109], mas, em 2015, não houve tal procura. Foi também relatado por Suelene que o grupo que, naquela ocasião, realizava o rito no povoado possuía aproximadamente 10 participantes, sendo que, pelo menos, cinco, eram jovens. Embora esses jovens não soubessem entoar os versos cantados na *Encomendação*, ajudavam a compor o cortejo e auxiliavam no coro que tem o papel de entoar versos em resposta aos versos da *encomenda* e, principalmente, auxiliavam confeccionando os berra-bois[110].

Dentre alguns aspectos presentes no rito expresso na Bocaina, Suelene descreveu que as celebrações ocorrem nas noites de quartas e sextas-feiras da Quaresma — não realizam o rito na Semana Santa devido aos outros eventos típicos que ocorrem nessa ocasião — e que, em cada uma dessas noites, o grupo que realiza as rezas deve entoar cânticos pedindo orações em um determinado número ímpar de casas (geralmente cinco, sete ou nove), caminhando, em cortejo, de uma para outra não podendo conversar e, principalmente, sem olhar para trás[111].

De acordo com Suelene, há noites em que as rezas são cantadas em casas mais distantes e/ou até mesmo comunidades vizinhas, assim, nessas ocasiões, quando a distância a ser percorrida é demasiada para que se faça o trajeto a pé, solicitam a algum vizinho que, geralmente que possua Kombi, caminhonete, caminhão, ou qualquer veículo em que seja possível transportar um número maior de pessoas, para levar o grupo até o local pretendido. Em tais ocasiões, as celebrações são realizadas mediante aviso prévio para que os moradores possam tomar providências quanto a não trancar porteiras, prender cachorros, preparar uma refeição (geralmente café, chá, biscoito, pães, bolo, dentre outros) e até mesmo se programar para — após a reza diante de sua residência — acompanhar o grupo em cortejo.

---

[109] Segundo o que pude constatar, a juventude possui sim um interesse em participar do evento, entretanto este parece estar mais vinculado à aventura que é andar a noite pelas ruas e estradas de terras que perpassam pelo povoado do que propriamente à devoção para com as almas e à realização de sufrágios.

[110] Dentre os jovens que conheci durante as observações, somente Leandra (neta de dona Nazaré) participou em todas as celebrações, sendo inclusive instigada a liderar o grupo e surgindo como principal motivadora (e também motivo) para a inserção de outros jovens no grupo que promove os rituais, uma vez que, segundo pude observar, estes outros são, normalmente, seus colegas de escola e de convívio cotidiano.

[111] Em sua fala, Suelene destaca que mesmo que, segundo os ensinamentos mais antigos, não seja permitido olhar para trás e que quem o faz está sujeito a ver as almas e receber algum castigo pelo abuso, os participantes que compõem seu grupo olham para trás e não veem nada e, assim, atribui o termo "lenda" às menções dos antigos sobre tais visões. Tendo em vista que Suelene atualmente é uma das figuras de liderança da *Encomendação das Almas* no povoado da Bocaina, é possível percebermos a forma como os valores e significações atribuídos a atos do ritual têm se modificado com o passar dos anos, mensurando, ao menos em nível local, o que tem permanecido enquanto tradição e o que tem sido modificado.

Suelene informou que a *Encomendação das Almas* é muito antiga no povoado da Bocaina, entretanto, mesmo sem conseguir nos propiciar uma noção temporal mais precisa, relatou que a maior parte das pessoas que participavam das celebrações já havia falecido, inclusive a senhora Luia[112] que, conforme relatado, foi a principal pessoa responsável por ensinar os cânticos e procedimentos do ritual para os atuais participantes que realizam a celebração no povoado.

> *Quase todo mundo que saía já morreu [...] a gente aprendeu foi com essa Luia, mas tem uns quatro anos que ela já morreu. Ela fazia desde antigamente, daí um dia, a gente comentando alí na pracinha, ela chamou. Aí a é gente muito curioso, né?* (Relato cedido por Suelene em 15 de março de 2015).

Suelene mencionou que embora exista somente uma música — referindo-se ao texto que é cantado —, há variadas formas de cantá-la, reforçando que "são vários tons" ou melodias sobre as quais se entoa o texto. Entretanto Suelene informou que o grupo aprendeu a entoar com Luia, mas o texto, bem como a melodia que é entoada nos rituais — e também a que foi cantada individualmente pela maioria de seus participantes individualmente — é bastante similar ao *canto/reza* entoado por Sr. Afonso (embora ele não o tenha entoado completamente, foi possível perceber que se trata do mesmo observado na maior parte dos rituais na Bocaina), havendo, contudo, variações em algumas palavras do texto que, consequentemente, afeta também, a rítmica da reza cantada, mesmo que de forma discreta.

Quando Suelene demonstrou o *canto/reza* que, segundo ela, antigamente Luia entoava, em um primeiro momento, pude perceber somente uma variação de tonalidade (ascendente) e a alteração de algumas palavras (fato recorrente nas rezas entoadas durante as entrevistas), pois nitidamente os versos de ambos os *cantos/rezas* tratavam do mesmo assunto e, em uma primeira audição, pareceram-me possuir construção bastante similar. Assim, foram necessárias algumas escutas e análises posteriores, a partir das gravações realizadas, pois, até que eu me acostumasse com o cântico, soava-me tudo demasiadamente semelhante, sendo difícil, somente em meio às entrevistas e à participação enquanto observador durante as realizações do rito, perceber as variações de nuances da melodia vocal e no

---

[112] Em 2015 descobri que Luia nem sempre viveu na Bocaina, mas meus interlocutores locais não sabiam me informar sobre o local no qual esta havia vivido anteriormente. Em 2016, ao conhecer Sr. Bêjo no povoado de Machadinhos, foi-me relatado que Luia residira por ali e que, anos atrás, ela *encomendava almas* juntamente com seu grupo e que, ao se mudar para a Bocaina, teria levado também aspectos da tradição.

texto que, representavam para os participantes, *cantos/rezas* considerados como completamente distintos.

Desse modo, é possível considerar duas possibilidades: 1) que os encomendadores percebem a mudança de tonalidade — entoar mais agudo/alto ou mais grave/baixo — ou a variação de uma palavra ou outra como uma característica que faça um mesmo *canto/reza*, a partir dessa mudança, passar a ser considerado como outro; 2) ou que, no momento da entrevista, a interlocutora simplesmente não se recordou sobre a forma pela qual o *canto/reza* era entoado por Luia. Entretanto, mesmo de um *canto/reza* para o outro, as relações rítmicas, intervalares e textuais são demasiado próximas, o que dificulta para o pesquisador, no momento imediato do campo, diferenciar e, sobretudo, compreender tais nuances, sendo crucial a utilização de equipamentos de gravação.

Durante meus processos de análise do material coletado, principalmente nos momentos em que era necessário discriminar uma reza cantada de outra, enfrentei dificuldades em compreender como os encomendadores as diferenciam, uma vez que, muitos dos participantes, ao entoarem uma reza cantada considerada por todos como "a mesma", a entoam, a cada repetição, com diferenças consideráveis em relação à tonalidade, ao ritmo, ao andamento e, às vezes, até mesmo com pequenas variações da letra e de alguns motivos melódicos. Assim, neste trabalho, apresento, a partir de transcrições musicais, um retrato daquilo que, mesmo diante das limitações e filtros de minha percepção, foi possível considerar como rezas cantadas do ritual de *Encomendação das Almas*, sempre em constante análise dos materiais gravados e contato com meus interlocutores, tentando compreendê-los melhor, uma vez que, de acordo com Glaura Lucas (2014, p. 29), "a busca de aproximação do universo cultural do outro significa ampliar a experiência cultural própria".

Segundo o relato de Suelene, naquele momento, somente um *canto/reza* era entoado nos rituais que ocorriam no povoado da Bocaina, pois é o mais conhecido, principalmente pelos participantes mais velhos. Os jovens, embora não o conheçam completamente, auxiliavam cantando a parte do refrão.

Eu vou cantá um pedacinho pra vê se ceis conhece.

Alerta, pecador alerta!

Desse sono adormecido

Lembra das benditas almas

Que estão no céu esquecidas

Aí o coro responde:

Reza, reza, reza, reza.

Reza pelo amor de Deus

Aí depois a gente continua repetindo:

Reza mais um Pai Nosso

Também uma Ave Maria

Prás almas do Purgatório

Reza pelo amor de Deus

Aí primeiro a gente canta e o coro torna repetir:

Reza, reza, reza, reza...

Aí quem sabe canta o refrão, quem não sabe só canta o coro. Aí assim, são três versos. A gente canta primeiro pra acordar a pessoa. A pessoa acorda, senta na cama, respeitosamente, sabe? E reza. Aí depois a gente pede pra rezá pras almas que estão no céu esquecidas. A pessoa torna rezá. Aí a gente dá um tempinho assim de uns três minutos e torna pedir pras pessoas rezá pro seus parenti:

Prás almas dos seus parentes

Senhora da boa morte... (Relato cedido por Suelene em 15 de março de 2015).

Na ocasião da entrevista, Suelene, de forma tímida e gentil, entoou o *canto/reza* que, segundo ela, é mais fácil do que o *canto/reza* que era entoado por Luia e, portanto, atualmente é entoado durante a *Encomendação das Almas* realizada por seu grupo no povoado da Bocaina. Em cada estrofe, os versos que compõem o texto foram entoados sobre frases melódicas idênticas, sendo que, inclusive a parte que compete ao coro entoar, possui a mesma melodia dos versos, assim, quem conhece o texto o entoa, quem não conhece entoa a parte do coro. De acordo com as palavras de Suelene, *"quem sabe canta, quem não sabe só responde"*.

Exemplo 8 – Melodia do *canto/reza* de pedidos da Encomendação das Almas realizada no povoado da Bocaina entoada por Suelene

Fonte: transcrição elaborada pelo autor

No ano de 2015, a primeira observação do rito foi marcada para dia 20 de março, primeira noite que fui ao povoado — até essa data os encomendadores ainda não haviam se reunido para "rezá pras alma" na Quaresma daquele ano, o que demonstrou um cenário de desmotivação por parte das pessoas que praticam o rito na comunidade —, mas devido a uma forte chuva, que teve início aproximadamente às 21h15 e se estendeu por boa parte da noite, impedindo a realização do rito que teria início às 22h a partir do encontro dos encomendadores na pracinha existente detrás da Igreja Senhor Bom Jesus de Bocaina (local central no povoado), a celebração não ocorreu. Nessa noite, portanto, realizei a primeira entrevista gravada, na residência do casal Rosa e Reginaldo, enquanto eu aguardava a chegada de Sr. Afonso à sua residência (situada ao lado da casa destes que são respectivamente sua filha e genro), foi mencionado por Rosa que *"esse ano eles tão demorando a passa"*, ilustrando que, naquele ano, provavelmente ainda não havia sido realizado nenhum ritual de *Encomendação das Almas* no povoado.

Portanto, no dia 20 de março de 2015, foram realizadas somente entrevistas informais com membros da família do Sr. Afonso, dono da matraca utilizada nas "rezas pras almas" que ocorrem no povoado e antigo encomendador, desde sua infância, mas que, atualmente, já não encomenda mais. Durante toda pesquisa realizada nas quaresmas de 2015 e 2016, Sr. Afonso não participou de nenhum ritual de *Encomendação*. Assim que chegava ao povoado, dirigia-me até sua casa e fazia questão de convidá-lo para se juntar ao grupo e, na sequência, indagá-lo sobre a resposta negativa que proferia acompanhada de um ligeiro sorriso. Era recorrente responder-me *"ah, hoje eu num vô não sô"*, mas para cada dia, havia uma explicação diferente. Um dia era cansaço, outro dia dor, indisposição, depois alegava estar *"distrenado a cantá coêzi"* e, outrora, a não saber o ritmo ou a melodia entoada pelo grupo que atualmente realiza o rito etc. Considero que a idade avançada de Sr. Afonso, que pairava em torno dos 80 anos, poderia realmente interferir em sua participação no rito, entretanto não foi possível averiguar concretamente qual a razão de sua desmotivação[113].

Em sua primeira entrevista, cedida na noite de 20 de março, informou que começou a encomendar almas seguindo sua mãe que "saía" junto com algumas vizinhas, *"Artiva, Geralda, dona Tereza e Tereza veia"*, que, segundo sua fala, já vieram a falecer. Durante todo seu relato, não menciona quem seria a figura de liderança do grupo daquela época, mas sugere que "as cabeças" seriam sua mãe, dona Ativa e dona Geralda, pois elas "é que juntava a turma". Ao ser indagado sobre quem haveria ensinado sua mãe e as demais, Sr. Afonso informou não saber, mas apresentou várias descrições sobre os procedimentos que devem ser adotados durante o ritual, entretanto, sem fazer distinções temporais claras sobre o tempo em que seguia sua mãe e o tempo em que passou a ser o matraqueiro do grupo que realizava encomendações no povoado da Bocaina.

Seu relato me trouxe uma noção da importância que, segundo ele, o rito tem, pois o menciona enquanto *"uma relíquia de antigamente"*, reforçando a fé na necessidade de rezar para as almas *"encomendando pra eza, rezando em intenção deza"* e que o ritual *"num pode passá da meia-noite"*. Assim, apresentou dados referentes à forma operacional do ritual que realizava em seu tempo de matraqueiro, permitindo-me refletir através de suas palavras, o respeito com que o rito era praticado, fazendo contraste com a forma que, segundo sua própria percepção, o rito tem sido realizado atualmente no povoado.

> *Tem que tê muito respeito né, tem que tá caladinho, nem pode tá cochichando, é caladinho, sai caladinho [...] Agora hoje, pelo que eu vejo, êzi sai falando na mó artura, rino, conversano, e num pode. No meu tempo num tinha isso não, até o povo da casa té assustava, chegava sem fazê baruio, caladinho, num tinha cuversa nenhuma não, só cantava, ufiricia, ufiricia aquela reza lá e saía caladinho* (Relato cedido por Sr. Afonso em 20 de março de 2015).

Dentre os principais pontos dos procedimentos a serem adotados no ritual, Sr. Afonso, além de enfatizar a necessidade do respeito e devoção

---

[113] Durante as entrevistas concedidas, Sr. Afonso apresenta demasiadas queixas sobre o atual comportamento das pessoas que praticam o rito no povoado, e aparenta não concordar com muitas dessas ações e, portanto, opta por não participar. Extraio de sua primeira entrevista cedida em 20 de março de 2016 a seguinte expressão: *"os novato hoje faiz uai, faiz mais num é da tradição antiga não"*. Através de suas palavras e devido à forte devoção que demonstra possuir, pareceu-me que ele prefere não participar do rito ao invés de realizar uma prática que considera imprópria e que, por consequência, poderia desagradar às almas ou contradizer sua noção de sagrado.

durante sua prática, relatou que as orações em prol das almas acontecem fora, *"nos terreiro"*, e dentro das residências diante das quais o grupo faz as paradas e que, segundo sua filha, Rosa, *"reza a Bocaina inteira, menos nas casas daqueles de outra religião, pois, como aqui é pequeno, eles não gostam, então não vai"*.

Em relação à reza que era cantada, Sr. Afonso diz que atualmente não se faz como no seu tempo. Aponta essa diferença como uma das principais discrepâncias entre as práticas antigas e atuais, relatando que algumas frases, bem como o ritmo estão diferentes. Entretanto, nesse momento, pedi para que ele entoasse a antiga reza cantada, a qual, timidamente, teve seus primeiros versos cantados por nosso interlocutor: *"Alerta, pecadô alerta, desse sono adormecido"*, sendo estes, segundo minha percepção, melódica e ritmicamente semelhantes aos versos entoados pelo grupo que atualmente promove o ritual, entretanto, Sr. Afonso cantou, nesse momento, somente o início do cântico, o que torna possível a existência de uma discrepância nas partes seguintes conforme o mesmo sugere em seu relato.

Em meio à entrevista, juntou-se a nós Vera (mãe e Euler e filha de Sr. Afonso), que antigamente encomendava almas com seu pai e atualmente participa dos rituais com o grupo que atualmente realiza as celebrações nas ruas do povoado. Vera entoou o cântico de *Encomendação das Almas* que aprendera com o pai.

> Alertai irmãos devotos
> Deste sono, irmão da morte
> Vera diz: "Aí esse pedaço eu esqueci, mas segue assim ó"
> Para rezá um Padre Nosso
> E também uma Avé maria
> Na intenção daquelas almas
> Que estão em agonia
> Vera diz: "Aí a gente para"
> Rosa diz: "Aí a gente tem que rezá, nois (dentro de casa)"
> Vera diz: "Aí depois nois faiz"
> Reza, reza um Padre Nosso
> E também uma Avé maria
> Vera diz: "Aí a gente dá um tempo" (Relato de Vera e Rosa em 20 de março de 2015).

Sr. Afonso, que estava ao lado da filha, confirmou ser esse mesmo o cântico entoado antigamente, ou algo bem próximo a isso (entretanto a versão cantada por ele, antes da chegada da filha, é similar à cantada por

Suelene). Podemos observar que a versão do *canto/reza* entoado por Vera é bastante similar à entoada por Suelene — identificado como *canto/reza* ensinado por Luia —, principalmente em relação à melodia (Exemplo 2), apresentando diferenças maiores em relação ao texto (Quadro 5).

Quadro 5 – Relação entre os cantos/rezas entoados por Vera e Suelene

Canto/reza entoado por Vera	Canto/reza entoado por Suelene
Alertai irmãos devotos	Acordai irmãos devotos
Deste sono irmão da morte	Deste sono adormecido
Pra rezar um Padre Nosso	Pra lembrar daquelas almas
E também uma Ave Maria	Que estão no céu esquecidas
Na intenção daquelas almas	Reza, reza, reza, reza.
Que estão em agonia	
Reza, reza, um Padre Nosso	
E também uma Ave Maria	

Fonte: transcrição elaborada pelo autor

Exemplo 9 – Comparação entre *canto/reza* entoado por Vera e por Suelene (ensinado por Luia)

Fonte: transcrição elaborada pelo autor

Exemplo 10 – Comparação entre partes do coro entoadas por Vera e Suelene (ensinadas por Luia)

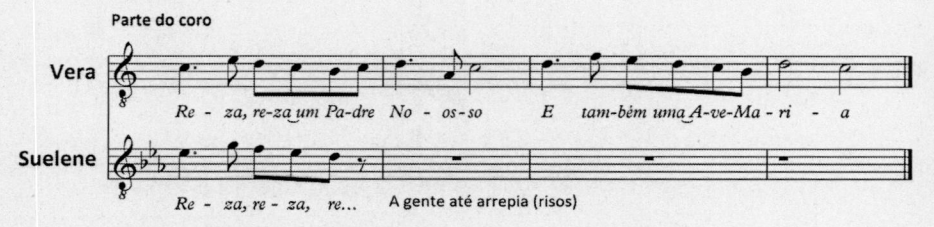

Fonte: transcrição elaborada pelo autor

Através das transcrições dos *cantos/rezas* entoados por Vera e Suelene (Exemplos 9 e 10), é possível perceber que embora entoadas em tons distintos — sendo *Dó maior* (*C*) e *Mi bemol maior* (*Eb*) — e conterem pequenas variações entre seus aspectos estruturais e textuais, essas duas melodias podem corresponder a um mesmo *canto/reza*, ou a um *canto/reza* composto a partir de memórias semelhantes, mesmo que Suelene tenha se referido a este como ensinado por Luia e Vera tendo o relatado como canto que era entoado por Sr. Afonso (e Sr. Afonso confirmando), é possível que, no decorrer dos anos, em meio às interações entre os participantes, as letras e melodias tenham passado por várias dinâmicas de transformação.

Entretanto, tendo em vista que, segundo minha observação, para essas pessoas o texto (ou o sentido e função de suas palavras) é tido como principal referência sobre o *canto/reza* estar ou não correto, assim, tendo em vista que o texto entoado cumpre o papel de canto/reza de pedidos, solicitando aos receptores devotos que realizem preces por determinados tipos de almas, pode ter sido o ponto crucial para que Sr. Afonso o considerasse correto, expressando durante o cantar de Vera, "é isso mesmo ó".

Podemos refletir também sobre o fato de que Vera, atualmente, também é participante do grupo de Suelene e, anos atrás, chegou a sair com o grupo de Luia somente por uma vez. Assim, considerando que cantar diante de mim, até então um estranho, tenha sido algo constrangedor, não podemos descartar a hipótese de uma possível tensão gerada pela ocasião, confundindo Vera e Sr. Afonso sobre o canto que cantavam no tempo em que Sr. Afonso liderava o grupo, pois, quando sozinho, ele entoou os versos, era um *canto/reza* bem mais semelhante com a primeira versão cantada por Suelene (Exemplo 8) e dita como atual *canto/reza* das manifestações do povoado por ser mais simples de assimilar.

Durante a entrevista informal realizada com Vera, ela saudosamente informou que começou a seguir a *Encomendação das Almas* motivada, inicialmente, pela curiosidade quanto ao que o pai fazia durante determinadas noites da Quaresma e, segundo ela, ao perceber como ocorria a devoção e por ter achado a reza muito bonita, passou a integrar o grupo de Sr. Afonso e a participar frequentemente das celebrações.

Vera, em seu relato, salientou aspectos simbólicos da devoção e também procedimentos bastante semelhantes aos descritos anteriormente por Suelene e por Sr. Afonso, enfatizando os aspectos referentes ao medo, ao respeito e à interação entre os que proferem a *Encomendação* e os que a recebem do lado de dentro de casa. Segundo ela, quando não está participando como encomendadora e ouve a matraca, já logo apaga qualquer luz que esteja acesa em sua residência, mesmo que não tenha certeza se o grupo de encomendadores está diante de sua casa ou nas proximidades. Afirmou ser um comportamento típico daqueles que conhecem o rito e estão acostumados a recebê-lo diante de suas residências.

Nessa ocasião, fui informado também que, embora atualmente o ritual ainda permaneça em atividade no povoado, a prática do mesmo sofreu alguns hiatos por períodos de tempo que durante toda a pesquisa ninguém soube descrever com precisão as datas e nem mesmo as durações dessas interrupções, entretanto, o ritual de *Encomendação das Almas* no povoado da Bocaina aparentemente passou por diferentes fases, descritas por meus interlocutores como "tempo":

1. Tempos dos antigos (anterior a Sr. Afonso);
2. Tempo de Mãe de Sr. Afonso, dona Geralda e dona Altiva;
3. Tempo de Sr. Afonso e contemporâneos;
4. Tempo da Luia;
5. Atualidade (Dona Nazaré, Suelene e Vera).

Durante boa parte da pesquisa de campo, busquei informações sobre como seria a prática de *Encomendação das Almas* nos tempos anteriores ao que Sr. Afonso e seus contemporâneos realizavam o ritual no povoado para que, curiosamente, pudesse compreender qual teria sido a origem da prática dessas celebrações na região e consequentemente poder proceder com análises que comparassem essas práticas, permitindo-me compreender quais os tipos de transformações ocorridas ao longo dos anos. Entretanto tais informações podem já ser inacessíveis a partir das fontes orais uma vez que, em 2016 (ano seguinte ao contato inicial com Sr. Afonso), tive a oportunidade de entrevistar o Sr. Antônio Felipinho[114], que, com seus 106 anos de vida, afirmou não ser capaz de me informar quando o ritual teria tido início no povoado da Bocaina, referindo-se à prática, para minha surpresa, como algo do "tempo dos antigos".

De acordo com o que pude perceber, a partir dos relatos, nenhum dos interlocutores desta pesquisa soube informar com precisão a quantidade de anos que durou cada uma das interrupções da prática do rito, nem mesmo o último hiato temporal, consequente à morte de Luia. Entretanto a observação e análise dos relatos me permitem inferir que, no âmbito da *Encomendação das Almas* na Bocaina, cada volta à prática trouxe consigo um cariz de recomeço, pois integrantes que haviam participado do tempo anterior passavam a assumir um protagonismo didático com o grupo que assumiria o ritual no tempo seguinte, transcendendo elos além do familiar ou comunitário, como no caso de Luia, que viveu um tempo anterior em outra localidade, na qual vivenciou a *Encomendação* e, mais tarde ao se mudar para Bocaina, encontrou lá similaridades históricas, dando continuidade às suas memórias, ressignificando-as junto à tradição local da Bocaina.

Figura 35 – Organograma dos "tempos" da *Encomendação das Almas* no povoado a Bocaina

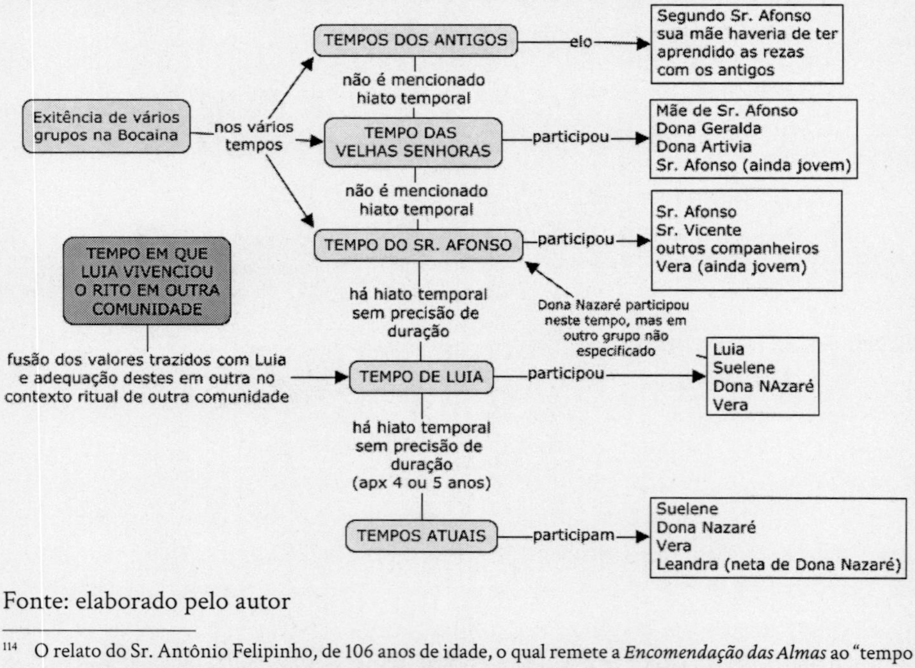

Fonte: elaborado pelo autor

---

[114] O relato do Sr. Antônio Felipinho, de 106 anos de idade, o qual remete a *Encomendação das Almas* ao "tempo dos antigos" foi para mim demasiado surpreendente, pois esse senhor foi a fonte viva mais antiga a qual tive contato e se demonstrou incapaz de me informar sobre a origem desse ritual na região que hoje conhecemos como Bocaina. Sr. Felipinho remeteu a prática ao "tempo dos cativos", entretanto não ofereceu detalhes sobre sua recorrência em tal período temporal.

A influência de Luia no grupo que atualmente realiza a *Encomendação das* Almas na Bocaina é nítida, uma vez que as principais lideranças dessa formação atual foram suas companheiras no tempo em que a prática foi retomada no povoado. Segundo Suelene, foi a partir de uma conversa sobre o que antigamente (referindo ao tempo de Sr. Afonso) existia na Bocaina que essa celebração nas noites da Quaresma foi proposta por Luia, a retomada do ritual que, em ocasião, reunia os conhecimentos de Luia, adquiridos em outra realidade comunitária, as memórias de Suelene e dona Nazaré que, através de Vera[115], conseguiram a matraca com Sr. Afonso e retomaram a prática juntamente com Luia até seu falecimento. Suas contribuições vão desde o fomento da tradição à ampliação do repertório local, consequência da fusão de duas realidades de tradição, a já existente na Bocaina e a trazida por Luia.

Como podemos observar a partir do organograma apresentado (Figura 35), houve tempos em que a prática da *Encomendação das Almas* ocorria por meio de mais de um grupo, entretanto, não obtive detalhes sobre as dinâmicas que ocorriam entre estes e a forma pela qual se organizavam, embora seja possível perceber que, a partir da forma como vários nomes são citados nos relatos de meus interlocutores, esses grupos não eram homogêneos e, provavelmente, havia intercâmbios entre seus membros, pois as relações no âmbito do ritual que ocorre na Bocaina, aparentam ocorrer muito mais por afetos sociais do que por parentesco ou tradição familiar.

Sobre os grupos antigos, conta-se que eram compostos por pessoas de mais idade e que, principalmente devido ao medo, era pouco comum a presença de jovens nas celebrações. Em relação aos aspectos sonoros, segundo relatos de Sr. Afonso, todos os grupos tinham a mesma música — entretanto parece referir-se ao texto que é entoado — e o que variava de um para o outro era o jeito de cantar, *"uns cantavam mais rápido e outros mais devagar, uns cantavam grosso e outros cantavam fino"*[116]. Tal relato nos permite pensar sobre a possibilidade de que, em tempos atrás, houve várias nuances sonoras em torno do *canto/reza de pedidos* das várias *Encomendações das Almas* que antigamente rondavam pelo povoado da Bocaina, mas que, devido à falta de registro e/ou por meio de processos de seleção e transmissão da memória, caíram em desuso e esquecimento.

---

[115] Segundo ela, no tempo de Luia, teria participado da *Encomendação* junto a esse grupo somente durante um dos anos, mas não informou qual.

[116] De modo geral, os encomendadores tratam as diferentes maneiras de cantar como "tom".

Durante minha curta estadia no povoado da Bocaina em 2015, pude perceber que atualmente a principal figura do ritual de *Encomendação das Almas* era dona Nazaré (63 anos), então matraqueira e principal orientadora das pessoas que participam da celebração, inclusive de Suelene. Estive com dona Nazaré pela primeira vez em 15 de março de 2015 e a partir de seu relato percebi que ela havia sido a principal pessoa a manter o rito em atividade após o falecimento de Luia, mesmo que entre o ano de sua morte e a retomada do grupo atual tenha havido um hiato temporal. Segundo Nazaré, sua participação na *Encomendação* se dá *"desde o tempo em que era solteira nóis andava com as pessoas, como se diz, as pessoas com que eu aprendi Deus já até levou"*.

Dona Nazaré comenta ter aprendido sobre o ritual com uma pessoa chamada Geralda — o que me remete à dona Geralda mencionada por Sr. Afonso como pessoa que participava da *Encomendação* juntamente com sua mãe —, entretanto, não obtive dados que comprovassem se tratar da mesma pessoa. O fato de ambos terem aprendido com uma pessoa denominada Geralda chamou-me a atenção principalmente por, tanto dona Nazaré quanto Sr. Afonso, terem entoado a mesma melodia quando, individualmente, solicitei-lhes que cantassem. Nazaré reconhece também o canto de Luia e menciona sua utilização nos ritos, entretanto diz que *"depois que a Luia morreu, nóis continuamos com a reza que tinha mais costume"*, fazendo referência ao *canto/reza* semelhante ao mencionado por Sr. Afonso e entoado por Suelene durante as entrevistas (Exemplo 8).

No que diz respeito ao tempo mais recente, pude perceber que, além de possuir a devoção de que suas *rezas/cantos* fazem bem às almas, dona Nazaré é motivada também pela participação dos netos[117], principalmente Leandra, que a auxilia na confecção de berra-bois e convida colegas e vizinhos para participar nas caminhadas, as vezes longas, para que se *cante/ reze* em prol das almas no povoado da Bocaina e "roças" localizadas em seus arredores. Segundo Nazaré, *"os menino até perguntou: nois vai rezar pras alma esse ano, vó?"*.

Sobre a realização do ritual, dona Nazaré informa que, quando o grupo decide realizar as encomendas diante de casas dentro da região mais urbanizada do povoado, ela e Suelene escolhem por quais residências o

---

[117] Para dona Nazaré, é importante que os encomendadores mais velhos mantenham a tradição e incitem os mais jovens a participar. Segundo ela, após a morte de Luia, vendo que as celebrações do rito haviam parado, falou para os demais: *"vamos sair para deixar pros mais novo que invém"*. Assim, Nazaré demonstra-nos sua preocupação com a continuidade da tradição que, ainda segundo ela, *"tá acabando"*.

grupo que deverá passar em cada noite considerando as quais os moradores já conhecem e apreciam a celebração e também aqueles que não agradam de receber o rito. Ela e Suelene partilharam que algumas pessoas não gostam por terem medo, mas que, geralmente, são os moradores evangélicos quem demonstram até mesmo certo repúdio à realização da prática e que, para evitarem problemas, deixaram de realizar a *Encomendação* em casas próximas de onde estes residem e/ou até mesmo deixam de realizar o rito em determinadas ruas a partir da qual estes possam ouvir as rezas cantadas e se sentirem incomodados.

Além da resistência e não aceitação por parte dos evangélicos, os rituais que ocorrem na área mais urbanizada do povoado enfrentam outros desafios, vistos pelos encomendadores como sérias interferências na tradição, sendo estes os jogos de futebol que geralmente são transmitidos pela televisão nas noites de quarta-feira e as "farras", bebedeiras e festas promovidas por alguns moradores do povoado[118] que, nos últimos anos, mesmo na Quaresma, ocorrem durante as sextas-feiras.

Segundo dona Nazaré, foi-lhe ensinado que a *Encomendação das Almas* deve terminar até a meia-noite, pois após esse horário já não é mais quarta e/ou sexta-feira, desse modo, o grupo combina de se reunir detrás da igreja por volta das 22h, para que dali saiam em cortejo pelas ruas do povoado, seja nas áreas mais urbanizadas ou nas "roças" existentes pelos arredores. Nas quartas-feiras, no horário que compreende entre 22h e meia-noite, está sendo transmitido jogo de futebol e, assim, é necessário que os encomendadores, a partir da observação da existência de luzes no interior das residências, escolham se vão ou não naquela casa, pois o morador pode ainda não ter se deitado e esteja assistindo ao jogo. Já nas celebrações que ocorrem na sexta-feira, ainda segundo dona Nazaré, o desafio é evitar passar diante das casas em que está havendo alguma "farra", assim, os encomendadores são obrigados a, durante o ritual, modificarem a rota definida para o trajeto do cortejo ou até mesmo se afastarem do povoado.

Além dessas dificuldades, dona Nazaré relatou que fatores como a iluminação pública, os bares, o hábito que as pessoas têm adquirido de assistir televisão até tarde e a internet, têm também gerado interferência na tradição da *Encomendação das Almas* no povoado, pois, diferentemente

---

[118] Em Cláudio (MG), bem como nos povoados em seu entorno, é comum que os moradores, sem a opção de muitas atrações de lazer, promovam festas e bebedeiras em suas residências. Esses acontecimentos são localmente denominados como "farras" e, segundo meus interlocutores, têm se intensificado nos últimos anos, contendo agora som alto, elevado nível de ingestão de bebidas alcoólicas e até mesmo drogas.

de antigamente, nos últimos anos os moradores do povoado têm passado a dormir cada vez mais tarde, dificultando a escolha das casas para que se faça o ritual, dado que, segundo a tradição local e a letra do canto ilustra, chega-se nas casas quando os moradores já estão dormindo.

Nesse primeiro contato com os encomendadores do povoado da Bocaina, alguns pontos me chamaram a atenção: 1) o fato de terem me dito que as rezas deveriam ocorrer todas as quartas-feiras e sextas-feiras da quaresma, mas, no entanto, terem agendado comigo somente duas sextas (20 e 27 de março); 2) o fato de até essas datas, em 2015, não terem se organizado para a realização do rito, tendo-o feito quase que exclusivamente para que eu pudesse conhecer e registrar com recursos de gravação audiovisual; 3) e o fato de que, durante a primeira conversa com Sr. Afonso, quando este se referiu à "turminha nova", que estava promovendo as encomendações, foi imediatamente interrompido por seu genro, Reginaldo, que se manifestou dizendo que as ações de tal grupo tratavam-se apenas de *fogo de paia*, o que poderia significar que as práticas atuais seriam movidas por uma empolgação, abrindo margens para discussões sobre a legitimidade dos procedimentos ritualísticos registrados enquanto representativos da tradição no local, ou até mesmo sobre posterior continuidade e manutenção.

Dentre as várias informações coletadas nesse contato inicial, percebi que em 2015 o grupo de encomendadores do povoado da Bocaina ainda não havia realizado as celebrações de *Encomendação das Almas* daquele ano até a minha visita (já no final do tempo quaresmal) e que foi somente a partir do pedido de Euler que os principais participantes que atualmente tomam frente na realização do ritual (Suelene, Nazaré e Vera e Sr. Afonso, antigo encomendador) e me receberam para conversar sobre sua tradição e prática e realizar as rezas, mesmo que somente por uma noite (27 de março de 2015), para que eu pudesse conhecer e realizar registros audiovisuais. Foi solicitado que, depois, essas gravações lhes fossem entregues para que, segundo o modo de pensar local, pudessem auxiliar na preservação e salvaguarda do ritual[119] e que, diante das várias dificuldades relatadas e a idade avançada de muitos detentores do saber tradicional, haveria de tender ao término ou a pelo menos um hiato nos próximos anos, assim como ocorre em vários outros povoados localizados no entorno de Cláudio (MG), em

---

[119] Na entrevista cedida, dona Nazaré pediu: *"vem filmar nóis"*, expressando ali seu desejo de ter sua prática registrada em mídia audiovisual, representando o desejo de ter guardado um retrato de sua tradição em som e imagem, para que, se um dia a tradição viesse a acabar e outras gerações pudessem conhecer um pouco da história como sua gente vivia e como expressavam seus valores religiosos.

que, segundo o que se ouve por pessoas ligadas à cultura da cidade, um dia existiu mas hoje já não mais.

O ritual de *Encomendação das Almas* no povoado da Bocaina

Durante meu trabalho de campo, tive a oportunidade de observar o ritual de *Encomendação das Almas* no povoado da Bocaina por nove vezes, sendo uma em 2015 e oito em 2016[120]. Tais observações aconteceram a partir de visitas que realizei à comunidade e foram momentos em que eu aproveitava para registrar e acompanhar o rito e também para conversar com os participantes e me familiarizar com o ambiente do povoado. Durante minhas visitas, pude observar que o grupo de encomendadores possuía participantes frequentes (como Nazaré, Suelene, Vera, Hilda e Leandra) e participantes esporádicos, os quais não estiveram presentes em todos os rituais e tive poucas oportunidades de conhecer.

Na sexta-feira, dia 27 de março de 2015, ficou agendada com o grupo de encomendadores do povoado da Bocaina uma nova visita e observação do ritual. Foi pedido aos mesmos a autorização para realizar gravações da celebração, bem como dos momentos e conversas que ocorressem em torno desta. Preparei-me cuidadosamente levando três câmeras distintas para me precaver caso alguma apresentasse algum problema técnico ou sua memória não suportasse, pois eu simplesmente não pressupunha, até aquele momento, qual seria o tempo de duração da *Encomendação das Almas* no povoado da Bocaina, dado que esse fator pode variar de comunidade para comunidade.

Nessa noite, cheguei ao povoado da Bocaina por volta das 21h para que, antes que tudo começasse, pudesse realizar algumas fotografias da comunidade e, somente depois, ir até ao ponto de encontro do grupo. Os encomendadores do povoado da Bocaina normalmente se encontram na pracinha existente atrás da Igreja Senhor Bom Jesus, pois está localizada bem no centro do povoado, tornando-se um local ideal para todos os que saem de suas casas seguirem com o cortejo e, a partir dali, facilmente se deslocarem para qualquer região da comunidade.

---

[120] Na última semana da Quaresma de 2017, cheguei a agendar uma visita ao povoado, entretanto, devido a um problema mecânico com meu carro durante o caminho, foi necessário desmarcar.

Figura 36 – Igreja Senhor Bom Jesus no povoado da Bocaina em Cláudio (MG)

Fonte: acervo do autor

Figura 37 – Grupo de encomendadores do povoado da Bocaina reunidos na pracinha atrás da Igreja Senhor Bom Jesus aguardando para começar o cortejo

Fonte: acervo do autor

Estacionei meu carro diante da casa de Vera, que me recebeu amavelmente com um e café um pouco de conversa sobre suas expectativas para a celebração dessa noite, informando-me que naquela noite iríamos a um local chamado Paivas; segundo ela, tratava-se de uma roça localizada a aproximadamente 10 quilômetros de distância do povoado da Bocaina, mas que seus moradores eram bastante integrados à vida na comunidade, sobretudo em relação às tradições religiosas. Outro detalhe informado é que, por se tratar de local completamente sem iluminação pública e que provavelmente as casas nas quais o grupo iria realizar as rezas já estariam com as luzes todas apagadas[121], deveríamos estar munidos de lanternas para iluminar o caminho que percorreríamos.

Para realização do trajeto entre a Bocaina e Paivas, devido ao número de encomendadores, foi necessário superlotar dois carros. O primeiro ponto de parada seria a casa de dona Lena que, segundo Vera, Suelene e Nazaré, é uma pessoa que faz muita questão de receber a *Encomendação das Almas* diante de sua casa e, em seguida, costuma acompanhar o grupo durante o restante do trajeto dentre as estradas que conduzem às casas na localidade de Paivas, pois a maior parte de devotos visitados pelo cortejo naquela localidade são pessoas integrantes da família de dona Lena.

Estacionamos os carros dentro do terrado de dona Lena, a aproximadamente 400 metros de distância de sua residência. De longe foi possível perceber que ela havia deixado a luz da frente acesa, iluminando uma mesa que continha pães, bolo, café e copos destinados aos encomendadores para que se alimentassem após a entoação das rezas cantadas.

---

[121] Quando o grupo de *Encomendação* da Bocaina realizava os ritos em locais mais distantes, como nos Paivas, eles "mandavam avisar" previamente os moradores sobre sua visita noturna para que estes prendessem seus cães e providenciassem, caso pudessem e quisessem, alimentos a serem oferecidos aos rezadores.

Figura 38 – Alimento oferecido por dona Lena aos encomendadores do povoado da Bocaina

Fonte: acervo do autor

Os encomendadores, cuidadosamente, aproximaram-se da casa de dona Lena em meio a um ambiente sonoro já repleto de sons de insetos e latidos de cães. Dona Nazaré, que portava a matraca e Suelene, que, por possuir uma voz mais potente, geralmente a auxilia entoando a parte que compete ao solo da reza cantada posicionaram-se mais próximas à porta, tendo ao seu lado Vera. Leandra, por sua vez, enquanto responsável por girar o berra-boi, posicionou-se mais distante para que, cuidadosamente, nãos acertasse ninguém com o instrumento caso o barbante que prende o pedaço de madeira arrebentasse.

Dona Nazaré, na aparente intenção de averiguar a posição dos demais, olhou atentamente para o grupo e tangeu a barulhenta matraca. Quase que simultaneamente sua neta Leandra começou a girar o berra-boi, produzindo um som grave que se unia ao som renitente da matraca. Assim, Suelene, entrou através em alto e bom som a *Reza das Almas*, *reza/canto de pedidos*, principal *reza/canto* utilizado durante as celebrações no povoado da Bocaina, solicitando orações diante da casa de dona Lena.

Suelene entoava como solista as palavras iniciais da *reza/canto* "Alerta, pecador", sendo em seguida auxiliada também pelas vozes de dona Nazaré e Vera. Os demais participantes do grupo também acompanham cantando, entretanto pôde-se observar que nem todos possuem segurança quanto ao que se deve ser cantado. Assim, ao ouvir a gravação realizada na noite do ritual, percebe-se pouca distinção entre as partes que, segundo as explicações dadas por dona Nazaré, Suelene e Vera, deveriam ser entoadas pelo solista e depois pelo coro.

Cod. 1 – Gravação da *Reza das Almas* entoada no ritual de *Encomendação das Almas* (gravação realizada em 27 de março de 2015)

Acesso em: https://youtu.be/bj9BE2Qjd5s
Fonte: elaborado pelo autor

Foi possível observar também que, de forma geral, os participantes do grupo de *Encomendação* do povoado da Bocaina sentem-se inseguros em relação à rítmica e à melodia das frases que compõem sua *reza/canto* e que a função de Suelene, iniciando a entoação de cada frase da reza cantada, auxilia os demais na realização da performance, que a seguem durante o entoar, iniciando sua participação, em cada frase, sempre uma ou duas palavras após a entrada de Suelene com a melodia.

Exemplo 11 – *Reza das Almas,* entoada durante o ritual de 27 de março de 2015 no povoado da Bocaina

Reza das Almas

(Povoado da Bocaina, Cláudio/MG)

Transcrição: Vinícius Eufrásio
Data da recolha: 27/03/2015

A - le - ta, pe-ca-dor, a - ler - ta! Des - se so-no a-dor-me - ci - do, a-

lem - bra das be - di-tas al - mas com Pai Nos - so A ve Ma - ri - a...

Coro

Re za, re-za, re-za, re - za... Re - za pe-lo a-mor de De - eus!

Pausa de aproximadamente 1 minuto

Re -za mais um Pa-i Nos - so tam-bém u-ma A-ve Ma - ri - a, prás al-mas do Pur-ga

tó - rio, re - za pe-lo a mor de De - eus... Re - za, re-za, re-za,

Coro

re - za... Re - za pe-lo a-mor de De - eus! pa -

Pausa de aproximadamente 1 minuto

Re -za mais um Pai Nos - so, tam-bém u-ma A-ve Ma - ri - a, prás al-mas dos seus

ren - tes, se - nho-ra da bo-a mor te... Re - za, re-za, re-za,

Coro

re - za... Re - za pe-lo a-mor de De - eus!

Pausa de aproximadamente 1 minuto antes da *reza/canto de encerramento*

Fonte: transcrição elaborada pelo autor

Os versos entoados durante a *reza/canto de pedidos* solicitavam ao devoto que recebe o ritual diante de sua casa, neste caso dona Lena, que se alertasse para pedir as orações *Pai Nosso* e *Ave Maria* em prol de determinados tipos de alma. A estrutura da *reza/canto de pedidos* é composta por três pedidos: 1) pelas almas benditas; 2) pelas almas do Purgatório; e 3) pelas almas de familiares. Na sequência de cada pedido, foram entoados os versos "reza, reza, reza, reza, reza pelo amor de Deus" e, logo após, fez-se silêncio de aproximadamente um minuto para que se realizassem as orações solicitadas pela *reza/canto de pedidos*.

Contudo, observando os rituais de *Encomendação das Almas* na Bocaina nas Quaresmas de 2015 e 2016, foi possível perceber que a *reza/canto de pedidos* denominada *Reza das Almas* não possui uma estrutura rígida em relação à ordem em que se deve solicitar orações para determinados tipos de almas. É frequente que a primeira intenção seja em prol das almas benditas, mas frequentemente os encomendadores modificam a posição do pedido pelas almas do Purgatório com o pedido em prol das "almas dos seus parentes".

Alerta, pecador, alerta!
Deste sono adormecido,
Alembra das benditas almas
Com Pai Nosso e Ave Maria

Reza, reza, reza, reza,
Reza pelo amor de Deus

{silêncio para realização das orações}

Reza mais um Pai Nosso
Também uma Ave Maria
Prás almas [do Purgatório / dos seus parentes]
Reza pelo amor de Deus

Reza, reza, reza, reza,
Reza pelo amor de Deus

{silêncio para realização das orações}

Reza mais um Pai Nosso
Também uma Ave Maria
Prás almas [do Purgatório / dos seus parentes]
Senhora da boa morte [Reza pelo amor de Deus]

Reza, reza, reza, reza,
Reza pelo amor de Deus

{silêncio para realização das orações}

[*reza/canto de encerramento*]

Essa inconstância gera uma certa confusão na performance do rito, pois ocorre que, em determinadas situações em que presenciei, os participantes confundiam o momento de pedir em prol de um tipo de alma específico e, simultaneamente, enquanto uns diziam "pras almas do Purgatório" outros pronunciavam "pras almas do seus parentes", causando uma mistura sonora, fato que parecia irritar as lideranças do grupo e causar certo constrangimento e, curiosamente, esse "erro" representava alguma graça para os mais jovens, os quais, em situações como essa, não continham seus risos.

Durante os ritos observados, foi possível perceber na performance da *reza/canto de pedidos Reza das Almas* que a expressão "Senhora da boa morte" sempre aparece como frase seguinte à última menção aos tipos de almas, seja do Purgatório ou dos parentes. Entretanto houve performances em que o grupo substituiu essa expressão por "reza pelo amor de Deus", demonstrando também mais uma flexibilidade em relação à *reza/canto* típica dessa manifestação ritualística, a qual é demasiadamente humana para ser enrijecida nas representações que este trabalho oferece.

Além dessas flexibilidades dentro da estrutura e da textualidade da *reza/canto de pedidos Reza das Almas*, melodicamente há distintas recorrências de motivos que são entoados para cada verso. Estes compõem a música de forma flutuante, sendo determinados pela forma como Suelene entoa as palavras iniciais de cada verso e como os demais participantes do grupo a acompanham. Assim, após acompanhar nove rituais e registrar 49 performances dessa *reza/canto*, foi possível organizar as seguintes possibilidades de motivos melódicos entoados sob algumas frases da letra da *reza/canto*:

Exemplo 12 – Variantes dos motivos melódicos entoados sobre a frase "Reza mais um Pai Nosso"

Possibilidades A

Possibilidades B

Fonte: transcrição elaborada pelo autor

Exemplo 13 – Variantes dos motivos melódicos entoados sobre a frase "Reza, reza, reza, reza"

Possibilidades B

Fonte: transcrição elaborada pelo autor

Os motivos exemplificados anteriormente podem ser utilizados em qualquer local da *reza/canto* em que apareça o texto sob o qual é entoado, possibilitando que a performance da *Reza das Almas* seja sempre algo novo. Entretanto pude observar também que há motivos que sofrem pouca ou nenhuma variação mesmo sendo entoados sob textos distintos, como exemplo disso temos aqueles que são entoados sobre os dois últimos compassos das frases, gerando uma cadência fixa e característica a essa *reza/canto*.

Exemplo 14 – Motivo melódico entoado sob várias partes da letra da *Reza das Almas*

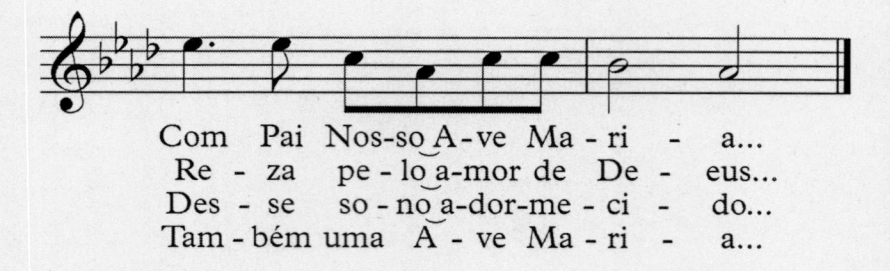

Fonte: transcrição elaborada pelo autor

O tempo de silêncio não possui uma duração exata preestabelecida pela tradição ou por qualquer membro do grupo, entretanto, esse tempo deve ser suficiente para que os devotos que recebem o rito diante de suas residências possam realizar as orações do lado de dentro destas e, simultaneamente, os encomendadores realizarem-nas também, mas em silêncio, através de seus pensamentos.

Durante os nove rituais que pude presenciar e gravar nas Quaresmas de 2015 e 2016, foi possível perceber a preocupação de dona Nazaré com este momento de silêncio para a realização das preces *Pai Nosso* e *Ave Maria*, a qual, por diversas vezes advertia Suelene sobre não estar esperando tempo suficiente entre um verso de pedido e outro, disponibilizando pouco tempo para o silêncio em que deve ocorrer orações dentro e fora das casas.

Do mesmo modo, pude observar também que dona Nazaré, por várias vezes questionava os participantes — hora individualmente, hora falando para todos do grupo — sobre estarem realizando as orações mentalmente durante os momentos de silêncio entre os pedidos. Muitas vezes pude observar, principalmente em relação aos mais jovens, que era comum a dispersão nesses momentos, sendo um tempo aproveitado para olhar o celular e, eventualmente, alguma rede social como Facebook e WhatsApp[122].

Cod. 2 – Gravação do ritual de *Encomendação das Almas* no povoado da Bocaina contendo cenas que exemplificam a participação dos jovens (gravação realizada em 19 de fevereiro de 2016)

Acesso em: https://youtu.be/HhjzAln7KqM

Fonte: elaborado pelo autor

---

[122] Durante as gravações de vídeo, eu me posicionava por detrás do grupo para que fosse possível captar cenas destes e também da residência diante da qual realizavam o rito. Dessa forma, mesmo sem a intenção, acabava por ver o que os jovens que estavam em minha frente acessavam de seus smartphones.

Após o último tempo de silêncio, que procede à solicitação por orações em prol das almas de familiares já falecidos, é entoada uma *reza/canto de encerramento*. Na *Encomendação das Almas* que ocorre no povoado da Bocaina, na função de *rezas/cantos de encerramento*, segundo Suelene, são utilizados os mesmos cânticos que costumeiramente são entoados pelos rezadores durante as procissões de Semana Santa que ocorrem no povoado. Assim como a *reza/canto de pedidos*, a *reza/canto de encerramento* tem suas primeiras palavras entoadas por Suelene que, em seguida, é acompanhada pelos demais membros do grupo compondo o coro.

Durante o acontecimento do ritual, em cada umas das paradas, é entoada uma *reza/canto de encerramento* distinta. Suelene é a responsável por iniciar a entoação e também escolher que *reza/canto de encerramento* será entoada. Segundo ela, os cânticos são selecionados de acordo com o que ela sente ou conhece a respeito das pessoas que residem na casa onde o grupo de encomendadores está realizando a celebração naquele momento. Por atuar como enfermeira no povoado, Suelene afirmou conhecer em detalhes o que se passa com cada uma das famílias, assim, sendo capaz de escolher qual *reza/canto de encerramento* entoar.

Entretanto devemos considerar que o repertório de *rezas/cantos de encerramento* é significativamente menor do que o número de casas pelas quais os encomendadores visitam durante a Quaresma inteira. Contudo é possível ponderar que Suelene não adentrou em detalhes que possibilitassem classificar as diferentes *rezas/cantos de encerramento* recolhidas no contexto do rito para elencar categorias de significado que permitam associá-las a possíveis situações de enfrentamento das famílias que recebem o rito.

De modo geral, foi possível observar que as *rezas/cantos de encerramento* entoadas durante a realização da *Encomendação das Almas* no povoado da Bocaina remetem a cânticos comuns da liturgia católica contemporânea e que são empregados em contextos como Procissão do Encontro[123], Canto da Verônica, adoração à Santa Cruz e a Nossa Senhora das Dores, bem como às Sete Dores de Maria.

Diante da casa de dona Lena, foi entoado o seguinte cântico que, no contexto da *Encomendação das Almas*, surge como uma *reza/canto de encerramento* (Exemplo 15).

---

[123] Suelene remete os cânticos *Pecadores Redimidos* e *Bendita Sejais* à Procissão do Encontro de Jesus Cristo com Maria que ocorre anualmente no povoado, tradicionalmente, nas quartas-feiras da Semana Santa.

Exemplo 15 – *Reza/canto de encerramento Pecadores redimidos*, recolhida no povoado da Bocaina

Pecadores redimidos
(Povoado da Bocaina, Cláudio/MG)

Transcrição: Vinícius Eufrásio
Data da recolha: 27/03/2015

Pe - ca - do - res re - di - mi - dos, com o san - gue do Se - nhor____

A - ten-dei, o - lhai se e - xi - is - te, dor i - gual a mi - nha dor

Fonte: transcrição elaborada pelo autor

Durante os rituais de *Encomendação das Almas* que acompanhei no povoado da Bocaina, foi possível recolher outras *rezas/cantos de encerramento* que foram entoadas no encerramento dos pontos de parada pelos quais o grupo de encomendadores perpassou. Nas ocasiões que presenciei, os números de paradas por ritual foram variados, mas sempre seguindo a premissa tradicional de números ímpares. A celebração mais curta abarcou três casas, pelo motivo do clima propenso à chuva na noite do rito em questão. A celebração mais longa abarcou nove residências, tendo ocorrido em uma noite na qual havia mais participantes no grupo que, demonstrando disposição, realizam paradas em distintos pontos dentro da área mais urbanizada do povoado[124].

Ao todo, pude identificar quatro *rezas/cantos de encerramento* integradas no repertório do grupo que realiza os rituais de *Encomendação das Almas* no povoado da Bocaina. Pude perceber que, em relação à utilização destas, Suelene procura evitar entoar a mesma *reza/canto de encerramento* em paradas consecutivas, entretanto, nos ritos que perpassaram por um número mais elevado de casas — sete ou nove —, era inevitável que alguma *reza/canto de encerramento* fosse repetida.

---

[124] Levando em conta que, segundo a tradição corrente na Bocaina, o rito não pode passar da meia-noite, para que se realize uma celebração que abarque um número maior de casas, é imprescindível que estas se localizem dentro de um raio possível para que o cortejo cumpra a rota sem ultrapassar o horário preestabelecido.

Exemplo 16 – *Reza/canto de encerramento Perdão meu Jesus,* recolhida no povoado da Bocaina

Perdão Meu Jesus
(Povoado da Bocaina, Cláudio/MG)

Transcrição: Vinícius Eufrásio
Data da recolha: 27/03/2015

Fonte: transcrição elaborada pelo autor

Exemplo 17 – *Reza/canto de encerramento Bendita Sejais,* recolhida no povoado da Bocaina

Bendita Sejais
(Povoado da Bocaina, Cláudio/MG)

Transcrição: Vinícius Eufrásio
Data da recolha: 27/03/2015

Fonte: transcrição elaborada pelo autor

Exemplo 18 – *Reza/canto de encerramento Pecador Contrito,* recolhida no povoado da Bocaina

Pecador Contrito
(Povoado da Bocaina, Cláudio/MG)

Transcrição: Vinícius Eufrásio
Data da recolha: 27/03/2015

Fonte: transcrição elaborada pelo autor

O repertório (Exemplos 15, 16, 17 e 18) que no contexto do ritual de *Encomendação das Almas* possui a função de *reza/canto de encerramento* é recorrente em toda celebração. Embora sejam quatro *rezas/cantos de encerramento* para rituais que percorrem por no mínimo cinco paradas, há sempre a repetição de alguma *reza/canto de encerramento*. Entre a *reza/canto de pedidos* e a *reza/canto de encerramento* não se tange a matraca, campainha ou berra-bois, pois estes devem soar somente antes da entoação de qualquer *reza/canto* e somente após a última *reza/canto*, seja esta de *encerramento* ou de *agradecimento*.

Figura 39 – Operacionalização do ritual de *Encomendação das Almas* no povoado da Bocaina

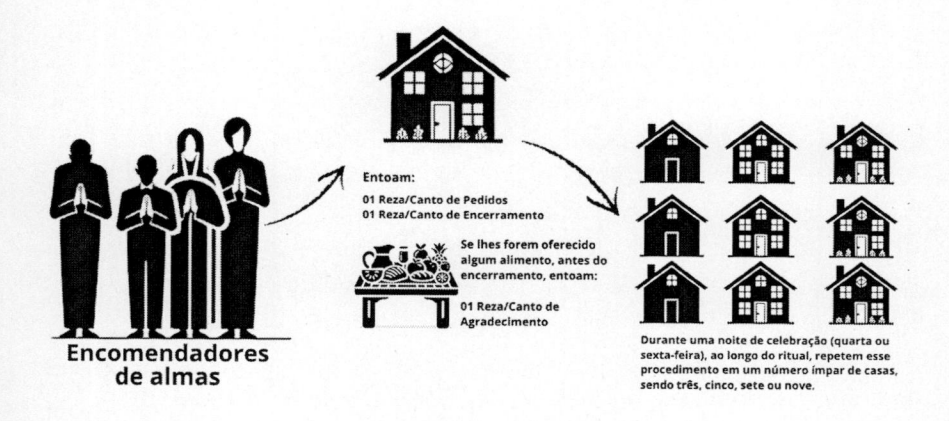

Fonte: elaborado pelo autor

Entretanto, em três rituais — 2, 9 e 16 de março de 2016 —, foi observada a omissão da *reza/canto Perdão meu Jesus*. Também foi possível perceber que a *reza/canto Bendita Sejais* é mais recorrente durante as celebrações, sendo entoada, em alguns ritos, repetidas vezes, possuindo também maior recorrência como primeira e/ou última *reza/canto de encerramento* a ser entoada pelo grupo de encomendadores.

Em algumas das realizações do ritual que durante a entoação das *rezas/cantos de encerramento* o grupo entoava outra versão da *reza/canto* "Perdão Meu Jesus", esta, aparentemente, era uma versão mais completa da *reza/canto* em questão, pois revelou-se bastante semelhante à recolha anterior, embora contendo mais versos.

Exemplo 19 – *Reza/canto de encerramento Perdão Meu Jesus* (versão 2), recolhida no povoado da Bocaina

Perdão Meu Jesus (versão 2)
(Povoado da Bocaina, Cláudio/MG)

Transcrição: Vinícius Eufrásio
Data da recolha: 17/02/2016

Fonte: transcrição elaborada pelo autor

Com exceção da *reza/canto de encerramento Perdão meu Jesus* (versão 2), todas as *rezas/cantos* dessa categoria que são interpretadas pelo grupo de encomendadores durante as celebrações em 2016, ocorrem de forma bastante semelhante à maneira como entoada em 2015. Em relação à *reza/canto de pedidos* há uma ampla recorrência da *reza/canto Reza das Almas* (Exemplo 11), interpretada a partir de uma gama de variações observadas (Exemplos 12 e 13).

Contudo, no ritual que ocorreu no dia 19 de fevereiro de 2016, pude observar que Suelene, dona Nazaré e Vera estavam um pouco inquietas e cogitando a possibilidade de entoarem outra *reza/canto de pedidos*, que era utilizada por Luia. Logo após o cortejo ter partido da praça detrás da igreja, as três encomendadoras se reuniram um pouco antes da casa onde seria a primeira parada e, naquele local, começaram a conversar e a entoar baixinho a melodia referente ao que era entoado por Luia, entretanto, não tendo as três chegado a um acordo, seguiram o ritual com a *Reza das Almas*, dado que o grupo todo já estava mais acostumado.

Uma cena semelhante se repetiu no ritual seguinte (noite de 24 de fevereiro de 2016) com a mesma discussão, dessa vez, abrangendo um número maior de participantes do ritual e envolvendo a entoação de *rezas/cantos de pedidos* que eu ainda não tinha ouvido. Porém o grupo também nessa ocasião não conseguiu chegar a um acordo, pois havia ainda muita controvérsia em relação aos versos a serem entoados e algumas dúvidas quanto à melodia ou ao "tom" em que a *reza/canto* deveria ser "tirada".

Ao analisar as gravações sobre o momento em que alguns participantes do grupo discutiam sobre a forma de entoar uma *reza/canto de pedidos* — que segundo o que pude observar, era entoada nos rituais de "antigamente" —, é possível perceber como as definições sobre forma, letra, andamento, ritmo e melodia são resultados de construção coletiva que advêm das memórias individuais que são partilhadas no grupo e que influenciam mutuamente o modo de "tirar" a *reza/canto*.

No ritual do dia 26 de fevereiro de 2016, logo na primeira parada, Suelene entoou uma *reza/canto de pedidos* diferente da *Reza das Almas* que o grupo vinha interpretando ao longo das celebrações que presenciei. Na ocasião, não pude perceber se o grupo pareceu surpreendido com a atitude de Suelene, entretanto, através das gravações recolhidas, é possível averiguar que somente a voz dela é ouvida durante os versos e que, seguindo dona Nazaré e Vera, o grupo de encomendadores acompanha em coro no refrão.

Exemplo 20 – *Reza/canto de pedidos Alerta Irmão Devoto,* também entoada no povoado da Bocaina

Alerta Irmão Devoto
(Povoado da Bocaina, Cláudio/MG)

Transcrição: Vinícius Eufrásio
Data da recolha: 26/02/2016

Fonte: transcrição elaborada pelo autor

A *reza/canto de pedidos Alerta Irmão Devoto* foi entoada nos rituais que aconteceram nas noites de 26 de fevereiro e 2 de março de 2016. No dia 4 de março, não houve celebração devido a uma forte chuva que teve início por volta das 20h e se estendeu por quase toda a noite. Nas celebrações seguintes, Suelene não participou, pois sua filha entrou em trabalho de parto nas vésperas do rito, e a partir de então demandou-lhe muita atenção nas datas que seguiram. Dessa forma, o grupo voltou a entoar a *reza/canto de pedidos Reza das Almas*, com Leandra e Vera "tirando".

A *reza/canto de pedidos Alerta Irmão Devoto* é bastante semelhante à *reza/canto* identificada por Suelene, Nazaré e Vera como aquela que foi ensinada e era entoada por Luia antes de falecer. Entretanto, como podemos averiguar, a *reza/canto de pedidos Alerta Irmão Devoto* configurou-se por uma junção de memórias entre as versões entoadas por Suelene e Vera, contendo elementos também pertencentes à *Reza das Almas*, como a letra da parte que compete ao coro.

Exemplo 21 – Comparação entre as *rezas/cantos* entoadas por Suelene e Vera — definidas enquanto canto de Luia — e *reza/canto de pedidos Alerta Irmão Devoto* entoada no rito como canto de Luia

Fonte: transcrição elaborada pelo autor

Exemplo 22 – Comparação entre as partes do coro nas *rezas/cantos de pedidos* entoadas como aquela que era entoada por Luia antes de falecer

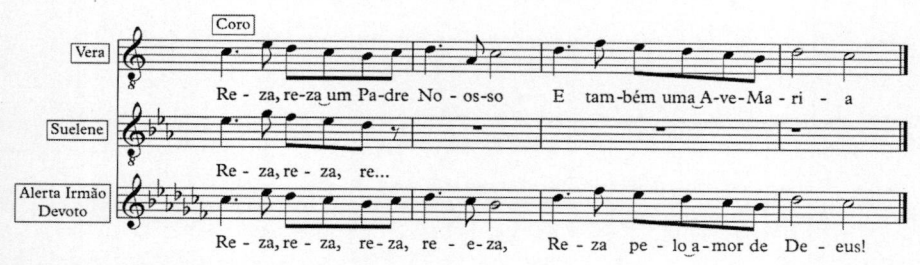

Fonte: transcrição elaborada pelo autor

É possível percebermos que as três versões possuem relações intervalares e contornos melódicos muito semelhantes, contudo, em relação à letra de ambas, podemos perceber que estas também se entrelaçam em momentos distintos. A parte do coro é uma adequação da letra da *Reza das Almas* sob a linha melódica da nova *reza/canto de pedidos*. Na *reza/canto de pedidos Alerta Irmão Devoto* é possível perceber também que o pedido por orações se destina a um outro tipo de alma que não está presente na *Reza das Almas*, as almas esquecidas e que se considera que ninguém ore por elas. A versão entoada por Vera apresenta um pedido em prol das almas que estão em agonia, entretanto, durante as performances no âmbito da celebração, nenhum pedido a esse tipo de alma foi referido.

Como mencionado anteriormente, no dia 2 de março aconteceu o último ritual que presenciei com Suelene "tirando" as *rezas*/cantos. Assim, com essa ausência no grupo, dona Nazaré atribui à adolescente Leandra, sua neta, o papel de "tiradora", responsabilizando-a por iniciar as *rezas/cantos*. Contudo Leandra aparentemente não possuía segurança quanto às rezas e, ao examinar as gravações colhidas e compará-las com exemplos recolhidos em outros dias, percebe-se uma grande diferença na maneira pelas quais as *reza/cantos* foram entoadas.

Cod. 3 – Gravação do ritual de *Encomendação das Almas* no povoado da Bocaina com Leandra tirando as *rezas/cantos de pedidos* (gravação realizada em 9 de março de 2016)

Acesso em: https://youtu.be/L2bbGS1KK2k
Fonte: elaborado pelo autor

Nesses dias, sem a presença de Suelene, foi necessário que o grupo se reconfigurasse e que os participantes passassem a se auxiliar durante as funções. Assim, foi possível observar que Vera e dona Nazaré, mesmo não tendo assumido o papel de "tirar" as rezas, auxiliavam Leandra com gestos, sinais e, em alguns momentos, iniciando as entoações em seu lugar ou junto com ela, principalmente as entoações relacionadas a *rezas/cantos de encerramento* que pressupõem uma escolha momentânea e que Leandra nitidamente ficava relutante ao fazer.

Durante meu trabalho de campo no povoado da Bocaina, foi possível realizar um mapeamento do repertório interpretado durante os rituais de *Encomendação das Almas* que ocorreram nas Quaresmas de 2015 e 2016, sendo que na primeira, somente um ritual foi realizado. Contudo, em 2016, foi possível acompanhar oito celebrações do rito e um total de 46 paradas em que, em absolutamente todas, houve realização das rezas cantadas categorizadas como *reza/canto de pedidos* e *reza/canto de encerramento*. Todavia, somente em dois rituais, mais especificamente em duas paradas, houve interpretação de *rezas/cantos de agradecimento*, uma vez que para a entoação destas é necessário que o devoto que recebe o rito diante de sua residência deixe, do lado de fora, alguns alimentos para os encomendadores.

Exemplo 23 – *Reza/canto de agradecimento* entoada no ritual de *Encomendação das Almas* da Bocaina

Ao Senhor Agradecemos
(Povoado da Bocaina, Cláudio/MG)

Fonte: transcrição elaborada pelo autor

Em ambas as ocasiões, entoou-se a mesma *reza/canto de agradecimento*, entretanto, diferenciando a tonalidade e alguns aspectos do contorno melódico. Não apresento neste trabalho a transcrição das duas performances, pois considerei as alterações entre uma interpretação e outra como modificações comuns à cantoria popular, uma vez que os rezadores não se guiam por um diapasão específico e, no caso dos encomendadores dos povoados da Bocaina, não possuem atividade propriamente musical, nem tocam algum instrumento ou realizaram algum estudo que lhes permitissem entoar dentro dos padrões da afinação convencional. Assim, tendo em vista que as transcrições que apresento são simplesmente representação de uma expressão sonora e não expressão em si, não se faz necessária uma nova partitura para cada jeito diferente de entoar um mesmo canto, pois, para os encomendadores, há sonoridades proximais aceitáveis para o grupo, mas não há, de fato, uma padronização melódica, rítmica e/ou tonal que requeira uma performance rígida. Para essas pessoas, pude constatar que, estarem juntas e fazerem com que o rito ocorra, é mais importante do que propriamente a música que perpassa por sua celebração, mesmo que sem essa não haja *Encomendação*.

As *rezas/cantos de agradecimento* foram entoadas na primeira parada de dois ritos distintos, em ocasiões distintas, mas que ocorreram diante da residência de dona Lena, na roça denominada Paivas, existente próxima ao povoado da Bocaina. A primeira entoação *reza/canto de agradecimento* ocorreu em 27 de março de 2015, enquanto a segunda ocorreu em 26 de fevereiro de 2016 (Exemplo 23), ambas em gratidão à dona Lena pela oferta de um lanche na celebração que ocorreu diante de sua casa.

A partir da observação dos rituais no povoado da Bocaina durante as Quaresmas de 2015 e 2016, foi possível conhecer e listar o repertório de rezas cantadas e interpretadas pelos encomendadores durante as celebrações. Desse modo, foi possível perceber as recorrências de cada umas das *rezas/cantos* utilizadas na *Encomendação das Almas* que ocorre na Bocaina e, observando maiores e menores repetições, compreender quais seriam as *rezas/cantos* que estão mais presentes nas celebrações (Quadros 6 e 7).

Quadro 6 – Repertório da *Encomendação das Almas* realizada no povoado da Bocaina em 2015 e 2016

DATA	PEDIDOS	ENCERRAMENTO	AGRADECIMENTO
27-03-2015	Paradas:	Paradas:	Paradas:
	1ª - Reza das Almas	1ª - Pecadores Redimidos	1ª - Ao Senhor Agradecemos
	2ª - Reza das Almas	2ª - Bendita Sejais	2ª - Não se aplica
	3ª - Reza das Almas	3ª - Perdão Meu Jesus	3ª - Não se aplica
	4ª - Reza das Almas	4ª - Pecador Contrito	4ª - Não se aplica
	5ª - Reza das Almas	5ª - Pecadores Redimidos	5ª - Não se aplica
12-02-2016	Paradas:	Paradas:	Paradas:
	1ª - Reza das Almas	1ª - Bendita Sejais	1ª - Não se aplica
	2ª - Reza das Almas	2ª - Pecadores Redimidos	2ª - Não se aplica
	3ª - Reza das Almas	3ª - Pecador Contrito	3ª - Não se aplica
	4ª - Reza das Almas	4ª - Perdão Meu Jesus	4ª - Não se aplica
	5ª - Reza das Almas	5ª - Bendita Sejais	5ª - Não se aplica
	6ª - Reza das Almas	6ª - Pecadores Redimidos	6ª - Não se aplica
	7ª - Reza das Almas	7ª - Bendita Sejais	7ª - Não se aplica
17-02-2016	Paradas:	Paradas:	Paradas:
	1ª - Reza das Almas	1ª - Bendita Sejais	1ª - Não se aplica
	2ª - Reza das Almas	2ª - Perdão Meu Jesus (versão 2)	2ª - Não se aplica
	3ª - Reza das Almas	3ª - Pecadores Redimidos	3ª - Não se aplica
	4ª - Reza das Almas	4ª - Bendita Sejais	4ª - Não se aplica
	5ª - Reza das Almas	5ª - Pecador Contrito	5ª - Não se aplica
	6ª - Reza das Almas	6ª - Perdão Meu Jesus (versão 2)	6ª - Não se aplica
	7ª - Reza das Almas	7ª - Pecadores Redimidos	7ª - Não se aplica

DATA	PEDIDOS	ENCERRAMENTO	AGRADECIMENTO
19-02-2016	Paradas:	Paradas:	Paradas:
	1ª - Reza das Almas	1ª - Perdão Meu Jesus (versão 2)	1ª - Não se aplica
	2ª - Reza das Almas	2ª - Bendita Sejais	2ª - Não se aplica
	3ª - Reza das Almas	3ª - Pecador Contrito	3ª - Não se aplica
	4ª - Reza das Almas	4ª - Pecadores Redimidos	4ª - Não se aplica
	5ª - Reza das Almas	5ª - Bendita Sejais	5ª - Não se aplica
24-02-2016	Paradas:	Paradas:	Paradas:
	1ª - Reza das Almas	1ª - Bendita Sejais	1ª - Não se aplica
	2ª - Reza das Almas	2ª - Pecadores Redimidos	2ª - Não se aplica
	3ª - Reza das Almas	3ª - Perdão Meu Jesus (versão 2)	3ª - Não se aplica
	4ª - Reza das Almas	4ª - Pecador Contrito	4ª - Não se aplica
	5ª - Reza das Almas	5ª - Bendita Sejais	5ª - Não se aplica
	6ª - Reza das Almas	6ª - Pecadores Redimidos	6ª - Não se aplica
	7ª - Reza das Almas	7ª - Bendita Sejais	7ª - Não se aplica
26-02-2016	Paradas:	Paradas:	Paradas:
	1ª - Alerta Irmão Devoto	1ª - Pecadores Redimidos	1ª - Ao Senhor Agradecemos
	2ª - Alerta Irmão Devoto	2ª - Bendita Sejais	2ª - Não se aplica
	3ª - Alerta Irmão Devoto	3ª - Perdão Meu Jesus (versão 2)	3ª - Não se aplica
	4ª - Alerta Irmão Devoto	4ª - Pecador Contrito	4ª - Não se aplica
	5ª - Alerta Irmão Devoto	5ª - Pecadores Redimidos	5ª - Não se aplica
02-03-2016	Paradas:	Paradas:	Paradas:
	1ª - Alerta Irmão Devoto	1ª - Bendita Sejais	1ª - Não se aplica
	2ª - Alerta Irmão Devoto	2ª - Pecador Contrito	2ª - Não se aplica
	3ª - Alerta Irmão Devoto	3ª - Pecadores Redimidos	3ª - Não se aplica
	4ª - Alerta Irmão Devoto	4ª - Bendita Sejais	4ª - Não se aplica
	5ª - Alerta Irmão Devoto	5ª - Informação indisponível	5ª - Não se aplica
	6ª - Alerta Irmão Devoto	6ª - Pecadores Redimidos	6ª - Não se aplica
	7ª - Alerta Irmão Devoto	7ª - Bendita Sejais	7ª - Não se aplica
04-03-2016	Nesta noite não houve *Encomendação das Almas* devido à chuva intensa	Nesta noite não houve *Encomendação das Almas* devido à chuva intensa	Nesta noite não houve *Encomendação das Almas* devido à chuva intensa

DATA	PEDIDOS	ENCERRAMENTO	AGRADECIMENTO
09-03-2016	Paradas:	Paradas:	Paradas:
	1ª - Reza das Almas	1ª - Pecadores Redimidos	1ª - Não se aplica
	2ª - Reza das Almas	2ª - Pecador Contrito	2ª - Não se aplica
	3ª - Reza das Almas	3ª - Pecador Contrito	3ª - Não se aplica
	4ª - Reza das Almas	4ª - Pecadores Redimidos	4ª - Não se aplica
	5ª - Reza das Almas	5ª - Bendita Sejais	5ª - Não se aplica
	6ª - Reza das Almas	6ª - Bendita Sejais	6ª - Não se aplica
	7ª - Reza das Almas	7ª - Pecadores Redimidos	7ª - Não se aplica
	8ª - Reza das Almas	8ª - Bendita Sejais	8ª - Não se aplica
	9ª - Reza das Almas	9ª - Pecadores Redimidos	9ª - Não se aplica
16-03-2016	Paradas:	Paradas:	Paradas:
	1ª - Reza das Almas	1ª - Pecador Contrito	1ª - Não se aplica
	2ª - Reza das Almas	2ª - Bendita Sejais	2ª - Não se aplica
	3ª - Reza das Almas	3ª - Bendita Sejais	3ª - Não se aplica
	4ª - Reza das Almas	4ª - Pecadores Redimidos	4ª - Não se aplica
	5ª - Reza das Almas	5ª - Bendita Sejais	5ª - Não se aplica
	6ª - Reza das Almas	6ª - Pecadores Redimidos	6ª - Não se aplica
	7ª - Reza das Almas	7ª - Bendita Sejais	7ª - Não se aplica
	8ª - Reza das Almas	8ª - Pecadores Redimidos	8ª - Não se aplica
	9ª - Reza das Almas	9ª - Bendita Sejais	9ª - Não se aplica

Fonte: elaborado pelo autor

Quadro 7 – Recorrências das rezas/cantos nos rituais de *Encomendação das Almas* no povoado da Bocaina em 2015 e 2016

Reza/canto	Categoria	Recorrência 2015+2016= TOTAL
Reza das Almas	Pedidos	5+44=49
Alerta Irmão Devoto	Pedidos	0+12=12
Bendita Sejais	Encerramento	1+22=23
Pecadores Redimidos	Encerramento	2+18=20
Pecador Contrito	Encerramento	1+9=10
Perdão Meu Jesus	Encerramento	1+6=7
Ao Senhor Agradecemos	Agradecimento	1+1=2

Fonte: elaborado pelo autor

Ao analisar as reincidências de *rezas/cantos* que compõem o repertório do grupo que atualmente realiza a *Encomendação das Almas* no povoado da Bocaina, foi verificado que certas *rezas/cantos*, tanto de *pedidos* quanto de *encerramentos*, são entoadas mais vezes do que outras, o que nos permite compreender o pensamento das lideranças do grupo em torno dos aspectos sonoros do rito, como em relação à reza/canto de pedidos *Reza das Almas*, que é escolhida por dona Nazaré e Suelene por considerarem-na mais fácil de ser cantada pelo o grupo ao invés de escolherem *"a outra"* que julgam como *"mais bonita"*, revelando que para essas senhoras é mais importante a integração dos participantes na celebração entoando *rezas/cantos* que a maioria conhece do que propriamente utilizar uma *reza/canto* que, embora considerem mais bonita, impede que todos os membros do grupo participem cantando.

Pude observar que, ao menos para dona Nazaré, a integração de todos durante o rito é algo imprescindível, pois, durante as caminhadas entre uma casa e outra, alguns membros do grupo caminhavam mais rápido ou mais lento que os demais, não mantendo a unidade do cortejo. Para dona Nazaré, esse fato era motivo para eventuais repreensões[125], principalmente em relação aos mais jovens, que além de se afastarem dos demais, seguiam o trajeto conversando e fazendo uso do celular, aparentemente, utilizando redes sociais.

Ao indagar os participantes mais jovens sobre o uso do celular, estes justificavam-se através da necessidade de portar uma lanterna, função inerente a muitos aparelhos desse tipo, para iluminar os caminhos, muitas das vezes demasiadamente escuros. Mesmo no rito que ocorre na região mais urbanizada do povoado, há pontos onde a iluminação pública não é efetiva, fazendo-se necessário que o encomendador, para enxergar bem o chão, faça uso de uma lanterna.

Ao mesmo tempo que conversar durante o rito é algo extremamente proibido e censurado pelos mais velhos, conforme a tradição descrita por meus interlocutores nas primeiras entrevistas e o que foi possível conhecer a partir da revisão bibliográfica, em alguns momentos do ritual percebi a conversa como algo essencial para tomadas de decisões importantes, principalmente em relação ao trajeto ou a eventuais decisões no âmbito proce-

---

[125]   Dona Nazaré, em conversa informal após a realização de um dos rituais, relatou se sentir triste e constrangida em ter que chamar atenção dos membros do grupo por conversarem durante o cortejo ou não manterem proximidade com os demais, entretanto, segundo ela, atos como estes não poderiam ocorrer, pois configuram-se com desrespeito para com as almas, a celebração e a tradição.

dimental. Foi recorrente que dona Nazaré, Suelene e Vera conversassem entre si sobre a possibilidade de *encomendar* ou não em determinada casa. Na maioria das vezes isso ocorria em função de pessoas evangélicas que residem no povoado e que, segundo o que pude perceber, possuem certa aversão ao rito, além de, também devido a pessoas que possuem algum tipo de pavor em relação ao ritual. Nesses ritos que acompanhei, em respeito às crenças alheias, os encomendadores evitam *encomendar* até mesmo em casas próximas às residências de pessoas que, por um motivo ou outro, não desejassem ter qualquer contato com a celebração.

Sobre os rituais de *Encomendação das Almas* que ocorrem no povoado da Bocaina, de forma geral, é possível identificar uma prática que no decorrer de sua tradição tem sido modificada pelos fluxos de pessoas que mantiveram a prática dessa celebração no decorrer dos anos e, mesmo com os hiatos temporais que o rito sofreu, foi ressignificada pelos participantes que, em momentos posteriores, a assumiam e nela incorporaram suas memórias, representações e interpretações daquilo que é tradição e também sacro, fazendo da prática da *Encomendação* uma justaposição de valores transmitidos por anos e anos em um espaço geográfico e cultural no qual distintas pessoas, de variadas origens, vivenciam um intercâmbio de valores que compõem a manifestação atual do ritual.

Assim, este trabalho, em resposta àquilo que ficou explicitado como preocupação dos meus interlocutores, como a perda do ritual enquanto memória devido às dificuldades atualmente enfrentadas por seus participantes para realizá-lo, contribui não como um retrato estagnado de uma prática da cultura religiosa de um povo, mas como um estudo sobre aspectos capazes de permitir que interessados sobre a temática possam ter acesso a uma perspectiva musicológica que retrate aquilo que foi a prática de *Encomendação das Almas* no povoado da Bocaina nas Quaresmas de 2015 e 2016, nas quais tive o privilégio de participar.

O ritual de *Encomendação das Almas* no povoado de Machadinho

Embora o rito que ocorre no povoado de Machadinho tenha sido a última celebração que presenciei durante a Quaresma de 2016, na noite de 18 de abril, optei por apresentá-lo na sequência devido às relações de proximidade existentes nas práticas do ritual que ocorrem no povoado da Bocaina. O trânsito de pessoas entre esses dois povoados e meu contato pessoal com os encomendadores de almas de Machadinho foi proporcionado por Romeu, encomendador de aproximadamente 50 anos de idade que atualmente reside no povoado da Bocaina, mas que mantém relações religiosas e ritualísticas com membros do grupo de *Encomendação das Almas* do povoado do Machadinho, local no qual residiu durante sua juventude.

Romeu participou dos rituais no povoado da Bocaina durante o tempo de Luia, que, por sua vez, também já foi moradora do povoado de Machadinho. Entretanto, após o falecimento da companheira, Romeu não voltou a participar das celebrações no povoado onde atualmente reside. Procurar pelo Romeu foi uma indicação de Suelene, Vera e Nazaré, pois, segundo elas, ele é conhecedor de vários cânticos e rezas utilizados no ritual de *Encomendação das Almas* naquela região.

Vera ficou responsável por possibilitar que eu conversasse com Romeu por uma tarde e assim o fez, avisando-o previamente sobre minha visita no dia 4 de março de 2016. Ao chegar à casa de Romeu, foi proposto pelo mesmo que fôssemos de carro até o povoado de Machadinho para que realizássemos uma visita ao senhor Benjamin, mais conhecido por Bêjo, responsável pela *Encomendação das Almas* que ocorre no local, pois este poderia oferecer explicações detalhadas sobre a realização do ritual e realizar demonstrações de cânticos e rezas do rito.

Romeu mostrou-se muito disposto, orientando-me no complexo caminho de estradas de terra que ligam os povoados da Bocaina e Machadinho. Durante o caminho, contou-me sobre as distintas manifestações religiosas das quais e participa, como a *Folia de Reis* e o *Terço Cantado*, entretanto, referindo-se sempre com uma conotação pretérita, inferindo a ideia de algo que já não se pratica com regularidade.

O trajeto com Romeu entre os povoados da Bocaina e Machadinho teve duração aproximada de 40 minutos e Romeu ofereceu várias informações sobre o procedimento da *Encomendação das Almas* e inclusive entoou algumas rezas. Contudo nenhuma delas foi entoada completamente e, sempre após entoar, dizia *"lá ele vai saber te falar tudinho"*, referindo-se a Sr. Bêjo.

Ao chegarmos no povoado de Machadinho, Romeu pediu para que eu encostasse o carro próximo a um bar localizado na região central da pequena comunidade para que ali procurasse os "companheiros". Confesso que achei o local um tanto inusitado para encontramos rezadores que realizam celebrações em sufrágio às almas, entretanto, diante da boa vontade que meu interlocutor vinha demonstrando, não me opus. Dentro do bar, Romeu cumprimentou várias pessoas — havia ali cerca de 12 homens — e rapidamente começou a perguntar sobre determinados sujeitos os quais não me recordo os nomes. Logo concluiu que seria complexo reunir seus "companheiros" ou a "turma" e convidou-me para segui-lo diretamente para casa de Sr. Bêjo.

Voltamos para o carro e seguimos algumas centenas de metros para fora da área mais urbanizada da povoação[126] em direção à casa de Sr. Bêjo. Este, por sua vez, recebeu-nos de forma risonha, mas demonstrando certo estranhamento quanto à presença de Romeu que há muito não frequentava sua casa e, certamente, minha presença ao seu lado também chamou sua atenção. Contudo Sr. Bêjo se mostrou como uma figura amável e simpática, embora um pouco desconfiado sobre meu interesse na *Encomendação das Almas*. Ao tocarmos no assunto e no momento em que expressei minha curiosidade e intenção, surgiu em seu rosto um ar de seriedade, mas mostrou-se muito favorável à minha pesquisa e inteiramente disposto em contribuir com seu conhecimento acerca do ritual.

Sr. Bêjo referiu-se à *Encomendação das Almas* como uma tradição muito antiga, mencionando que a prática desse rito ocorria desde o tempo de suas bisavós[127] e que "é uma das coisa que tá terminando, cê veio na hora certa". Seu discurso deixou muito claro o desejo de algum tipo de registro sobre a tradição. Segundo ele, poucas pessoas por ali conheciam o procedimento correto e a cada ano "os companheiros" têm diminuído e estava cada vez mais difícil reunir a "turma".

De acordo com ele, os "companheiros" vêm de longe e *"se o tempo estiver para chuva, eles não vêm [...] e esse ano ele driblô nóis"*. Em seu relato, Sr. Bêjo informou que até então, na Quaresma de 2016, tem realizado o ritual acompanhado somente por seu amigo chamado Caeté e seus filhos, Toninho e João, tendo conseguido efetivar a celebração somente por duas vezes até então. Como aquele dia tratava-se de uma sexta-feira, Sr. Bêjo convidou-me a esperar pela noite para que os acompanhasse na celebração, contudo eu havia marcado de ir com o grupo da Bocaina ao Capão da Galinha, povoado existente entre Bocaina e Machadinho, embora imagine que a forte chuva que se estendeu por aquela noite, muito provavelmente, impossibilitou a realização de ritos em ambas as localidades.

Segundo a tradição que vigora no povoado do Machadinho, o ritual de *Encomendação das Almas* pode ocorrer nas noites de segundas, quartas e sextas-

---

[126] Essa área é referente a quatro ruas calçadas com paralelepípedos que circundam a igreja, dando vazão a três estradas de terra. No entorno dessas três ruas, há o bar que, aparentemente, funciona também como uma mercearia; algumas residências; uma construção escolar em desuso; a igreja.

[127] Possivelmente até mesmo antes.

-feiras do período Quaresmal e também na Semana Santa, diferentemente da tradição do povoado da Bocaina, onde o rito é celebrado somente nas noites de quartas e sextas-feiras, além de ocorrer somente durante a Quaresma.

De acordo com Sr. Bêjo, cada comunidade ou cada "turma" de *Encomendação* tem um tom e existem vários tons que, segundo ele, *"cada turma tem um tom que é um jeito de rezar pras almas, que a gente chama de 'Pedir pras Almas'"*. Durante a entrevista cedida, Sr. Bêjo deixou explícito o quanto considera importante registrar as rezas cantadas, inclusive do maior número de grupos quanto for possível, repetindo algumas vezes sua convicção de que essa celebração está caminhando para o fim.

Factualmente, pelo menos em relação à prática do ritual em Cláudio e nos povoados em seu entorno, o rito vem deixando de ser praticado devido à migração de pessoas para a área urbana da cidade, morte de detentores do saber tradicional e desinteresse dos mais jovens em assumir o compromisso com a tradição e sua prática anual. Essa dinâmica tem gerado descontinuidades na prática do rito, como pudemos observar no povoado da Bocaina, e até mesmo o fim de sua prática, como pude ouvir na região urbana de Cláudio e em relatos sobre outros povoados de seu entorno que não são contemplados neste estudo por questões de abrangência e tempo para sua conclusão. Um exemplo disso é o fato de o ritual não ter ocorrido em 2017 nos povoados de Machadinho e São Bento devido ao estado de saúde de Sr. Bêjo nesse ano e ao falecimento da principal participante do povoado de São Bento, local onde a prática é abordada na próxima seção deste trabalho.

Em relação ao que é cantado durante o ritual, tanto Sr. Bêjo como Romeu me informaram que existem vários "tons" que podem ser entoados durante a celebração e que, segundo o que pude perceber, a escolha destes depende de quem participa do rito e, principalmente, sua relação e compreensão do repertório interpretado. De acordo com Romeu, *"vai cantando outra, e depois outra, e depois outra e outra e outra, tudo numa sequência só"*, mas conforme ressaltou Sr. Bêjo, *"por ser gente nova que tá com a gente, nóis vai cantando uma coisa só, uma mais antiga"*.

Quando pedi para que realizassem uma demonstração do canto, Sr. Bêjo pediu para que Romeu *"embaixasse"*, ou seja, desse início ao canto como solista. O termo "embaixar", segundo a conceituação local, refere-se ao embaixador da *Folia de Reis*, rito em que os encomendadores do povoado de Machadinho também participam. Assim, podemos observar um trânsito entre manifestações ritualísticas que, além de possuírem em comum os mesmos participantes, promovem uma partilha de terminologias.

Quando Romeu começou a entoar a *reza/canto* foi difícil compreender as palavras que pronunciava e Sr. Bêjo tentou auxiliá-lo entoando outra melodia e letra, contudo Romeu aumentou simultaneamente sua projeção vocal sobressaindo sobre a voz de Sr. Bêjo. Contudo o início da melodia entoada por Sr. Bêjo em sobreposição a Romeu permitiu identificar um contorno melódico extremamente semelhante ao que os encomendadores da Bocaina definem como canto da Luia, transcrito neste trabalho como *Alerta Irmãos Devotos* (ver Exemplo 20), uma vez que ela também já foi moradora do povoado de Machadinho e, inclusive, chegou a participar da *Encomendação das Almas* na localidade juntamente com Sr. Bêjo. Já a melodia entoada por Romeu e tida por ele como "a mais antiga", possuía uma letra que remete à *reza/canto de pedidos* mais utilizada na Bocaina, *Reza das Almas*, reconhecida também por Sr. Afonso como sendo *"a reza da antigamente"* e cuja melodia possui cadências semelhantes à *reza/canto de pedidos Alerta Irmão Devotos*, popularmente chamada na Bocaina como "canto de Luia".

Exemplo 24 – *Reza/canto de pedidos Alerta, Pecador, Alerta!*, entoada por Romeu na noite de 4 de abril de 2016 no povoado de Machadinho

Alerta, Pecador, Alerta!
(Povoado de Machadinho, Cláudio/MG)

Transcrição: Vinícius Eufrásio
Data da recolha: 04/04/2016

Fonte: transcrição elaborada pelo autor

A *reza/canto* entoada por Romeu, podendo ser enquadrada na categoria de *pedidos*, demonstra mais uma versão que mantém similaridades na disposição intervalar das notas que compõem a melodia da *reza/canto* que os encomendadores do povoado da Bocaina mais utilizaram em suas celebrações, explicitando ainda mais a relação entre tradição, memória e construção/reconstrução de uma prática enquanto performance ritualística a partir de elementos de uma manifestação que cada participante carrega consigo. Tais questões, cabíveis ao aprofundamento, são apenas mencionadas neste estudo, mas lançam possibilidades a novas abordagens em torno da temática, sobretudo, evolvendo trânsitos culturais em práticas performáticas da tradição popular brasileira.

Enquanto a parte que compete ao "embaixador", entoada em forma de solo, possui similaridades na melodia e letra com as *rezas/cantos de pedidos* entoadas nos rituais que ocorrem no povoado da Bocaina, a melodia e letra entoada pelo coro apresentam total discrepância nesses dois elementos. Outro fato interessante e que definitivamente distingue a interpretação do repertório de *Encomendação das Almas* entre os encomendadores da Bocaina e do Machadinho é a abertura de vozes empregadas por estes últimos na parte do coro, ou seja, na resposta.

Exemplo 25 – Comparação entre as partes entoadas pelos coros nos rituais que ocorrem no povoado da Bocaina e do Machadinho

Fonte: transcrição elaborada pelo autor

De acordo com Romeu:

> [...] em cada casa canta três intenção, cada intenção canta a mesma coisa, só que muda a intenção [...] pro cê entendê cê tem que andá, tem que acompanhá pro cê vê, por que em cada casa nóis canta uma coisa, a tuada é a mesma, mas os verso é diferente [...] nóis andava numas cinco ou seis tuada, um dia nóis sai com uma, um dia nóis sai com outra (Entrevista cedida por Romeu, no povoado de Machadinho em 4 de março de 2016).

As explicações de Romeu, mesmo soando um pouco confusas para mim e constantemente interrompessem a fala de Sr. Bêjo, ilustravam que, embora o ritual tivesse certa padronização, salientavam determinados aspectos variantes que distinguiam a cada recorrência ou a cada parada em uma casa ou outra. Em relação a esse ponto, pude perceber que o "embaixador" que varia pouco é alvo de críticas pelos participantes veteranos do rito e que possuem amplo conhecimento dos cânticos, como Sr. Bêjo e seu filho, Toninho. Contudo aspectos em relação aos juízos de valor quanto à performance no rito foram pouco explorados por mim por falta de oportunidade e tempo hábil para realização de outras entrevistas.

Ao falarem das intenções, Romeu e Sr. Bêjo deixam claro que estas se destinam a vários tipos de almas e que, escolher a intenção é um papel, senão uma responsabilidade, do "embaixador", cuja escolha, simbolicamente, depende do sentido que se deseja atribuir à reza cantada. Nesse instante, Romeu entoa um verso que, segundo ele, descreve uma intenção de proteção aos padres e às figuras eclesiásticas[128] e que, por sua vez, pode ser acrescido como complemento à *reza/canto de pedidos Alerta, Pecador, Alerta!*, dependendo da vontade do "embaixador" durante a realização do ritual.

Exemplo 26 – Verso que, segundo Romeu, pode ser entoado durante *reza/canto de pedidos Alerta, Pecador, Alerta!*

Da mor-te nin-guem es - ca - a-pa, nem os pa-dre san-to em Ro - ma

Fonte: transcrição elaborada pelo autor

Romeu também narrou que enquanto o grupo de *Encomendação das Almas* está diante de uma parada, após realizarem as três intenções da *reza/canto de pedidos*, é feito um "arremeto" com a função de "arrematar",

---

[128] Segundo minha interpretação, os versos entoados enfatizam a iminência da morte.

ou seja, encerrar a parte da celebração que compete à parada em questão. Podemos identificar que aquilo que o discurso autóctone denomina como "arremate" é a mesma categoria de *reza/canto* que definimos neste estudo enquanto *reza/canto de encerramento*, pois como já identificado, possui a função de demarcar que aquela etapa, ou parada, está sendo encerrada.

Exemplo 27 – *Reza/canto de encerramento Bendita de Deus*, entoada por Sr. Bêjo em entrevista cedida dia 4 de março de 2016

Bendita de Deus
(Povoado de Machadinho, Cláudio/MG)

Transcrição: Vinícius Eufrásio
Data da recolha: 04/03/2016

Ben - di - ta de Deus_____ ben - di - ta Ma- ri - a_____

que o ter-ço nos des - tes com tan-ta va - li - a_____

Fonte: transcrição elaborada pelo autor

Romeu relatou que há *rezas/cantos* que são inventadas pelos próprios encomendadores, uma vez que quando "*começa a enjoar de um tom*", inventa-se outro ou cria variações na forma de entoar. Contudo Sr. Bêjo comentou sobre o quanto atualmente tem havido dificuldades em inserir novos cânticos e até mesmo variações durante o ritual, pois tem que cantar algo que a "*turma da guarda*" conhece e sabe cantar e que, como nos últimos anos, "*quase não tá tendo gente pra ajudar nas rezas*", canta-se sempre a mesma coisa. Essa fala de Sr. Bêjo condiz com algo que pude observar em outras ocasiões, pois em todas as *rezas/cantos de pedidos* entoadas por Bêjo e Romeu, embora os versos variassem mesmo que minimamente em relação à letra e à melodia, esses aspectos mantinham-se inalterados em todas as recorrências da parte do coro. Esta, possivelmente, é mantida mais regular na sua interpretação por ser algo entoado por participantes que não estão presentes em todas as realizações do rito, sendo Sr. Bêjo, seus filhos, Toninho e João, e seu amigo Caeté, atualmente, os membros mais frequentes na *Encomendação das Almas* do Machadinho, contando com a eventual participação de alguns companheiros que vivem também no povoado.

Sr. Bêjo e Romeu narraram também os procedimentos que envolvem a realização do ritual, como o impedimento em olhar para trás, o fato de que, durante a realização do rito, não se pode conversar e nem, conforme ressaltado por Romeu: *"ter envolvimento com outros barulhos que não é a reza"*. Ambos apontam esses procedimentos como uma tradição *"dos antigos"* que, naquele tempo, eram mais severas, pois atualmente muita coisa vem sendo flexibilizada, dentre estas, a questão do olhar para trás, sobre a qual Sr. Bêjo salienta que *"o que não pode é abusar"*, sendo interrompido por Romeu dizendo que *"hoje nóis abusa muito, mas a tradição dos antigos era essa, cê não pode olhar pra trás e não pode conversar"*.

Em relação à proibição de conversar durante o rito, de acordo com Sr. Bêjo, os participantes do grupo de *Encomendação das Almas* "tomavam nome", ou seja, eram mal interpretados pelos demais moradores do povoado que não compreendiam alguns dos sentidos e procedimentos do ritual, como o fato de terem que caminhar em silêncio. Vez ou outra, durante a caminhada que o grupo realizava entre as paradas para a realização das rezas, os participantes deparavam-se com alguns moradores, geralmente alcoolizados, que também seguiam pelas ruas e/ou estradas de terra. Segundo Sr. Bêjo, conforme rege a tradição e o sentido do rito, o grupo não saudava ninguém que encontrasse pelo caminho, "passava caladinho", ouvindo por vezes provocações como *"cambada de bobo, ceis passa calado e não fala nada com ninguém, lavai fazer serenata prás almas, né!"*.

> Enquanto tá indo para a primeira parada, a turma pode conversar, tem tempo de conversar, mas no começo eu falou com eles que nóis já começou e aí tem ter silêncio. Depois que começa na primeira casa tem que ficar calado até terminar tudo o que nóis tiver que terminar e só depois pode voltar a conversar tudo o que tiver que conversar e vai fazer os compromisso pro outro dia e tudo mais, é desse jeito. Durante a reza não fala nada, agora, nesse trecho, só se for uma coisa muito importante, mas mesmo assim não conversa alto não, fala baixinho (Entrevista cedida por Sr. Bêjo, no povoado de Machadinho em 4 de março de 2016).

Outros pontos importantes são levantados por Sr. Bêjo, como o fato de que, segundo a tradição, *"se o galo cantar nóis tem que ajoelhar naquele lugar e terminar a reza ali mesmo"*, embora, como salientado por Romeu, *"da meia-noite não pode passar de jeito nenhum"*. Segundo eles, os antigos orientavam-se pelo *"tombamento da lua"* e, aos risos, demonstram-se aliviados por hoje em dia poderem se dar ao luxo de ter o tempo marcado em seus relógios de pulso ou celular. Em relação às vestimentas utilizadas para as celebrações, usar a roupa normal do dia a dia, como atesta Sr. Bêjo: *"já vi na televisão e já vi contar que tem lugar que canta enfardado, canta só no cruzeiro, mas aqui não, nóis vai cantá pras alma do jeito que tiver mesmo"*.

Os procedimentos do ritual de *Encomendação das Almas* que ocorre no povoado de Machadinho, assim como em demais localidades onde há recorrência desse ritual, estendem-se também àqueles que recebem a celebração diante de sua residência. Estes, por sua vez, devem permanecer do lado de dentro, colocando-se prontamente a atender os pedidos por orações advindos dos encomendadores através das *reza/canto de pedidos*, sendo proibido tentar espiar quem estiver do lado de fora, permanecer de luz acesa ou com qualquer aparelho como televisão ou rádio ligados. De acordo com Dr. Bêjo, caso as pessoas que recebem o rito diante de suas casas estejam dormindo, devem acordar para a realização das orações e, se porventura, estiverem acordadas, com luz acesa ou algo ligado, ao soar da matraca e da campainha, devem imediatamente desligá-los e apagar a luz para se prontificarem em função do ritual[129].

> *Nóis pede lá fora, que tá dentro não pode acender luz, quando a matraca dá sinal com a campainha cê tem que apagar a luz se tiver tudo acesa. Se tiver assistindo televisão tem que apagar e esperar nóis pedir e eles tem que rezar um Pai Nosso e uma Ave Maria sagrado, tem que rezar, entendeu?* (Entrevista cedida por Sr. Bêjo, no povoado de Machadinho em 4 de março de 2016).

De acordo com as histórias que acompanham a tradição do ritual de *Encomendação das Almas*, bastante comuns na bibliografia sobre o tema e também nos povoados em que se deu a realização desta pesquisa, os encomendadores são protegidos durante o ritual e mal nenhum lhes acontece desde que ajam de acordo com os preceitos devidos, pois, segundo Romeu, *"quando nóis sai pra rezar pras almas, as almas vêm junto"*. Contudo alguns castigos, maldições e visões sobrenaturais podem assombrar aqueles que quebram e desrespeitam os procedimentos tradicionais do rito. Como exemplos disso há uma narrativa interessante realizada por Sr. Bêjo e Romeu na qual contam sobre a proteção que recebem e também sobre o

---

[129] Durante o ritual que acompanhei no Machadinho, não vi qualquer caso que fugisse à tradição ou ao esperado pelos encomendadores, entretanto, nas observações no povoado da Bocaina — que se estenderam por um tempo consideravelmente maior —, pude presenciar celebrações diante de casas em que a luz permaneceu acesa e também em residências onde a TV estava ligada e assim permaneceu, porém foi-lhe retirado o volume durante o entoar das *rezas/cantos*. Fatos como estes claramente desagradavam a Vera, a Suelene e, sobretudo, a dona Nazaré.

ocorrido com as filhas de um de seus companheiros, estas que ousaram espiar a realização do ritual de *Encomendação das Almas*.

Cod. 4 – Narrativa de dois causos que envolvem a proteção aos encomendadores e a punição a quem desrespeita os preceitos do ritual (entrevista cedida em 4 de março de 2016)

Acesso em: https://youtu.be/8IfwR3v_9KM
Fonte: elaborado pelo autor

Ainda sobre a relação entre o místico e o rito, Romeu conta que, determinada vez, arrumou um gravador "novinho" com a intenção de registrar a reza cantada da *Encomendação das Almas* que ocorre no Machadinho. O grupo todo se reuniu na sede[130] para que fossem realizadas as gravações, porém, fazendo alusão a algo mítico em torno da sacralidade e mistério que envolve as rezas, nada foi gravado. Um fato curioso é que as gravações que realizei durante o ritual que acompanhei no Machadinho também foram perdidas, seja por motivos místicos ou não, o fato é que ao término do rito, o aparelho que eu portava estava com a bateria terminando e simplesmente desligou antes que eu pudesse salvar o áudio de quase quatro horas de celebração.

Em relação à história do ritual no povoado, Sr. Bêjo relembrou que *"desde todo tempo já rezava"* e Romeu enfatizava que antigamente havia *"duas turmas"* cujo encontro era tradicionalmente proibido[131], contudo, embora o discurso de ambos apresente confusão e seja um tanto impreciso em relação à temporalidade mencionada, é possível perceber que alguma flexibilização em alguns aspectos tidos como tradicionais — como em relação à conversa e ao olhar para trás, como a proibição em relação ao encontro de dois grupos ser um elemento tradicional e ser levado com muita serie-

---

[130] Uma espécie de salão paroquial onde ocorrem reuniões da comunidade e pequenos eventos religiosos.

[131] Conforme o discurso de Sr. Antônio Felipinho, antigo encomendador de 108 anos de idade, no povoado da Bocaina, havia a mesma tradição nos tempos antigos.

dade pelos praticantes locais. Conforme ressaltado por Sr. Bêjo, ao fazer alusão a uma similaridade com a *Folia de Reis*; "*quando uma turma tava da banda de cá, a outra só podia saí pelas bandas de lá e vice e versa, de longe uma turma até escutava a outra, mas não podia encontrar [...] é igual Folia, não pode encontrar senão vira um peteco danado*".

Não obstante, o discurso do Sr. Bêjo abordava a *Encomendação das Almas* como algo distinto e completamente separado de outras manifestações religiosas, como a *Folia de Reis*, o *Reinado de Nossa Senhora do Rosário* e o *Terço de Treze de Maio*, pude observar a forma como era recorrente que — não somente ele, mas várias pessoas com quem conversei durante o trabalho de campo, ao falarem de um rito — durante suas explicações perpassasse por outras práticas mesmo que negando a existência de relações intrínsecas às mesmas.

Contudo, como apontado por Ângelo Cardoso (2016, p. 70-72), embora o discurso autóctone nos forneça informações imprescindíveis para o desenvolvimento de um trabalho de cunho etnográfico, o mesmo pode trazer informações incompletas, que devem ser ponderadas e contextualizadas através da observação dos fatos pelo pesquisador. Desse modo, remeto ao ritual que ocorre no povoado de Machadinho conhecido como *Terço de Treze de Maio*, o qual, segundo Sr. Bêjo, não possui qualquer ligação com a *Encomendação das Almas*. Todavia, na celebração que tive a oportunidade de observar, durante o momento em que os participantes entoam as intenções do rito, a primeira delas teve como intenção o sufrágio às almas. Além disso, pude observar que nos dois rituais há uma partilha de repertório, e assim como essas *rezas/cantos* transitam entre práticas, também os participantes que os entoam, misturam cantos e rezas acerca do *Reinado, Terço, Folia* e *Encomendação das Almas*. Um exemplo disso é a recolha de um cântico comum ao universo do *Reinado de Nossa Senhora do Rosário*[132] entoado por Sr. Bêjo como uma das *rezas/cantos de encerramento* que, segundo ele, geralmente utiliza-se no povoado após a realização dos pedidos diante de uma residência.

---

[132] Em 2015, tive a oportunidade de gravar um capitão de terno de Moçambique entoado esse cântico durante o festejo do *Reinado de Nossa Senhora do Rosário* que ocorreu na região central da cidade de Cláudio (MG).

Exemplo 28 – Cântico *Nossa Senhora Pediu*, entoado por Romeu e Sr. Bêjo

Nossa Senhora Pediu
(Povoado de Machadinho, Cláudio/MG)

Transcrição: Vinícius Eufrásio
Data da recolha: 04/04/2016

Fonte: transcrição elaborada pelo autor

Segundo Sr. Bêjo, a reza cantada apresentada no exemplo transcrito (ver Exemplo 28) é utilizada após a entoação dos três pedidos da *reza/cantos de pedidos*, sendo estes *reza/cantos de encerramento*. Essa categoria de *reza/canto* é utilizada, também no povoado de Machadinho, para fechamento da parada, sinalizando o encerramento da celebração diante da residência em que estão. Sr. Bêjo, em sua posição enquanto matraqueiro e líder do grupo, escolhe as *rezas/cantos de encerramento* a serem entoadas durante as celebrações e salienta que *"cântico nóis tem muito, eu faço uma escala de cântico e vou tirando"*.

Dentre demais aspectos que integram as sonoridades imbuídas no ritual, além das rezas cantadas, Sr. Bêjo e Romeu contaram sobre a presença da matraca, que, assim como é tradicional em muitas das recorrências do rito pelo Brasil afora, inicia o ritual, mas diferentemente do observado em outras localidades, nos ritos do povoado de Machadinho não se utiliza tanger matraca e campainha para encerrar cada parada do grupo de encomendadores durante as celebrações. Ambos comentaram aos risos o fato de não utilizarem mais o berra-boi, pois o cordão que segura a extremidade de madeira pode facilmente arrebentar e causar acidentes durante a *Encomendação*.

No decorrer da entrevista, Sr. Bêjo queixou-se a respeito de vários problemas que têm acarretado dificuldades na realização da *"reza pras almas"*, contudo em momento algum transpareceu qualquer desânimo em relação a manter a tradição — mesmo que expressasse tristeza ao pensar sobre ser uma tradição que, ao menos no povoado em que vive, aparenta caminhar para um fim após sua morte —, demonstrando, inclusive, que faz demasiado esforço para a sustentação dessa prática. Questionei, portanto, Sr. Bêjo sobre qual o significado ou sentido que essa tradição tem para ele, tendo em vista os muitos anos em que participa das celebrações e as promove e gerencia no povoado de Machadinho.

> *O sentido é muito forte, sabe? A reza prás almas pode até ficar fraca, sabe? Mas não devia de acabar. Esse ano eu falei com meu povo que se existisse um gravador, sabe, a pilha? Eu ia comprar pilha a riviria e eu ia saí eu com a fita que eu tenho ela aqui e gravar nossa turma tudo [...] Tem uma fita que Jaiminho gravou que eu tenho ela aqui pra ir pra Goiás [...] Rezá prás almas é um coisa católica, do catolicismo, que Deus deixou, mas nóis não pode dá continuidade porque nóis tem nosso tempo de vencer, mas o sentido que eu tenho da reza das almas é que nóis ta tocando uma coisa muito antiga que eu desejava, se eu caí amanhã e morrer, eu desejava que ela continuasse pra não parar [...] Folia de Reis já te pregada, bem dizer, nóis ta é ajudando o outros, outra equipe que nóis ajuda, o Reinado também [...] As almas espera de nóis a oração, a gente lembra em pensamento daqueles que já morreram, eu tenho uma devoção pras almas de que se eu não rezá prás almas ao menos uma Ave-Maria antes de eu deitar, eu não durmo. Eu lembro, puxa vida, esqueci de rezar prás almas, daí eu sento na cama e rezo* (Entrevista cedida por Sr. Bêjo, no povoado de Machadinho em 4 de março de 2016).

Para ilustrar sua devoção e justificar seu empenho para com a *Encomendação das Almas*, Sr. Bêjo contou uma história sobre um fato que ocorreu com ele e um *"tal de Tião Caria"* em determinada noite da Quaresma em que foi até a venda (localizada diante da pracinha da igreja e que é utilizada como ponto de encontro da turma) e esperou seus companheiros de grupo, no entanto ninguém apareceu. Diante da impossibilidade de realizar o ritual somente ele e Tião, Sr. Bêjo voltou então para sua casa, realizou suas preces noturnas e adormeceu. No outro dia, bem cedo pela manhã, ao chegar em sua casa, Tião perguntou se Sr. Bêjo e a turma haviam saído para rezar para as almas após ele ter voltado para casa, pois, segundo o que Tião contou, ouviu a voz de Sr. Bêjo chamando por ele por três vezes durante a noite, mas ao sair para fora de casa, não via ninguém.

Cod. 5 – Narrativa sobre o causo místico que envolve Sr. Bêjo e seu companheiro Tião (entrevista cedida em 4 de março de 2016)

Acesso em: https://youtu.be/VbLdYDj6CVU

Fonte: elaborado pelo autor

Perguntei sobre qual a *reza/canto de pedidos* que estavam utilizando durante os rituais que vinham sendo realizados no povoado de Machadinho nos últimos anos e Sr. Bêjo salientou que, apesar de existirem vários tons ou toadas[133], têm utilizado apenas uma, pois, diante da rotatividade de pessoas e dificuldade de manter uma turma frequente, tem sido muito difícil se afastar do que é trivial. Através da entoação da *reza/canto de pedidos* que atualmente vem sendo entoada no Machadinho e também dos outros exemplos dessa mesma categoria que entoaram durante a entrevista, pude perceber que mesmo que os versos e melodia do solista possuam variações entre elas, a parte que compete ao coro mantém-se inalterável em cada exemplo, tendo como alterações mínimas, o tom de referência ou diapasão[134], o que revela uma preocupação e uma necessidade em se manter a parte do coro como algo de fácil memorização e execução, possibilitando a participação de pessoas que não possuem afinidade com a prática do ritual e que possivelmente se sentiriam perdidas em meio a melodias e versos de maiores extensão e complexidade.

---

[133] O que significa que há várias *rezas/cantos de pedidos* (com letras e melodias distintas entre si), mas ao mesmo tempo significa que há diferentes maneiras de entoar uma só *reza/canto de pedidos* (que tenha mesma letra e melodia).

[134] Pude observar que o tom depende da altura em que a *reza/canto* é embaixada, não seguindo um diapasão fixo, sendo mutável cada momento.

Exemplo 29 – *Reza/canto de pedidos Alerta, Irmão Devoto, Alerta!*, atualmente utilizada nos rituais de *Encomendação das Almas* no povoado de Machadinho, entoada por Sr. Bêjo em entrevista cedida no dia 4 de março de 2016

Alerta, Irmão Devoto, Alerta!
(Povoado de Machadinho, Cláudio/MG)

Transcrição: Vinícius Eufrásio
Data da recolha: 04/03/2016

Fonte: transcrição elaborada pelo autor

Na sequência dessa *reza/canto de pedidos*, foi entoada a *reza/canto de encerramento Quinta-feira Santa*, contudo não realizei a transcrição da mesma, pois, como a entoação ocorreu em meio a uma entrevista, Sr. Bêjo interrompeu Romeu e Toninho durante o cântico para retomar as explicações sobre como a *reza/canto de pedidos* deve ser entoada no povoado de Machadinho no âmbito da realização do ritual (ver Cod. 6).

Cod. 6 – Explicações de Sr. Bêjo e entoação da *reza/canto de pedidos* que atualmente é entoada nos rituais de *Encomendação das Almas* no povoado de Machadinho (entrevista cedida em 4 de março de 2016)

Acesso em: https://youtu.be/8JHW8sCKEeU
Fonte: elaborado pelo autor

Essa *reza/canto de pedidos*, assim como grande parte das *rezas/cantos* que pude considerar dentro dessa categoria, ocorrem em forma de responsório. Chamou minha atenção que, durante a entoação de Sr. Bêjo, seu filho, Toninho, que não estava presente no mesmo cômodo que nós, surgiu às pressas para auxiliar na entoação da parte que deveria ser cantada em coro, demonstrando assim seu compromisso com a tradição, mesmo que aquele não fosse um momento de performance especificamente ritual.

No caso da prática de *reza/canto* responsorial da *Encomendação das Almas*, através do que contam os participantes sobre a tradição, é perceptível o pensamento sobre a presença das almas entre os fiéis que promovem a celebração, não só recebendo as preces e protegendo-os das desventuras que poderiam lhes esperar em meio às caminhadas noturnas, mas auxiliando-os também durante os cânticos e orações. Assim, ao levarmos em conta a cosmovisão em que o rito está envolto, a reza cantada interage, em dimensões diferentes, o solista (embaixador/tirador), o coro (que responde em canto enfatizando os pedidos em nome de Deus), os devotos que participam do lado de dentro de suas residências (que participam em outro âmbito da performance, não visível para quem assiste o rito da perspectiva dos encomendadores, mas realizando as orações solicitadas através da *reza/canto de pedidos*) e, por último, as almas (que recebem as orações e, segundo a cosmologia e tradição local, auxiliam no ritual).

Sr. Bêjo, além de ser a figura de liderança no ritual de *Encomendação das Almas* que atualmente ocorre no povoado de Machadinho, também participa, promove e gerencia várias outras manifestações religiosas na comunidade e sem dúvida é um expoente conhecedor das tradições religiosas do povo que vive nessa localidade. Ele não somente demonstra uma preocupação com a preservação e manutenção dos ritos que ocorrem na comunidade, como também atua de forma a transcrever muitos dos cânticos e rezas utilizadas nas celebrações em um caderno específico para esse fim, com o qual possui demasiado zelo[135].

Figura 40 – Caderno de cânticos e rezas (à esquerda) e Sr. Bêjo (à direita)

Fonte: acervo do autor

Ao buscar seu caderno, Sr. Bêjo, acompanhado pelo coro composto por seu filho Toninho e também por Romeu, começou a entoar várias *rezas/*

---

[135] Ao ponto de não me permitir mover o caderno para um local externo de sua casa para realizar um processo de digitalização a partir de um scanner.

cantos que são utilizadas como *rezas/cantos de encerramento* no âmbito do ritual de *Encomendação das Almas*. Explicou-me que como a maior parte das *rezas/cantos* transcritas em seu caderno são demasiadamente longas para a duração média do rito, que não pode ultrapassar o horário da meia-noite, faz-se a entoação somente do refrão, em coro, para arrematar cada parada do grupo de encomendadores durante a celebração.

Exemplo 30 – Transcrição da *reza/canto de encerramento Jesus Cristo Poderoso* presente no caderno de Sr. Bêjo, a partir do qual canta-se somente o refrão

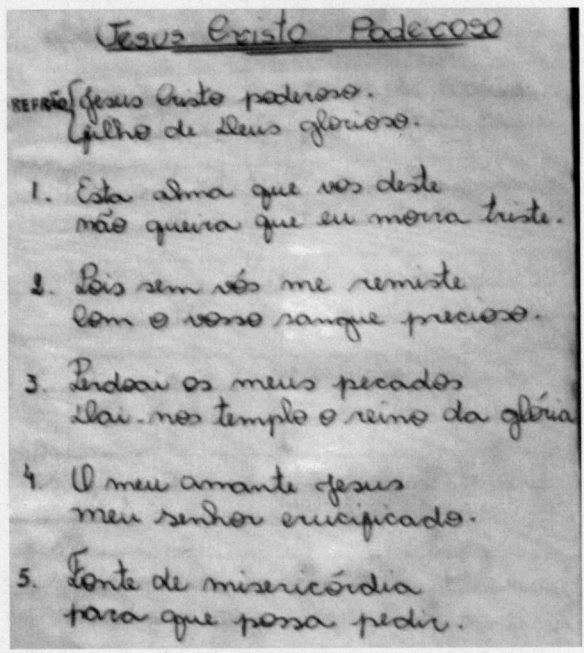

Fonte: caderno de Cânticos e Rezas de Sr. Bêjo (fotografia: acervo do autor)

Tendo em vista a quantidade de *rezas/cantos de encerramento* entoadas por Sr. Bêjo, Toninho e Romeu durante a entrevista e que, durante as celebrações do rito o coro participa efetivamente, perguntei como ocorrem os ensaios com o grupo e se estes são necessários. Sr. Bêjo respondeu que "*o povo já tá tão acostumado, que não precisa não, mas a dificuldade que nóis tá tendo é que não tá tendo gente pra vir ajudar, segunda dificuldade é mudar de tom, por que se mudar de tom, ninguém dá conta*". Aparentemente, mesmo diante da dificuldade de se ter uma turma frequente nos rituais de *Encomendação das Almas*, os cânticos utilizados como *reza/canto de encerramento* fazem parte da vida religiosa tradicional do povoado como um todo e perpassam várias manifestações da cultura religiosa dessas pessoas, possibilitando que, mesmo sem uma turma assídua, tenha-se um coro capaz de entoar as *rezas/cantos de encerramento*. Por outro lado, o mesmo não pode realizado em relação às *rezas/cantos de pedidos*, dado que estas possuem uma textualidade específica, que descreve procedimentos do rito e traduz suas intenções, não fazendo parte do cotidiano religioso e, consequentemente, sendo menos conhecidas.

Sr. Bêjo, Romeu e Toninho explicaram que todos os cânticos que entoaram a partir dos manuscritos contidos no caderno de Sr. Bêjo, podem ser utilizados na *Encomendação das Almas* para arrematar, ou seja, como *reza/canto de encerramento*, desde que colocados dentro do tom ou toada de *"rezá pras almas"*. Durante boa parte da entrevista concedida, Sr. Bêjo folheia seu caderno e entoa *rezas/cantos* que utilizam como *encerramento* salientando que "é muita coisa, com isso aqui nóis passa a noite inteirinha rezando". Em cada parada, após os *pedidos*, deve-se tirar/embaixar um *canto/reza de encerramento* pra arrematar e que, como relembra, em cada parada canta-se uma *reza/canto de encerramento* diferente.

Exemplo 31 – *Reza/canto de encerramento Os Anjos lá no Céu*, entoada por Sr. Bêjo, Toninho e Romeu

Os Anjos lá no Céu
(Povoado de Machadinho, Cláudio/MG)

Transcrição: Vinícius Eufrásio
Data da recolha: 04/03/2016

Fonte: transcrição elaborada pelo autor

Segundo Sr. Bêjo e Romeu, o cântico *Os Anjos lá do Céu* é tipicamente utilizado na *Folia de Reis*, contudo é possível aplicar sua utilização como *reza/canto de encerramento* do ritual de *Encomendação das Almas* a partir do momento em que, como salienta Sr. Bêjo, "*o tom tem que passar pra tom de reza [...] dependendo os verso, você pode por eles, se for cantando no mesmo tom que nóis segue a reza pras alma"*, contudo, para mim, ainda estava difícil compreender qual seria exatamente a distinção entre o "tom de reza" e os "tons" atribuídos à *Folia de Reis* e ao *Reinado de Nossa Senhora do Rosário.*

Contudo uma explicação vinda de Romeu pareceu-me revelar o suficiente para compreender que o "tom" está relacionado não somente com os aspectos sonoros dos versos entoados, mas também com sua interação e dinamismo dentro de um contexto maior, sobretudo em reação a acontecimentos que, durante as práticas rituais, interferem na performance. Aspectos como a duração das notas, andamento e dinâmica estão sujeitos a sofrerem alterações em função daquilo que ocorre fora de um âmbito não propriamente sonoro, mas que devemos considerar como também elemento pertinente à realização musical do rito, tendo em vista sua influência na performance mesmo que enquanto agente externo à produção sonora em si.

> *Eu vou falar aqui uma coisa que o Bêjo vai confirmar que é o seguinte:* o Congo *[Reinado de Nossa Senhora do Rosário]* e a Folia, *ocê não depende do que ocê faz, ocê depende do que vem de lá pra cá, é verdade ou não é, Bêjo? Cê canta conforme o que tá acontecendo, o* Congo *também mesma coisa que na* Folia, *cê canta pelo que tá acontecendo de lá pra cá, não é só o que a gente quer não. O* Terno *[Encomendação das Almas] não, é tudo a mesma coisa, só se aparecer uma coisa muito diferente que cê canta, mas é tudo a mesma coisa. Agora, a* Folia *e o* Reinado, *cê tá trabalhando e se aparecer uma coisa diferente, cê tem que cantar pra aquilo que tá aparecendo [...] Isso aí é do jeito que o embaixador embaixar a turma tem que ir, o embaixador é o guia, ele embaixa sozinho e depois, mesmo que ele ajuda atrás a responder, a turma tem que ir* (Entrevista cedida por Romeu, no povoado de Machadinho em 4 de março de 2016).

Outro aspecto que, nas práticas religiosas do povoado de Machadinho, perpassa por vários ritos distintos é a distinção e devoção atribuída a Nossa Senhora. Vários cânticos que são utilizados como *rezas/cantos de encerramento* fazem menção à santa aludindo seu papel de salvadora dos fiéis. De acordo com Sr. Bêjo, embora nos cânticos sejam mencionadas várias designações a Maria, *"Nossa Senhora é uma só, seus títulos é que são muitos, seja na* Folia, *no* Terço, *no* Reinado *ou nas* Almas, *é uma só, é a mesma"*. Desse modo, podemos atestar uma partilha entre repertórios que nas práticas culturais do povoado tange vários ritos pertencentes ao universo do catolicismo popular vivenciado pelos moradores do povoado de Machadinho.

Cod. 7 – Explicação de Sr. Bêjo e entoação da *reza/canto de encerramento Virgem do Rosário* (entrevista cedida em 4 de março de 2016)

Acesso em: https://youtu.be/brevY6aYpxchttps://goo.gl/uJNXzy
Fonte: elaborado pelo autor

Desse modo, no repertório entoado por Sr. Bêjo, é comum encontrarmos menções à Virgem do Rosário condizentes ao que foi dito por Sr. Antônio Felipinho (antigo encomendador do povoado da Bocaina, com então 108 anos) que *"os fundamentos da fé têm tudo um sentido só, no* Reinado nóis reza pros antepassado e nas almas também [...] o sentido é a mesma coisa".

Exemplo 32 – *Reza/canto de encerramento Viva Jesus*, entoado por Sr. Bêjo em entrevista cedida em 4 de março de 2016 no povoado de Machadinho

Viva Jesus
(Povoado de Machadinho, Cláudio/MG)

Transcrição: Vinícius Eufrásio
Data da recolha: 04/03/2016

Fonte: transcrição elaborada pelo autor

Um outro exemplo, através do qual é possível perceber a multiculturalidade no âmbito do ritual de *Encomendação das Almas*, bem como nos demais ritos da religiosidade popular do povoado de Machadinho, é o fato de encontrarmos expressões comuns a tradições religiosas específicas da antiga liturgia católica acolhidas em um nítido processo de transculturação[136] e utilizadas nas celebrações rurais que ocorrem na comunidade, distantes do rigor institucional. Nesse caso, a transcrição de um "Kyrie Eleison" sobreposto na *Ladainha de Nossa Senhora* encontrado no caderno de cânticos e rezas de Sr. Bêjo (ver também Figura 33), demonstra a interpenetração cultural e uma cosmovisão que permite a união e reinterpretação do que é sacro e tradicionalmente rígido à liberdade da expressão religiosa do homem do campo.

Exemplo 33 – *Ladainha de Nossa Senhora* transcrita no caderno de rezas e cânticos de Sr. Bêjo

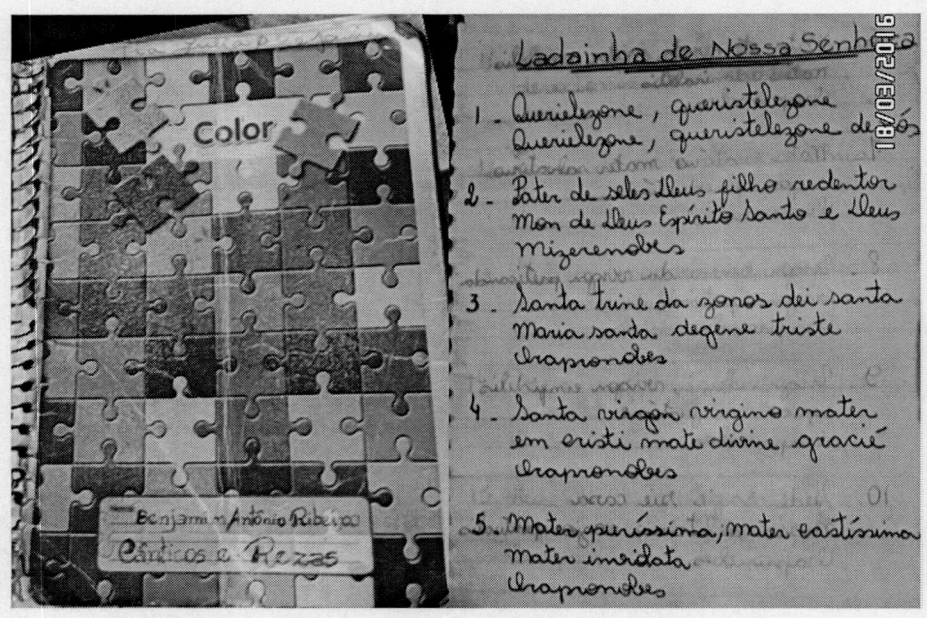

Fonte: caderno de Cânticos e Rezas de Sr. Bêjo (fotografia: acervo do autor)

---

[136] Ou, mesmo que de forma socialmente inversa ao que é apresentado por José Jorge de Carvalho (2004), é possível também identificar processos de *apropriação* e *expropriação* cultural.

Cod. 8 – Gravação contendo áudio da *Ladainha de Nossa Senhora* (entrevista cedida em 4 de março de 2016)

Acesso em: https://youtu.be/8gQcTICrAn8
Fonte: elaborado pelo autor

Durante a entrevista com Sr. Bêjo, Romeu e Toninho, não foi mencionada a oferenda de alimentos por parte dos devotos e respectiva resposta com a *reza/canto de agradecimento* nessa localidade. Porém, como na minha observação do ritual na sexta-feira, dia 18 de abril de 2016, não foi possível verificar a mesma prática, imagino que tais momentos possam ocorrer no rito que é realizado no povoado de Machadinho, não obstante, ausência dos fatos.

No entanto, diferentemente do que ocorre no povoado da Bocaina, Sr. Bêjo explica que a cada noite de ritual, após terem realizado a *Encomendação das Almas* em cada uma das paradas — com *reza/canto de pedidos* e *reza/canto de encerramento* em cada uma delas — é feito um "conchave", que seria uma conclusão da celebração daquela noite como um todo. O "conchave" consiste em celebrar o ponto auge[137] do ritual a cada noite de sua realização para a qual é escolhida também uma *reza/canto de encerramento* denominada *Jesus Amantíssimo*, podendo ser completamente entoada em coro e também em forma de responsório, assim como a *reza/canto de pedidos*.

---

[137] Uma culminância.

Exemplo 34 – Reza/canto de encerramento *Jesus Amantíssimo* entoado no ritual de 18 de março de 2016 no povoado de Machadinho

Jesus Amantissemo
(Povoado de Machadinho, Cláudio/MG)

Transcrição: Vinícius Eufrásio
Data da recolha: 04/03/2016

Fonte: transcrição elaborada pelo autor

Após a realização da entrevista com Sr. Bêjo, seu filho Toninho e Romeu, passamos a conversar sobre a próxima data em que realizariam o ritual e sobre a possibilidade de minha participação enquanto observador. Propus que marcássemos na quarta-feira seguinte, dia 9 de abril, entretanto, segundo Toninho, nas quartas era mais difícil reunir a turma, e ele mesmo não estaria presente, dado que durante a semana fica na área urbana de Cláudio, onde trabalha. Toninho propôs então que marcássemos para sexta-feira, dia 11 de abril, contudo nessa data eu já havia marcado de assistir ao ritual no povoado de São Bento. Assim, restava-nos somente a última semana da Quaresma que, segundo Sr. Bêjo, *"na semana de dores, pode sair a semana interinha se quiser[138]"*, no entanto, devido a minha rotina acadêmica em Belo Horizonte, optamos por marcar para a sexta-feira, dia 18 de abril de 2016.

Como o ritual ocorre em locais escuros e que não seria possível, dentro das condições e equipamento que eu dispunha, realizar uma gravação de qualidade de som e imagem, Sr. Bêjo, que muito ansiava por ter um registro desse tipo sobre o ritual de *Encomendação das Almas*, propôs que eu realizasse primeiramente, antes de saírem para as rezas, a gravação da turma entoando as rezas cantadas no salão da sede, local no qual seria possível reunir todos os membros e termos uma boa iluminação para captura do vídeo. Na intenção de colher materiais para minha pesquisa e também poder contribuir com as demandas de meus interlocutores, comprometi-me a chegar no povoado por volta das 18h do dia 18 de abril de 2016[139].

De acordo com Sr. Bêjo, anos atrás (sem especificar quantos) algumas pessoas o procuraram para realizar uma coleta de materiais acerca das rezas cantadas; não necessariamente de *Encomendação das Almas*, mas de forma geral. Nessa gravação passada, realizaram filmagens, fotografias e gravações sob o argumento de que aquele material ficaria em um museu. Sr. Bêjo solicitou que lhe entregassem uma cópia para que tivesse também um registro na comunidade, contudo nunca recebeu qualquer retorno.

> *Diz que iam mandar não sei pra onde, pra lá pro museu, não sei, pra lá [...] Diz que iam despachar isso não sei pra onde e deve que tá no despacho até hoje, porque não voltou nada pra nóis e nem voltaram aqui nem pra falá muito obrigado pela aquelas coisa atoa que oceis arrumou pra nóis* (Entrevista cedida por Romeu, no povoado de Machadinho em 4 de março de 2016).

---

[138] Diferentemente da tradição dos encomendadores da Bocaina, que elege somente as quartas e sextas-feiras.

[139] Curiosamente, quando cheguei ao povoado, eram exatamente 18h18 do dia 18.

Alguns estudiosos realizam abordagens em torno da pesquisa com o patrimônio cultural e problematizam questões acerca do comprometimento social que o pesquisador deve ter diante das comunidades que lhes servem como fonte de informação. José Jorge de Carvalho problematiza a responsabilidade que os pesquisadores devem ter ao procederem com a realização de registro audiovisual de tradições performáticas, pois, ao dar-se o procedimento de gravações, o sujeito que as realiza passa a se apropriar de um conhecimento tradicional, que em primeira instância pertence aos participantes da tradição em questão (CARVALHO, 2004). Nesse sentido, Paulo Castagna aponta:

> Os pesquisadores, quando beneficiados por acervos e comunidades que preservam documentos ou informações – essa é minha opinião – têm a obrigação de beneficiar, de alguma forma, esses mesmos acervos e comunidades. Não existem, entretanto, discussões suficientes para se avaliar a importância dessa postura e mesmo para encontrar soluções ou formas de interação entre pesquisadores, acervos, comunidades (CASTAGNA, 1997, p. 9).

Nesse sentido, estabeleci com Sr. Bêjo o compromisso de lhe apresentar posteriormente uma cópia de todo o material coletado no Machadinho sobre as rezas cantadas do ritual de *Encomendação das Almas*, bem como, depois de minha pesquisa estar pronta, levar para ele exemplares contendo cópias dos resultados, para que assim pudesse ser guardado na comunidade um registro de parte de sua história, identidade e expressões de fé e religiosidade a partir do trabalho que propus e gentilmente me concederam sua atenção e tempo, partilhando saberes que foram determinantes para o avanço de meus estudos.

Assim, conforme combinado, no dia 18 de março de 2016, saí de Cláudio acompanhado por Eliza e passamos pelo povoado da Bocaina para pegar Romeu em sua casa. Foram aproximadamente 40 minutos de carro até encontrarmos Romeu e depois mais cerca de 40 minutos até o povoado de Machadinho, no qual nos dirigimos diretamente para a casa de Sr. Bêjo, que já nos aguardava preparado para a realização do ritual, inclusive com um repertório manuscrito contendo a lista de *rezas/cantos* a serem entoadas durante o ritual. A lista não necessariamente sugeriria uma ordem sequencial, pois só realizariam sete paradas naquela noite, mas incluía possibilidades caso, no momento da entoação, a memória falhasse, podendo ser algo auxiliar à escolha das *rezas/cantos de encerramento*.

Exemplo 35 – Repertório de rezas/cantos de encerramento confeccionado por Sr. Bêjo para o ritual de *Encomendação das Almas* no povoado de Machadinho na noite de 18 de março de 2016

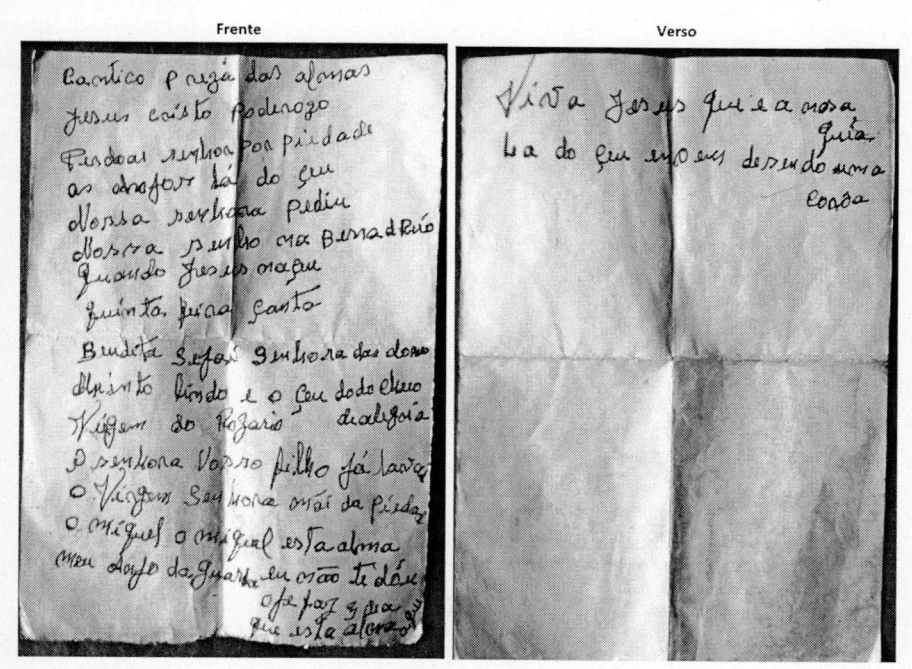

Fonte: elaborado a partir do acervo do autor

Partindo da casa de Sr. Bêjo, seguimos – eu, Eliza, Sr. Bêjo, seu filho, Toninho, e Romeu — em direção à Igreja localizada no centro da área urbanizada do povoado de Machadinho. Lá nos encontramos com Caeté, amigo de Sr. Bêjo, que, segundo ele, é um membro frequente nos rituais, bem como com outros "companheiros" que compunham o grupo local de *Encomendação das Almas* naquela ocasião[140]. A partir dali, seguimos para a sede, na qual foi realizada uma gravação dos participantes entoando *rezas/ cantos* utilizadas durante a celebração do ritual. Tal situação não retrata o ritual, mas parte de uma demanda de Sr. Bêjo, pois como o ritual ocorre em ambientes bastante escuros, esse tipo de gravação permite conseguir uma maior qualidade de áudio e, principalmente, de imagem.

A gravação não nos permite perceber vários elementos sonoros e performáticos que envolvem a interpretação tradicional do ritual, contudo

---

[140] Como salientado por Sr. Bêjo, embora todos os presentes sejam pessoas acostumadas a lidar com o ritual, nem todos os participantes frequentam todos as celebrações da *Encomendação* que ocorrem durante a Quaresma. Por falta de tempo hábil, não foi possível obter informações detalhadas sobre todos os participantes.

possibilita identificar detalhes referentes à participação e à contribuição vocal de cada membro da "turma" que realiza a *Encomendação das Almas* no povoado de Machadinho, entoando a *reza/canto de pedidos Alerta, Irmão Devoto, Alerta!* e a *reza/canto de encerramento Quinta-feira Santa*, contudo o primeiro, por ter sido entoado por Sr. Rafael, possui claras distinções em relação à transcrição realizada a partir da entoação de Sr. Bêjo (ver Exemplo 29). Tal fato demonstra as possibilidades de variação de letra e pequenos motivos melódicos em função do tipo de pedidos que aquele que tira a reza deseja realizar, mas tendo como base estrutural maior a melodia original que compõe essa *reza/canto de pedidos* em si.

Cod. 9 – Grupo que realiza o ritual de *Encomendação das Almas* no povoado de Machadinho (gravação realizada em 18 de março de 2016)

Acesso em: https://youtu.be/fa3AyuLlpwQ
Fonte: elaborado pelo autor

No ritual que ocorreu em Machadinho no dia 18 de março de 2016, Sr. Bêjo, embora ainda mantivesse o papel de líder e matraqueiro do grupo, passou o papel de "embaixador" para outro participante, Sr. Rafael, tendo nesse gesto o intuito de incluí-lo na turma e motivar sua participação, pois o mesmo, embora fosse um antigo morador do povoado, havia morado muitos anos em Divinópolis (MG) e recentemente havia voltado a residir em Machadinho. A modificação referente à figura do "embaixador" provavelmente interferiu em vários aspectos performáticos na *Encomendação das Almas* local, pois, embora não tenha visto a "turma" em ação tendo Sr. Bêjo como "embaixador", ele e Toninho comentaram após o rito, algumas falhas cometidas pelo colega e sobre como pensam que determinados atos durante a celebração poderiam ter sido realizados, segundo os comentários, o "embaixador" deveria ter inserido na *reza/canto de pedidos* diversos tipos de solicitações em prol de diferentes tipos de almas, chamadas por eles de variação. De acordo com Sr. Bêjo, *"tem que variar mais, pode variar os pedido e ele variou pouco, quase nada, tem jeito de fazer muita coisa diferente que deixa a reza mais bonita".*

Após a realização da performance para a gravação audiovisual na sede, todos os participantes prosseguiram em caminhada pelas ruas do povoado de Machadinho, passando por estradas de terra e se afastando da área urbanizada, onde adentraram em meio à escuridão da noite munidos apenas de poucas lanternas. Nesse momento de caminhada, alguns participantes do grupo conversavam em volume moderado, cessando no momento em que começavam a se aproximar de um pequeno aglomerado de casas já um pouco distante da área urbanizada do povoado (aproximadamente 20 minutos de caminhada). Ao sinal de Sr. Bêjo, o silêncio imperou em meio ao grupo e nem sussurros se ouvia. Aos poucos, o som que ressoava naturalmente no ambiente — vento e sons de diversos animais noturnos, sobretudo cães que latiam ininterruptamente — tomou conta de toda a cena que envolvia o ritual.

Durante o ritual, foram realizadas sete paradas, sendo seis no pequeno conglomerado de casas um pouco afastadas da área urbanizada do povoado e a sétima no cruzeiro localizado diante da igreja, no qual foi realizado o "conchave" que, segundo Sr. Bêjo, é o ponto onde, na última sexta-feira de celebração, realiza-se o encerramento do rito por aquele ano.

Figura 41– "Conchave" do ritual de *Encomendação das Almas* no povoado de Machadinho

Fonte: acervo do autor

O ritual de *Encomendação das Almas* no povoado de Machadinho foi o último que assisti durante minha pesquisa e se destacou dos demais devido à emoção que pude perceber nos participantes durante a celebração, sobretudo em Sr. Bêjo que, no momento do "conchave", retoma a liderança vocal do grupo entoando *Jesus Amantíssimo* e pronunciando, por fim, as seguintes palavras:

Sr. Bêjo: Por misericórdia de Deus louvados sejam os que descansam em paz

Coro: Assim seja!

Sr. Bêjo: Em nome do Pai,

Coro: Do Filho e do Espírito Santo, Amém!

Sr. Bêjo: Louvado seja o Nosso Senhor Jesus Cristo

Coro: Para sempre seja louvado

Sr. Bêjo: Por hoje tá encerrado

Embora a transcrição musical possa nos fornecer possíveis leituras sobre a interpretação do ritual, através desta não seria possível, ou seria demasiadamente complexo, descrever minhas impressões sobre aspectos da fé e emoção que pude presenciar nessa ocasião, por isso, através do recurso tecnológico *QR Code* e links de acesso, possibilito ao leitor uma apreciação sobre o ritual a partir do material audiovisual coletado durante a pesquisa para que possa ter suas próprias impressões sobre a performance realizada pela "turma" que realiza a *Encomendação das Almas* no povoado de Machadinho.

Cod. 10 – Conchave do ritual de *Encomendação das Almas* realizado no povoado de Machadinho (gravação realizada em 18 de março de 2016)

Acesso em: https://youtu.be/vY5LkcphghI
Fonte: elaborado pelo autor

Durante o ritual no povoado de Machadinho, foi entoada a *reza/canto de pedidos Alerta, Irmão Devoto, Alerta!*, interpretada por Sr. Rafael que, a pedido de Sr. Bêjo, assumiu o papel de "embaixador" durante essa realização do rito. As *rezas/cantos de encerramento* foram todas "embaixadas" por Sr. Bêjo, que a partir de seu vasto repertório, entoava os cânticos, sendo acompanhado pelo coro logo em seguida. Considerando que, ao menos nessa ocorrência do ritual, não foi entoada nenhuma *reza/canto de agradecimento*, temos a seguinte relação de repertório entoado durante a *Encomendação das Almas* de 18 de março de 2016 no povoado de Machadinho (ver Quadro 8).

Quadro 8 – Repertório entoado no ritual de *Encomendação das Almas* realizado na noite de 18 de março de 2016 no povoado de Machadinho

Parada	*Reza/canto de pedidos*	*Reza/canto de encerramento*
1º Casa	*Alerta, Irmão Devoto, Alerta!*	*Jesus Cristo Poderoso*
2° Casa	*Alerta, Irmão Devoto, Alerta!*	*Uma Incelença*
3º Casa	*Alerta, Irmão Devoto, Alerta!*	*Oh, Senhora!*
4º Casa	*Alerta, Irmão Devoto, Alerta!*	*Quando Jesus Nasceu*
5° Casa	*Alerta, Irmão Devoto, Alerta!*	*Perdoai Senhor Por Piedade*
6º Casa	*Alerta, Irmão Devoto, Alerta!*	*Os Anjos lá do Céu*
Cruzeiro	*Alerta, Irmão Devoto, Alerta!*	*Jesus Amantíssimo*

Fonte: elaborado pelo autor

Exemplo 36 – *Reza/canto de encerramento Jesus Cristo Poderoso*, entoado no ritual de 18 de março de 2016 no povoado de Machadinho

Jesus Cristo Poderoso
(Povoado de Machadinho, Cláudio/MG)

Transcrição: Vinícius Eufrásio
Data da recolha: 18/03/2016

Je - sus Cris - to po - de - ro - so, Je - sus Cris - to po - de - ro - so, Fi - lho de Deus glo - ri - o - so, Fi - lho de Deus glo - ri - o - so.

Fonte: transcrição elaborada pelo autor

Exemplo 37 – Reza/canto de encerramento *Uma Incelença*, entoado no ritual de 18 de março de 2016 no povoado de Machadinho

Uma Incelença
(Povoado de Machadinho, Cláudio/MG)

Transcrição: Vinícius Eufrásio
Data da recolha: 18/03/2016

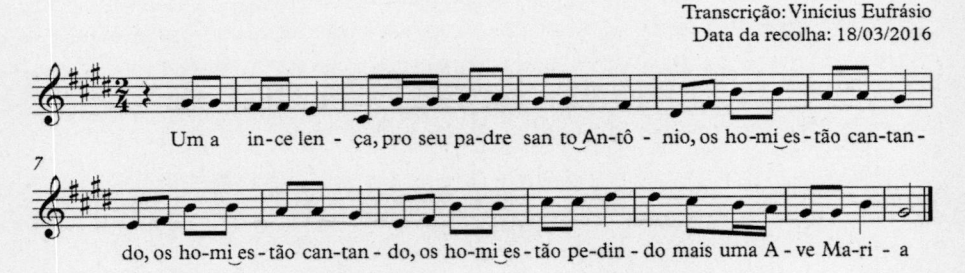

Fonte: transcrição elaborada pelo autor

Exemplo 38 – *Reza/canto de encerramento Oh, Senhora!*, entoado no ritual de 18 de março de 2016 no povoado de Machadinho

Oh, Senhora!
(Povoado de Machadinho, Cláudio/MG)

Transcrição: Vinícius Eufrásio
Data da recolha: 18/03/2016

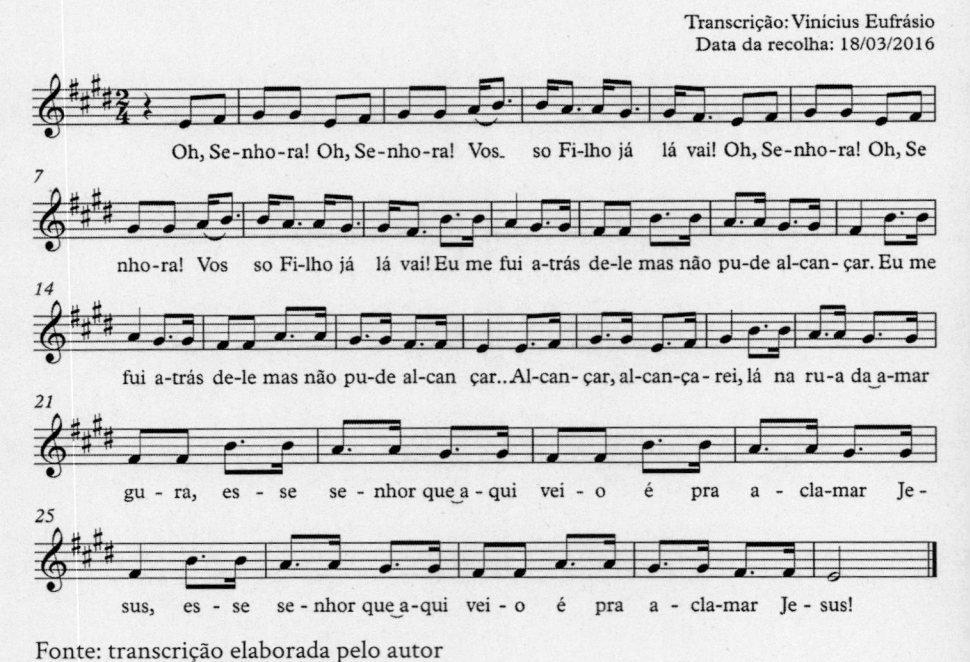

Fonte: transcrição elaborada pelo autor

Exemplo 39 – Reza/canto de encerramento *Quando o Bom Jesus Nasceu*, entoado no ritual de 18 de março de 2016 no povoado de Machadinho

Quando o Bom Jesus Nasceu
(Povoado de Machadinho, Cláudio/MG)

Transcrição: Vinícius Eufrásio
Data da recolha: 18/03/2016

Fonte: transcrição elaborada pelo autor

Exemplo 40 – Reza/canto de encerramento *Perdoai Senhor*, entoado no ritual de 18 de março de 2016 no povoado de Machadinho

Perdoai Senhor
(Povoado de Machadinho, Cláudio/MG)

Transcrição: Vinícius Eufrásio
Data da recolha: 18/03/2016

Fonte: transcrição elaborada pelo autor

Ao analisar o repertório entoado durante o ritual (Quadro 8) em relação à lista de músicas levada por Sr. Bêjo em seu bolso (Exemplo 35), podemos perceber que somente as *rezas/cantos de encerramento* entoadas entre a 3º e 6º casas são correspondentes e que as demais *rezas/cantos de encerramento* foram entoadas sem um planejamento prévio, pois não constavam na listagem pré-selecionada. Contudo a *reza/canto de encerramento Jesus Amantíssimo* possivelmente não constava na lista por ser sempre a última *reza/canto* a ser entoada durante a realização do ritual de *Encomendação das Almas* no povoado de Machadinho.

Não havia pessoas com idade inferior aos 40 anos dentre os participantes da "turma" que realizava o rito na comunidade, demonstrando uma não participação da juventude no ritual. Sr. Bêjo, inclusive, apesar de em suas falas, demonstrar grande preocupação sobre o futuro da prática, uma vez que julga seu atual estado de saúde e condição física como "difícil" e acredita não conseguir manter a responsabilidade com o ritual por muitos anos, desabafou: *"nóis vai até onde Deus der força, até onde aguentar"*.

No ano de 2017, durante a Quaresma, cheguei a telefonar para Sr. Bêjo para me informar sobre as realizações do rito nesse ano. Contudo ele me informou que não sabia quando iriam *"começar a sair"* e que aquele ano estava *"difícil demais"*, encontrando problemas tanto para reunir a turma quanto em relação à sua saúde, pois vinha apresentando fortes dores corporais que o impossibilitariam de realizar as longas caminhadas demandadas pela performance do ritual. Durante uma visita que realizei a Sr. Bêjo no final de 2016 para lhe entregar algumas cópias do material que coletei, o mesmo já havia mencionado sua preocupação com o futuro das manifestações religiosas no povoado de Machadinho — não somente com a *Encomendação das Almas*, mas também com os vários outros ritos em que exerce a função de líder — e relatou que já não se encontrava em bom estado de saúde para conduzir as celebrações e que consequentemente não vinha conseguindo atender às demandas que lhe vinham sendo solicitadas.

Sr. Bêjo informou que não via por ali, na região de Machadinho, alguém que poderia — por questões de conhecimento ou disposição — dar seguimento enquanto líder nas celebrações, principalmente, do ritual de *Encomendação das Almas* cujos fundamentos e procedimentos operacionais pertinentes à tradição são menos populares entre os moradores da comunidade. Acredito que essa preocupação tenha sido a principal motivação para Sr. Bêjo dar tanto apoio a esta pesquisa, pois, como enfatizado por ele, seu desejo em obter as gravações que realizei possuem tanto a intenção de salvaguardar uma memória tradicional no âmbito da cultura praticada no povoado quanto a intenção de ser utilizada futuramente, caso o rito venha a sofrer algum hiato após ele não ter mais condições de conduzir o mesmo. De acordo com Sr. Bêjo, o material gravado poderia auxiliar as próximas gerações a tomarem conhecimento sobre a forma como a *Encomendação das Almas* foi realizada no povoado, contribuindo assim com a manutenção e continuidade da tradição.

O ritual de *Encomendação das Almas* no povoado de São Bento

As primeiras informações sobre a recorrência do ritual no povoado de São Bento surgiram a partir do momento em que, através de entrevistas com moradores da região urbana da cidade de Cláudio[141], iniciei minha busca sobre possíveis realizações da *Encomendação das Almas* no âmbito da cidade décadas atrás, uma vez que atualmente não existe a prática dessa manifestação na região além daquelas que ocorrem nos povoados e regiões rurais.

Durante esse processo, tive a oportunidade de conhecer dona Tinha, uma senhora de aproximadamente 70 anos de idade que, há muitos anos, morou no povoado de São Bento e, mesmo tendo se mudado para a área urbana da cidade de Cláudio, ainda participou das celebrações no povoado por muitos anos. Dona Tinha demonstrou-se como uma pessoa que leva uma vida intensamente ligada a vários compromissos religiosos, envolvendo-se em inúmeros eventos e celebrações do calendário da Igreja Católica, informando inclusive que, nos primeiros anos que viveu em Cláudio, tentou realizar a *Encomendação das Almas*, contudo foi impedida pelo pároco da época que a advertiu mencionando que aquela não era uma prática comum à agenda da paróquia e que, como expresso por dona Tinha, *"não mexia com isso aqui não"*.

Em ocasião da entrevista, dona Tinha realizou a demonstração de várias *rezas/cantos* que serão apresentadas mais adiante. As informações procedimentais descritas por dona Tinha são semelhantes ao que já vimos sobre as recorrências do rito descritas no decorrer de todo o trabalho, mantendo a recorrência exclusivamente noturna, o ato de entoar rezas cantadas em prol de determinados tipos de almas, as restrições sobre conversas durante a celebração e durante as caminhadas entre as paradas, dentre outros.

Dona Tinha[142], durante a entrevista, tentou realizar um telefonema para sua filha que reside no povoado de São Bento, contudo não conseguiu

---

[141] Cujo os materiais obtidos serão analisados e utilizados em trabalhos futuros.

[142] Dona Tinha demonstrou tamanho interesse em minha pesquisa que inclusive chegou a me acompanhar durante uma das observações do ritual no povoado da Bocaina, interagindo diretamente com as encomendadoras do local, aprendendo suas *rezas/cantos* e participando conjuntamente.

estabelecer o contato, entretanto, mesmo sem dar explicações detalhadas, falou que eu deveria ir até o povoado e procurar por dona Nilza e que, seguramente, através dela eu conseguiria informações sobre as celebrações no povoado de São Bento. O acesso direto com o povoado veio a partir de Jota, marido de Eliza, que, em ocasião, hospedava-me amavelmente em sua casa durante os dias de pesquisa. A partir de seu trabalho com capotaria, atendeu a um cliente que possuía relação direta com dona Nilza[143] e informou que esta era a líder do grupo que promovia a celebração da *Encomendação das Almas* no povoado de São Bento, passando-me gentilmente seu endereço e contato.

Assim, juntamente com Jota, no dia 11 de março de 2016, segui pela primeira vez em direção ao povoado de São Bento, em busca de um possível encontro com dona Nilza para obter informações sobre a recorrência do rito na comunidade e, eventualmente, conseguir observar ao menos uma das celebrações que ainda ocorreriam naquela Quaresma, pois já nos encontrávamos próximos ao término desse período. Chegamos à casa de dona Nilza no meio da tarde, que, amavelmente e bastante solícita, recebeu-nos com certa desconfiança e/ou timidez, principalmente em relação às rezas cantadas.

Identifiquei-me para dona Nilza como pesquisador e que havia sido enviado por dona Tinha para que aprendesse com ela informações sobre a *Encomendação das Almas* que eram realizadas no povoado. Perguntei-lhe se ali no povoado realizavam o ritual e recebi com prontidão uma resposta: "é, hoje é até dia de nóis rezá [...] a dona Lia, a Cleonice, elas vêm toda sexta pra nóis rezá, elas vêm de Cláudio [...] sexta passada nóis até ia, mas choveu, mas hoje se não chover, nóis vai".

Gentilmente e com um tom bastante calmo, dona Nilza começou a relatar como acontecia o ritual de *Encomendação das Almas* que ocorria somente às sextas-feiras[144] da Quaresma no povoado de São Bento, "*nóis sempre reza às sete horas, reza na igreja, depois que nóis reuni e sai lá pras nove [...] nóis sempre reza três casa, três desapariada, mas antigamente rezava sete, ou cinco, até nove*", ou seja, também mantêm a tradição de rezar em números ímpares de casas (ou paradas[145]) e estas devem estar localizadas a uma distância considerável uma das outras, contudo dona Nilza não menciona

---

[143] O cliente recebido por Jota, denominado Domingos, era um residente do povoado que inclusive recebia os rituais diante de sua residência.

[144] Em relação aos dias da semana em que a tradição local permite a celebração do ritual, percebemos uma discrepância entre o que é feito na Bocaina (rezam nas noites de quarta e sexta-feira) e no Machadinho (rezam nas noites de segunda, quarta e sexta-feira).

[145] Embora dona Nilza não tenha mencionado paradas que ocorram em outros locais além das residências.

o motivo de não poderem selecionar casas que estejam lado a lado para a realização das celebrações.

Do mesmo modo, no povoado da Bocaina, dona Nazaré informou que também não rezam em casas próximas umas das outras durante uma mesma noite, pois a partir do momento em que o grupo realiza uma parada diante de determinada residência, acredita-se que os moradores das casas ao redor — por não poderem olhar para fora e verem em qual casa exatamente os encomendadores estão — chegam também a participar do ritual realizando as rezas solicitadas através da *reza/canto de pedidos*. Tal afirmação condiz com o discurso de Reginaldo, genro de Sr. Afonso, que salientou durante a entrevista que *"as veiz eles tão rezando aí na rua, cê nem sabe direito aonde, mas se você ouve a matraca e o povo cantando, cê senta na cama e reza pras almas"*. Mesmo dona Nilza não tendo passado diretamente esta informação, é possível inferir a possibilidade do que o mesmo motivo possa ser replicado pelos encomendadores do povoado de São Bento.

Dona Nilza participa do ritual de *Encomendação das Almas* há bastante tempo e informa que começou a acompanhar as celebrações ainda na sua infância, não deixando jamais de realizar o ritual *"nem que seja umas trêz vezes na Quaresma"*. E ainda salienta: "é muitos anos, é desde o tempo da minha mãe e ela já faleceu [...] e nóis andava longe pra esses lados tudo aqui a fora tudo, eu era ainda pequena e já acompanhava ela".

Informou também que o ato de *"cantá prás alma"* trata-se de uma tradição muito antiga e, quando questionei se ela possuía informações sobre a origem das celebrações do rito no povoado, menciona rapidamente que *"isso é coisa lá do tempo dos antigos e tudo já faleceu, já tem essas reza desde que eu era menina"*. Embora, dentro do presente contexto, não seja possível traçarmos com exatidão cronológica o denominado "tempo dos antigos" podemos imaginar que a tradição de *Encomendação das Almas* no povoado de São Bento possui pelo menos 70 anos de prática ininterrupta, uma vez que esta seria aproximadamente a idade de dona Nilza a qual alega que o ritual nunca deixou de ser realizado.

Dentre os principais aspectos sonoros que envolvem a realização do rito no povoado, além do ato de rezar cantando, é possível perceber a existência da campainha e também da matraca, esta última utilizada desde que se tem notícias da recorrência do rito no povoado, encontra-se em um estado de conservação capaz de demonstrar nitidamente a ação do tempo sobre si e nos permite perceber relações temporais e também de afeto entre a prática da *Encomendação*, seus participantes e os objetos que são utilizados no âmbito de sua realização, pois como mencionado por Hércules[146], responsável por utilizar o instrumento no rito que presenciei, *"aqui só usa essa matraca"*.

Figura 42 – Matraca utilizada na *Encomendação das Almas* no povoado de São Bento

Fonte: acervo do autor

   Dona Nilza também informou que o ritual vinha sofrendo modificações nos últimos anos, principalmente em relação ao número de participantes e ao número de paradas realizadas por este a cada noite de celebração do ritual, segundo ela: *"pode rezar três, cinco, sete, e até nove casas, antigamente fazia assim, só que hoje em dia nóis reza só três casas por noite, antigamente nóis andava com um turmão de gente"*. Dona Nilza também não se mostra otimista em relação às perspectivas futuras para o ritual, pois comenta: *"aqui tá acabando, eu, a dona Lia, o povo que gosta de rezar já é tudo de idade. E depois que nóis não der conta mais? Tá acabando, né? Nois lá vai levando"*.

---

[146] Hércules, tempos atrás, participava do ritual acompanhando sua esposa, contudo, mesmo após o falecimento desta, devido a ela gostar da *Encomendação das Almas*, ele continuou a participar.

Dona Nilza demonstrou desconhecer sobre a ocorrência do ritual em outras localidades da região de Cláudio (MG)[147], como nos povoados da Bocaina e Machadinho, expressando certa surpresa e interesse ao saber, vindo a proferir perguntas como: *"os cânticos lá é igual os daqui?"*; *"como é que é lá?"*; *"como eles fazem?"*. Inclusive, demonstrou-se favorável a um encontro, como sugerido por Suelene (encomendadora do povoado da Bocaina), para que os grupos pudessem partilhar informações sobre suas práticas.

Tendo em vista tais demandas, no início de 2017, tentei programar um encontro que envolvesse os participantes da *Encomendação das Almas* de cada um dos povoados durante os primeiros dias da Quaresma, entretanto, ao telefonar para casa de dona Nilza e conversar com seu filho, tomei conhecimento sobre que dona Nilza havia falecido poucos dias antes de meu telefonema[148]. Desse modo, não foi possível realizar tal encontro, principalmente pelo fato de as atividades com o ritual terem sido encerradas no povoado. Outro ponto que interferiu na realização do encontro está relacionado a Sr. Bêjo que, também por telefone, pronunciou-se em estado frágil de saúde, dizendo que, portanto, não realizaria as celebrações naquele ano.

Sobre os procedimentos do ritual, percebemos que de forma geral há bastante similaridades com os demais povoados, contudo foi possível observar a presença de um novo elemento, sendo este, uma cruz[149] envolta em tiras de pano roxo que, ao menos no ritual presencial, era carregada por um garoto de aproximadamente 13 anos de idade, o qual seguia diante de todo o grupo.

---

[147] Mesmo tendo amizade com dona Tinha, dona Nilza, aparentemente, não sabia que sua amiga havia participado da *Encomendação* no povoado de Matias há muitos anos, mudando-se somente depois para o São Bento, onde participou junto com dona Nilza e, em seguida, mudou-se para a área urbana de Cláudio.

[148] Dona Nilza foi a óbito na segunda quinzena do mês de janeiro de 2017.

[149] Nas entrevistas com os atuais participantes do ritual que ocorre no povoado da Bocaina, nada foi mencionado sobre o uso de cruz, contudo durante a entrevista com Antônio Felipinho, antigo encomendador de 108 anos, foi dito sobre o uso de uma cruz para espantar as tentações do demônio. Suas filhas, que participaram indiretamente da entrevista, atribuíam os atos de falta de respeito praticados por determinados participantes, como rir e conversar, à tentação e à influência gerada pelo personagem maléfico.

Figura 43 – Garoto, ao lado de dona Nilza, carregando uma cruz no ritual de *Encomendação das Almas* no povoado de São Bento

Fonte: acervo do autor

Durante a entrevista, dona Nilza realizou explicações sobre a forma como o ritual de *Encomendação das Almas* ocorre no povoado e, na medida em que explicava, intercalava em seu discurso a entoação de rezas cantadas, podendo ser estas identificadas dentro das categorias *pedidos* e *encerramento*. Foi entoada somente uma *reza/canto* em cada uma das categorias, não sendo mencionado nada sobre qualquer *reza/canto de agradecimento* ou, até mesmo, situações que requeiram sua utilização. Foi salientado que no povoado de São Bento há somente duas *rezas/cantos*, uma de *pedidos* e outra de *encerramento*.

Cod. 11 – Explicação de dona Nilza sobre o ritual que ocorre no povoado de São Bento (entrevista cedida em 11 de março de 2016)

Acesso em: https://youtu.be/Slo2TtTrAI0
Fonte: elaborado pelo autor

De acordo com dona Nilza, não é sempre que o grupo se reúne, depende da presença de dona Lia e Cleonice no povoado e, segundo ela: *"nóis vai rezar a via sacra na igreja às sete horas e depois nóis sai, lá pelas nove horas, nóis avisa antes as casas que nóis porque o povo sabendo que nóis vai rezar, fecha as casa mais cedo".* Desse modo, ao comunicarem previamente sobre a realização do ritual, evitam acontecimentos constrangedores e desagradáveis ou, simplesmente, ações que possam vir em desacordo com a tradição, como se deparar com pessoas acordadas, com televisão e luzes acesas.

Contudo, também no povoado de São Bento, é possível observar certas discrepâncias entre o que é regido pela tradição com aquilo que de fato é realizado pelos participantes, pois, segundo dona Nilza, há certas coisas que os antigos proibiam enfaticamente, mas que hoje são praticadas e não necessariamente prejudicam o ritual, como o ato de olhar para trás, que foi sendo flexibilizado, porém, salienta que embora atualmente haja certa tolerância, o participante do rito não deve abusar.

> *Os antigos falavam que tinha muita coisa que respeitar, não podia conversar, nóis punha uns lenço na cabeça, mas hoje em dia não põe mais não, vai só com a roupa normal. Diz que se olha pra trás vê as almas, então não pode olhar* (risos), *mas não vê nada não* (risos) (Entrevista cedida por dona Nilza, no povoado de São Bento em 11 de março de 2016.

No povoado de São Bento, como conta dona Nilza, há também aspectos místicos que envolvem o ritual em prol das almas e que apavoram e assombram aqueles que agem com falta respeito para com a celebração ou seus partici-pantes, assim como pode ser diretamente apreciado através do link a seguir:

Cod. 12 – Causo sobre misticismo relatado por dona Nilza (entrevista cedida em 11 de março de 2016)

Acesso em: https://youtu.be/RI08u6lfhHg

Fonte: elaborado pelo autor

Informei dona Nilza sobre minhas intenções com a conversa (ou entrevista) que realizávamos naquele momento e que para realizar meu trabalho seria necessário proceder com gravações audiovisuais. Ela demonstrou-se favorável, informando que *"muitos já gravou nóis cantando"*, entretanto não havia ficado com a posse de nenhuma das gravações realizadas[150]. A partir de sua fala, foi possível compreender que as gravações realizadas até então não possuíam um cariz investigativo, mas, aparentemente, tratava-se mais de ações motivadas pela curiosidade de espectadores.

Assim, após ter chegado ao povoado de São Bento juntamente com Jota, conversar por aproximadamente 40 minutos e informar dona Nilza sobre minhas intenções, perguntei se o grupo de encomendadores realizaria o ritual de *Encomendação das Almas* naquela noite de 11 de março de 2016[151] e solicitei permissão para poder estar presente e proceder com minha coleta de materiais e informações acerca da *Encomendação*. Tendo me atribuído seu aval, informou-me então: *"hoje nóis vai em três casa ali no povo da dona Lia, tudo ali pertinho"*. Assim, retornei com Jota para sua casa e procurei me preparar para retornar à noite[152].

---

[150] Ao informar sobre as gravações realizadas, dona Nilza referiu-se a alguém denominado como Colorido. Possivelmente este é o apelido de alguém, tendo em vista que na cidade de Cláudio (MG) é tão tradicional o tratamento por meio de alcunhas que tal costume, além de ser mencionado no hino municipal, é contemplado na lista telefônica da cidade, organizada em ordem alfabética por meio dos apelidos dos moradores.

[151] Embora trate-se de uma sexta-feira, dia em que tradicionalmente realizam o rito, dona Nilza havia informado que nem toda sexta vinham conseguindo realizá-lo e, em um momento anterior a minha pergunta, havia chovido, fato que normalmente impede a realização da celebração. Contudo dona Nilza respondeu-me sorridente: *"aqui, quando chove, nóis abre a sombrinha e reza"*.

[152] Meu processo de preparação consistia basicamente em: descansar, pois os rituais costumavam durar horas e exigir longas caminhadas a passos lentos; colocar as duas câmeras e celular — este último eu utilizava para coleta do áudio — para recarregar suas baterias; e garantir que meus cartões de memória teriam espaço suficiente para as gravações.

Um ponto que me chamou atenção e que possibilita um grande contraste entre o ritual que ocorre no povoado de São Bento e os ritos que ocorrem nos povoados da Bocaina e Machadinho é que, no primeiro, não há qualquer ligação com outras práticas ritualísticas tradicionais do universo do catolicismo popular local como há relações com o *Reinado de Nossa Senhora do Rosário* e com a *Folia de Reis* nas outras duas localidades pesquisadas, bem como também foi possível atestar que os participantes da *Encomendação das Almas* do povoado de São Bento não transitam pelos outros ritos, o que na Bocaina e no Machadinho, mostrou-se como uma prática comum.

Retornei ao povoado de São Bento à noite para a realização do ritual, dessa vez acompanhado por Eliza. Ao chegarmos à casa de dona Nilza, aguardamos por um de seus filhos que costumava participar do rito juntamente com a esposa, então seguimos em dois carros para uma região mais afastada do povoado, próximo à casa de dona Lia, pois naquela noite o rito ocorreria nas intermediações da região onde localiza-se sua residência, partindo dali para as demais paradas.

Ao descermos dos carros, o grupo reuniu-se diante da casa de dona Lia e realizou as *rezas/canto de pedidos* e *encerramento*, aguardando, em seguida, pela proprietária da residência que, após esse primeiro momento, seguiu com o grupo durante todo restante da noite. Devido à escuridão noturna, não foi possível realizar gravações audiovisuais desse momento do ritual, contudo destaco que ao ouvir os áudios coletados durante o ritual e comparar com o áudio da entrevista cedida por dona Nilza durante a tarde, embora pudesse reconhecer que se tratavam das mesmas *reza/cantos*, a expressão vocal e dinâmica utilizadas na performance eram completamente distintas nas duas versões, a ponto de podermos considerar a existência de duas versões ou abrir margem para discutir o quanto o momento da performance ritual é capaz de alterar uma interpretação em função de vários fatores e elementos de cunho até mesmo extramusicais.

Após dona Lia se reunir ao grupo, os encomendadores seguiram silenciosamente para a próxima parada, todos seguindo o garoto que portava a cruz envolta em tiras de panos roxos. Dona Nilza era a pessoa que seguia mais próxima a ele, dando-lhe orientações gestuais sobre a direção em que deveria seguir, demonstrando ali aspectos de sua liderança sobre o grupo que realizava a *Encomendação das Almas* no povoado de São Bento.

Em relação aos outros povoados, a reza cantada entoada nos ritos promovidos em São Bento, destaca-se pelo andamento largo em que é interpretada e, principalmente, pelo fato de que, conforme as palavras de dona Nilza, as pessoas no coro *"cantam mais dobrado, mais cumprido"*. Ao repetir os versos que foram entoados por dona Nilza na parte referente ao solo, o coro, por sua vez, formado pelos demais participantes do rito, entoa as mesmas frases recitadas pela solista, mas ampliando a duração de todas as notas e enfatizando o caráter lúgubre da *reza/canto de pedidos*, sublinhando as lamentosas palavras expressas durante a performance.

Exemplo 41 – Transcrição da *reza/canto de pedidos Acordai, Irmãos Devotos*, entoada no ritual realizado no povoado de São Bento em 11 de março de 2016

Acordai, Irmãos Devotos
(Povoado de São Bento, Cláudio/MG)

Transcrição: Vinícius Eufrásio
Data da recolha: 11/04/2016

Fonte: transcrição elaborada pelo autor

Podemos perceber que a *reza/canto de pedidos* entoada durante as celebrações que ocorrem no povoado de São Bento distingue-se daquelas entoadas
nos povoados da Bocaina e Machadinho também pelo fato que, entre os pedidos
de orações, não é realizada uma pausa para que os devotos que recebem o ritual
diante de suas residências possam responder às preces solicitadas do lado de
dentro. Desse modo, podemos perceber que a performance dos encomendadores
do povoado de São Bento, além de se apresentar distinta das demais práticas que
vêm sendo analisadas por este estudo, interfere diretamente nas ações daqueles
que ouvem os pedidos e devem, por tradição, atender a estes, provocando uma
reação sincrônica entre prece e cântico que, embora não possa ser visualizada
por ocorrerem em espaço distintos, são realizadas ao mesmo tempo.

Por outro lado, nos povoados da Bocaina e Machadinho, após cada pedido de oração, os encomendadores realizam um tempo determinado de silêncio para realizar as preces mentalmente, enquanto aqueles que recebem o rito do lado de dentro de suas casas atendem às solicitações de orações específicas, geralmente um *Pai Nosso* e uma *Ave Maria*. A existência ou não deste ato de silêncio interfere diretamente na performance do ritual, pois altera a interação existente entre o grupo que pede e o que atende e realiza as orações em favor das almas, podendo, talvez, interferir na forma que se acredita acontecer a comunicação entre os vivos e os mortos.

Na entoação de rezas cantadas que ocorre na *Encomendação das Almas* realizada no povoado de São Bento também não há qualquer espaço de tempo e silêncio entre a interpretação das *rezas/cantos de pedidos* e *rezas/cantos de encerramento*, sendo esta última, imediatamente entoada após a segunda. Contudo, assim como nos demais povoados investigados, a interpretação da *reza/canto de encerramento* é entoada em coro por todo o grupo, não possuindo parte de solista, assim como ocorre na *reza/canto de pedidos*.

Exemplo 42 – Transcrição da *reza/canto de encerramento Anjo da Guarda*, entoada no ritual realizado no povoado de São Bento em 11 de março de 2016

Anjo da Guarda
(Povoado de São Bento, Cláudio/MG)

Transcrição: Vinícius Eufrásio
Data da recolha: 11/04/2016

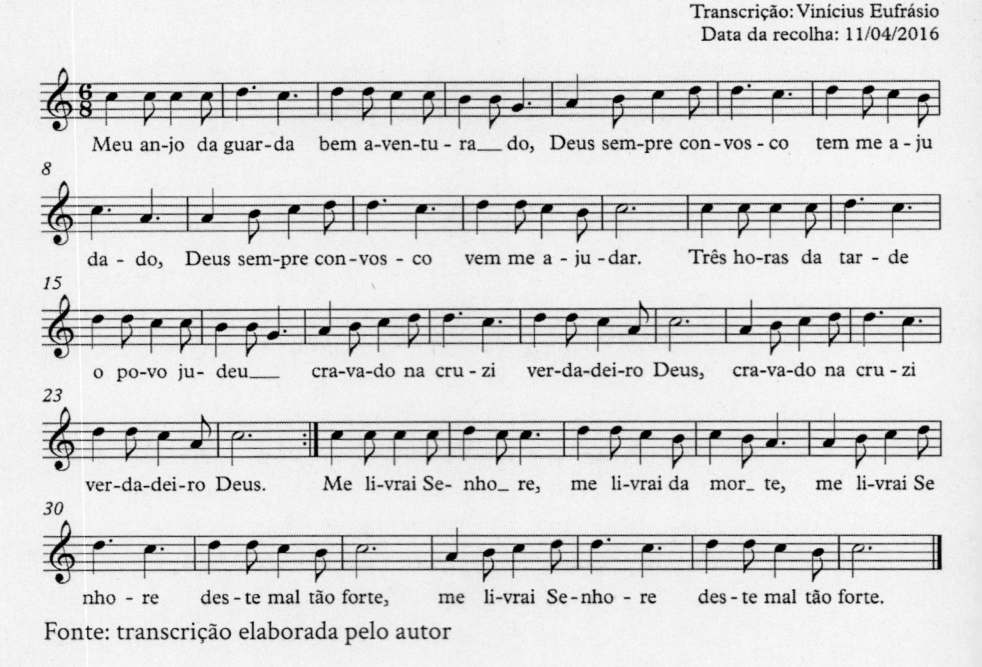

Fonte: transcrição elaborada pelo autor

No povoado de São Bento, assim como nos demais rituais observados, foi possível recolher mais de um exemplar do mesmo cântico e, através das análises desses materiais, perceber o quanto cada entoação demonstra ser ímpar em relação à anterior. Elementos como o caráter lúgubre e lamentoso, as intenções expressas pelo texto, bem como as relações intervalares e bordaduras dos principais motivos melódicos são preservadas, entretanto, aspectos como o tempo métrico, compasso, tonalidade, melodia das vozes que se sobrepõem à melodia principal, surgem, na maioria das vezes, com elementos distintos da recorrência anterior. A permanência e a alteração de tais aspectos são observadas tanto na entoação das *rezas/cantos de pedidos* quanto na entoação das *rezas/cantos de encerramento*, podendo, inclusive, existir modificações, por exemplo, de tonalidade ou andamento durante a interpretação de uma mesma *reza/canto* a partir da alternância entre o solo, o coro, a retomada solo e assim por diante.

Embora nos rituais de *Encomendação das Almas* no povoado de São Bento, aparentemente, não haja as *rezas/cantos de agradecimento*, os participantes reúnem-se na casa de algum membro do grupo para a realização de um lanche. No caso do rito que ocorreu no dia 11 de março de 2016, os participantes reuniram-se na casa de Cleonice. Pude observar que os encomendadores aproveitam esse momento para, além de socializarem entre si, conversarem a respeito das próximas datas em que realizariam a celebração, uma vez que Cleonice e também dona Lia residem na área urbana da cidade de Cláudio e passam somente os finais de semana no povoado.

Figura 43 – Grupo de encomendadores do povoado de São Bento reunidos para um lanche após a realização do ritual em 11 de março de 2016

Fonte: acervo do autor

Destacado que, até o momento do ritual que acompanhei no povoado de São Bento eu só havia conhecido dona Nilza, contudo aproveitei a ocasião do lanche após a celebração para socializar e também conversar um pouco com os participantes do ritual. Considero que os 40 minutos de confraternização, embora restritos, tenham sido um tempo importante em que pude conhecer um pouco mais sobre as pessoas cujo papel desempenhado na cerimônia chamou-me atenção e também sobre suas perspectivas acerca da tradição e dos significados que esta tem para cada um.

O contato com os encomendadores do povoado de São Bento, embora curto e já nos últimos dias da Quaresma de 2016, provocou-me entusiasmo em relação à minha pesquisa e às práticas que ocorriam nessa localidade, deixando-me imensamente interessado em poder observar mais incidências do ritual para que futuramente fosse possível realizar análises que comparassem cada acontecimento entre si. Contudo, com o falecimento de dona Nilza em janeiro de 2017, o grupo, aparentemente, suspendeu suas atividades, não tendo realizado a *Encomendação das Almas* naquele ano.

Ao indagar o filho de dona Nilza[153], também participante do rito, sobre as perspectivas futuras para a prática da *Encomendação das Almas* no povoado, o mesmo informou sobre um cenário incerto, uma vez que, devido à morte então recente da figura de liderança e solista na entoação das rezas cantadas, o grupo encontrava-se em meio a uma desestruturação e que não tinha condições de, naquele momento, informar-me sobre futuras ações.

"Cê sumiu, minino!": reflexões sobre trabalho de campo, feedbacks aos interlocutores e a prática da *Encomendação das Almas*

Durante as idas e vindas entre a cidade de Belo Horizonte e os povoados do entorno de Cláudio em que foram necessárias ao meu trabalho de campo[154], pude perceber que as pessoas que partilharam comigo suas experiências e, também, aspectos de suas vidas pessoais, criaram um grande interesse sobre o trabalho que estava sendo desenvolvido durante a pesquisa e, assim, consequentemente, ficam em estado de expectativa e ansiedade sobre os resultados da coleta de materiais realizada durante a pesquisa.

Durante meu retorno em novembro de 2016 para entrega de DVDs contendo parte do material coletado durante o trabalho de campo, conversei com os encomendadores com os quais me encontrei sobre uma demanda expressada por Suelene, encomendadora do povoado da Bocaina: o desejo de conhecer outros grupos de *Encomendação das Almas* para com eles aprender novos *cantos/rezas* e, consequentemente, conversar sobre a tradição e principais procedimentos que deveriam ou não ser adotados[155].

Cada um dos grupos de *Encomendação das Almas* existentes nos povoados de Cláudio apresenta suas particularidades e, através destas, problematizam diferentes questões, contudo possuem dilemas com características

---

[153] Através de um telefonema.

[154] Os quais consegui financiar basicamente com um esquema de oferecimento de caronas no qual o caroneiro contribuía com um valor específico por viagem, uma vez que, embora recebesse financiamento da Capes, o mesmo não era suficiente para minhas despesas mensais morando em Belo Horizonte e também para custear viagens de aproximadamente 300 quilômetros semanais, envolvendo o trajeto intermunicipal e o traslado entre a área urbana de Cláudio e os povoados rurais.

[155] Suelene não é uma encomendadora cuja tradição da *Encomendação das Almas* está na sua família há tempos. Ela começou a participar do ritual a partir do convite de uma vizinha, a Luia, já falecida. Suelene, portanto, demonstra-se insegura em relação aos procedimentos tradicionais do rito, sempre recorrendo ao nome de Luia, sua principal referência, para justificar qualquer ação que sugira ao grupo de encomendadores.

bastante próximas. Assim, no decorrer desta pesquisa, procurei me aproximar de tais questões, tentando ser o mais receptível possível às circunstâncias encontradas por meus interlocutores, a fim de refletir sobre seus contextos, analisar suas realidades, compreender suas demandas e propor possíveis culminâncias que viessem a lhes atribuir algum benefício.

Nesse sentido, em relação às três realidades em que desenvolvi minha pesquisa, na busca por compreender as demandas dos meus interlocutores, foi possível identificar no âmbito dos rituais de *Encomendação das Almas* que ocorre nos povoados rurais principalmente três desejos específicos, ambos nitidamente expressos no discurso autóctone: 1) a salvaguarda, preservação e manutenção da tradição, tendo em vista seus aspectos procedimentais, simbólicos e também musicais; 2) a interação com outros grupos de *Encomendação das Almas* para a realização de trocas culturais e fortalecimento da manifestação; 3) a busca por reconhecimento diante da sociedade para que, mesmo que essa prática viesse a cair em desuso, ficasse registrada na memória cultural local como um rito que existiu e que teve sua trajetória histórica dentro da cultura da comunidade claudiense[156].

Sr. Bêjo, líder nas celebrações no povoado de Machadinho, demonstrou durante a pesquisa uma intensa preocupação em relação à manutenção da prática na comunidade em que vive, pois, devido sua idade avançada, alegava não ter mais condições de se responsabilizar pela organização e concretização do ritual. Embora seu filho, Toninho, participe conjuntamente há muitos anos, Sr. Bêjo acredita que futuramente o mesmo não dará continuidade às celebrações[157], todavia, não discorre sobre os motivos que o conduzem a esse pensamento, salientando somente que "*os novo estão interessado em outras coisas por aí*".

Ainda nesse sentido, dona Nazaré, figura de liderança no povoado da Bocaina, expressou seu desejo acerca da salvaguarda do ritual de *Encomendação das Almas*, pois teme que nos próximos anos a prática do rito seja novamente interrompida na localidade e, até mesmo, possa encontrar um fim devido à idade avançada das lideranças[158]. Na entrevista que cedeu

---

[156] Não foi encontrado qualquer documento que remeta à existência da *Encomendação das Almas* em Cláudio (MG), nem mesmo nos documentos disponíveis na Biblioteca Pública e nem nos arquivos dos Museu Municipal. Há vários jornais e revistas que noticiam e realizam um registro sobre determinadas manifestações tradicionais do catolicismo popular local, como *Reinado de Nossa Senhora do Rosário* e a *Folia de Reis*, contudo nada foi encontrado sobre os ritos pelas almas.

[157] Embora Toninho alegue possuir o desejo de futuramente assumir as responsabilidades de seu pai.

[158] Embora outras duas participantes do grupo de *Encomendação* do povoado da Bocaina, Suelene e Vera, possuam idade entre 40 e 55 anos e exerçam papéis fundamentais na realização das celebrações, estas ainda não se apropriaram das atribuições legítimas ao papel de líder.

dia 20 de março de 2015, dona Nazaré, ao expressar; "vem filmar nóis", evidenciou sua ânsia em ter sua prática registrada em mídia audiovisual, representando o desejo de ter guardado um retrato da tradição que por muitos anos foi uma parte fundamental de sua vida e, consequentemente, parte da história local, da qual ela e suas companheiras foram, também, algumas das protagonistas.

Sr. Bêjo, ao falar sobre sua preocupação em relação às perspectivas futuras para a prática do ritual no povoado de Machadinho, levanta a importância de um trabalho de salvaguarda desse patrimônio cultural imaterial e materializa seu desejo de possuir gravações audiovisuais de qualidade para que, além de um registro, possa inspirar e, até ser utilizado para ensinar futuras gerações sobre a *Encomendação das* Almas, pois, mesmo que no futuro esse rito deixe de ser prática, um trabalho de salvaguarda poderia impedir que essa parte da história de vida dessas pessoas e da cultura local caia em esquecimento, prevalecendo no mínimo um registro sobre o "que faziam" e "como faziam".

Nesse contexto, durante este trabalho, preocupei-me em devolver para os interlocutores o material coletado durante a pesquisa. Infelizmente, nem todas as gravações audiovisuais e fotografias registradas possuem boa qualidade, devido a questões de luminosidade necessária para a qualidade na gravação desses materiais. Desse modo, no dia 11 de novembro de 2016, com um imenso sentimento de atraso[159], saí em meu carro de Belo Horizonte em direção a Cláudio com a tarefa de entregar aos membros dos grupos de *Encomendação das Almas* dos três povoados os DVDs contendo cenas selecionadas das gravações que realizei durante a quaresma desse mesmo ano[160]. Como durante o trabalho de campo optei por não utilizar de iluminação artificial para captar cenas, a maioria das filmagens ficou demasiadamente escura, o que me possibilitou selecionar apenas aquelas cuja iluminação foi proporcionada pelo ambiente, sem qualquer interferência de minha parte.

Iluminar o ritual, propositalmente, para a captação de cenas seria uma grande interferência em sua operacionalização, dado que, tradicionalmente

---

[159] Gostaria de ter apresentado um feedback aos encomendadores em até no máximo agosto de 2016, entretanto me envolvi em atividades que ocuparam grande parte do tempo para seleção e gravação do material coletado durante o trabalho de campo, principalmente com a organização do IV SIMIbA (Simpósio Internacional de Música Ibero-americana) e I Congresso da ABMUS (Associação Brasileira de Musicologia) (www.abmus-simiba. weebly.com), bem como com a organização do 2º Nas Nuvens... Congresso de Música (www.musicanasnuvens. weebly.com).

[160] Uma vez que o material coletado no povoado da Bocaina durante a Quaresma de 2015 já havia sido repassado aos integrantes dos grupos de *Encomendação das Almas* locais.

o rito deve acontecer em meio à escuridão da noite, fato que atribui ênfase ao caráter misterioso da celebração e que auxilia para que os encomendadores não sejam vistos pelos devotos que recebem as rezas nas portas de suas casas. De certa forma, a escuridão da noite é um dos ingredientes que compõem a mística do ritual e que aparentemente empolga os que participam do rito como uma espécie de aventura[161], pois além do rito acontecer nas ruas dos povoados, ele ocorre também nas "roças", assim, os participantes percorrem estradas de terra, andam em meio ao mato, passam por entre cercas e se deparam com diversos tipos de animais.

Nessa mesma viagem, ao chegar em Cláudio por volta das 11h, visitei primeiramente Jota e Eliza, pois foram essas pessoas que amavelmente me acolheram durante todo o período da pesquisa de campo, tornando viável minha estadia na cidade durante o período do trabalho de campo. Nesse dia, o itinerário da minha rota foi traçado conforme a distribuição geográfica dos povoados em relação às principais rodovias que circundam a cidade, assim, decidi passar respectivamente pelos povoados São Bento, Bocaina e Machadinho, para em seguida voltar para Belo Horizonte. Com o tempo bastante nublado e a ocorrência de trovoadas, percebi que se aproximava um grande volume de chuva, segui então apressado, pois o mau tempo poderia dificultar minha chegada a essas comunidades, pois têm, como principal acesso, estradas de terra. Desse modo, parti em direção ao povoado de São Bento.

Como já fazia algum tempo que não visitava São Bento, e como durante o trabalho de campo fui lá somente por duas vezes[162], perdi-me entre as várias pequenas estradas existentes entre o município de Cláudio e o povoado, tendo um pouco de dificuldade para chegar à casa de dona Nilza. Quando finalmente cheguei, chamei-a ao portão e aguardei ser atendido. Através da cerca baixa existente ao lado da casa, pude vê-la caminhar em direção à frente da casa, olhando-me (como na primeira vez) com certa timidez e apreensão, um comportamento característico de quem possui certa curiosidade sobre algo, pois percebi que ela certamente não me reconheceu de imediato.

Após me identificar, recebi um tímido, mas acolhedor, sorriso e um: "*cê sumiu, minino!*", capaz de demonstrar-me o quanto, de fato, nossos interlocutores, gentilmente se cedem e aguardam um retorno sobre o trabalho realizado, pois

---

[161] Essa impressão me foi passada enquanto conversava com Suelene, encomendadora do povoado da Bocaina, quando me disse que "*sair de noite era bão*". Nesse momento, senti um ar de divertimento na fala e expressão facial de minha interlocutora, pois esse ato, mesmo sendo algo sacro, aparentemente também lhe proporcionava momentos de lazer.

[162] Uma para conhecer dona Nilza e outra para acompanhar o ritual (ver seção 2.4).

afinal, os dados que colhemos não são somente informações, mas também sua cultura e muitas vezes relacionam-se diretamente com práticas pessoalmente preciosas para eles e conectadas com aspectos que compõem a vida que levam.

Após entregar alguns DVDs à dona Nilza, averiguar que ela teria como reproduzi-los[163], expressar minha vontade em estar presente no povoado na Quaresma de 2017 para acompanhar os rituais e receber a aprovação de dona Nilza, segui, ainda apressado pela possibilidade de chuva forte, para o povoado da Bocaina, sentido à casa de Vera, filha de Sr. Afonso, que não estava, pois havia ido ao município levando sua filha mais velha ao cartório para casar-se. Deixei, portanto, os DVDs com sua filha mais nova, que se responsabilizou a entregar o material para os demais encomendadores que residem por perto. Em seguida, ainda na Bocaina, dirigi-me para a casa de dona Nazaré deparando-me com Suelene pelo caminho, a qual, ao descobrir o motivo de minha presença no povoado, demonstrou-se imensamente feliz, convidando-me a voltar e participar também nas *rezas* de 2017. Ao chegar na casa de dona Nazaré, ela mostrou-se muito feliz ao me ver, sendo bastante acolhedora. Entretanto, ao receber o material em mãos, proferiu uma tímida e curiosa pergunta: *"e nóis tem que pagá alguma coisa ocê?"*.

A pergunta de dona Nazaré ressoou e permaneceu em minha mente durante quase todo o tempo de trajeto até o povoado de Machadinho (aproximadamente uma hora). Confesso que me senti desconcertado pela pergunta de dona Nazaré, pois, se alguém ali tivesse que pagar algo, este alguém deveria de ser eu! Uma vez, surgi diante dessas pessoas solicitando acesso a partes importantes de suas vidas, como uma tradição e devoção que lhes fazem trocar o conforto do lar por horas de caminhada e oração. Tenho a consciência que essas pessoas abriram a porta para um desconhecido que lhes chamou a primeira vez devido às suas curiosidades e a pretensão de adquirir um título acadêmico de mestre, e que, após esta pesquisa ser encerrada, terei, graças à generosidade dessas pessoas, alcançado meus objetivos acadêmicos e científicos enquanto meus estudos possuem grandes chances de não agregar tantos benefícios práticos (conforme eu gostaria e percebo como necessário) à vida dessas pessoas, visto que, como assinala Boaventura de Sousa Santos (2001), ainda há um grande distanciamento entre ciência e virtude, uma vez que questiona se o conhecimento que se produz é revertido em práticas efetivas para contribuição com a sociedade.

---

[163] Dona Nilza, assim como muitos dos encomendadores de mais idade e principais líderes, incluindo Sr. Afônso, Sr. Bêjo e dona Nazaré, até essa altura, não possuíam o aparelho para reprodução dos DVDs, dependendo, portanto, dos filhos ou de algum vizinho para a reprodução dos mesmos.

Assim, ao chegar ao povoado de Machadinho, fui diretamente ao encontro de Sr. Bêjo, que me recebeu do lado de fora de sua residência com um afetuoso sorriso. No momento que cheguei, ele conversava com um visitante para o qual fez muita questão de me apresentar, contando com empolgação as ações que eu desenvolvia por ali e meu interesse sobre as *rezas*. Ao me convidar para entrar em sua casa, Sr. Bêjo, com seu jeito descontraído e espontâneo de ser, deixando, assim, claro sua felicidade em ver que *"um rapaiz tão novo"* tem interesse *"nas coisa dos antigo"*.

Passei o material às mãos de Sr. Bêjo, que se responsabilizou por entregar cópias das filmagens para alguns dos participantes e perguntou se eu poderia eventualmente, depois, disponibilizar mais alguns exemplares para que ele distribuísse a pessoas que eventualmente aparecessem em sua casa lhe pedindo para ensinar *rezas* para outras pessoas e grupos, ou querendo aprender as mesmas. Expressou que também possuía o desejo de enviar as *rezas* para comunidades um pouco mais distantes, para que as pessoas de lá as pudessem aprender, pois nem sempre, quando é chamado, pode se locomover até certos locais[164].

Entre um convite para tomar café, minha sutil recusa, devido à pressa que constantes trovões e nuvens escuras despertavam, embora ainda não tivessem resultado em chuva que poderia complicar meu retorno para Belo Horizonte ainda naquela tarde, pedi somente por um copo de água que, mesmo assim, fez com que Sr. Bêjo me conduzisse até a cozinha e me *"pegasse na conversa"*.

Percebi em seguida que deveria me atentar para aquele momento, pois segundo ao que pude constatar, poucas pessoas do convívio diário de Sr. Bêjo se interessam pelas *rezas* de devoção às almas e isso era uma fonte de preocupação para ele, principalmente no que diz respeito à transmissão, à preservação e à continuidade da tradição.

Na sequência de nossa conversa, com semblante triste e expressão de pesar, Sr. Bêjo explicou-me que nos últimos anos, a sua capacidade auditiva vem diminuindo consideravelmente, e que, mesmo com o auxílio de aparelhos auditivos, tem conseguido ouvir muito pouco, o que, factualmente, acarretaria grandes dificuldades em cantar as *rezas* e, principalmente, realizar duetos.

Na sua função enquanto tirador/embaixador da *reza cantada*, é fundamental para a plena realização do rito que Sr. Bêjo consiga entoar corretamente as melodias de cada *canto/reza*. Pois, caso contrário, o ritual não cumpre seu

---

[164] É importante termos em mente que Sr. Bêjo não fala somente das *rezas cantadas* do ritual de *Encomendação das Almas*, mas sim de vários outros tipos, pois é legitimado pelos moradores da região como líder em várias manifestações, como: Folia de Reis, Reinado, Terços Cantados, Benzeções, Procissões de Semana Santa, dentre outras.

propósito, desagradando as almas ou sendo pouco eficaz para que o contato com estas, ou em prol destas, seja estabelecido durante a celebração. Poderia ter sido este também um dos motivos que levaram Sr. Bêjo a selecionar outro encomendador para tirar as *rezas cantadas* nas *Encomendações* realizadas durante a quaresma de 2016 em que, conforme combinado previamente, eu estaria presente para realizar gravações da celebração, sobretudo dos cânticos.

Além do caso de surdez, Sr. Bêjo relatou-me sobre demais dificuldades físicas ocasionadas pela idade avançada que o têm impedido, e muitas vezes o desmotivado na participação dos ritos. Entretanto ele ainda se mantém frequente devido a um senso pessoal de obrigação, tendo ciência de que sem o seu incentivo e presença, muito provavelmente, a *Encomendação das Almas* no povoado de Machadinho já não aconteceria.

Contou-me que embora seus filhos o auxiliassem, não demonstravam interesse e nem se comportam de forma que lhes seja possível assumir a liderança nas celebrações. De acordo com ele, seus filhos estão envolvidos com a vida na cidade e com outros afazeres, participando das celebrações mais para assistência a um costume do pai do que propriamente por adotarem a tradição como sendo de sua responsabilidade pessoal ou mesmo hereditária. Assim, fica claro no discurso de Sr. Bêjo a existência de uma grande preocupação em relação à continuidade do ritual de *Encomendação das Almas* na região, vindo a temer que sua prática esteja próxima do fim, transpassando um certo tom de pessimismo quanto ao futuro do rito e preservação dessa tradição, uma vez que se ele já não puder mais liderar, não haverá quem assuma.

De modo geral, ao analisarmos o conjunto em que está inserido o ritual de *Encomendação das Almas* nos três povoados estudados, é possível também percebermos pontos de tensão comuns a cada local de recorrência, como: a idade avançada dos participantes e suas condições de saúde, por vezes já afetada pelo passar dos anos; o contraste entre os juízos de valores dos participantes mais jovens e os preceitos regidos pela tradição, como o ato de caminhar em profundo silêncio, amplamente argumentado pelos participantes mais velhos e frequentemente violado pelos mais jovens; as tensões com outras comunidades religiosas, sobretudo de vertentes evangélicas; a disputa por espaço com aparelhos tecnológicos do uso cotidiano doméstico como a televisão e a internet, que, cada vez mais, têm ocupado lugar nas noites das famílias, interferindo na dinâmica do ritual que, segundo a tradição, deve ser realizado em meio ao silêncio e à escuridão da noite, diante de um número ímpar de residências cujos seus moradores não podem olhar para o lado de fora e se manterem aquietados, mas, em oração, do lado de dentro.

Assim, diante do atual panorama em que se encontra a prática do ritual nessas localidades e em razão do atendimento às necessidades de salvaguarda expressas pelos próprios participantes do ritual, foi proposto, através deste trabalho, a utilização de ferramentas específicas da musicologia (VOLPE, 2004), como a transcrição musical (CARDOSO, 2016), no sentido de propor, mesmo que na forma de um retrato que não se compara às várias dinâmicas performáticas do rito e sua tradição, uma possibilidade de preservação e salvaguarda do patrimônio cultural imaterial, enquanto material nesta obra, partindo de uma demanda êmica[165], reconhecida a partir um processo de pesquisa etnográfica progressivamente adequada às interpretações do pesquisador em diálogos com as populações locais e suas necessidades específicas (SEEGER, 2008).

Dentre as demandas identificadas durante o trabalho de campo, encontra-se o desejo que alguns participantes dos grupos, principalmente da Bocaina, manifestaram em relação à tradição dos povoados de Machadinho e São Bento através da realização de um encontro no qual fosse possível se conhecerem, conversarem, estabelecerem vínculos e realizarem trocas de experiências em torno da prática do ritual de *Encomendação das Almas* e a forma como ocorre em cada localidade.

A realização desse encontro entre os grupos que realizam o ritual nos três povoados estava prevista para que ocorresse no início de 2017, durante os primeiros dias da Quaresma, entretanto, devido ao falecimento de dona Nilza[166], figura de liderança no povoado de São Bento, não foi possível a sua concretização, principalmente pelo fato de que sem sua participação, as atividades com o ritual não ocorreriam no respectivo povoado em 2017[167]. Outro fator agravante que influenciou para a não realização do encontro envolve Sr. Bejo, que, durante uma conversa via telefone realizada em fevereiro de 2017, pronunciou-se em um estado frágil de saúde e que, portanto, não realizaria as celebrações naquele ano devido às suas condições físicas.

Em suma, durante a Quaresma de 2017, não houve celebração do ritual de *Encomendação das Almas* nos povoados de São Bento e Machadinho devido a motivos que condizem com os temores apresentados pelos principais detentores desse saber tradicional na região, as condições físicas para condução das cerimônias e a própria morte. Contudo, no povoado da Bocaina, o rito foi celebrado durante toda a Quaresma e, segundo o que me

---

[165] Referente ao ponto de vista do sujeito pesquisado (CARDOSO, 2016).

[166] Dona Nilza foi a óbito na segunda quinzena do mês de janeiro de 2017.

[167] Informação passada pela família de dona Nilza em fevereiro de 2017.

foi relatado por Vera, "*esse ano foi bem bão, teve até gente nova participando, gente que nunca tinha ido antes*". Infelizmente, por motivos profissionais, no primeiro semestre desse ano e por um contratempo com meu automóvel[168], não consegui estar presente em nenhuma das celebrações desse ano.

O trabalho em torno do ritual entre os anos de 2015 e 2017 me possibilitou, além de conhecer de perto uma prática, tomar conhecimento e me aproximar da vida de pessoas que, com o passar do tempo, diálogos e com a convivência, tornaram-se pessoas por quem me afeiçoei, principalmente no povoado da Bocaina, local onde passei maior parte do tempo da pesquisa. Desse modo, manifesto minha felicidade em saber que por mais um ano conseguiram realizar a *Encomendação das Almas*, ritual que consideram de alta importância dentro de sua cosmovisão de modo de vida. Contudo não consigo ignorar o fato de que a manutenção da celebração nesse povoado também encontra dificuldades e é mantida contrapondo-se a uma situação de crise diante do surgimento de oposições trazidas pela modernização e tempos líquidos, ou seja, pelo jeito moderno de se viver, que vem alterando também as culturas mais rurais e apresentando-se às pessoas que compõem a população local, muitas vezes, em formas mais atrativas do que as antigas tradições religiosas.

Por fim, compreende-se que o pesquisador, ao entrar em contato com detentores de um saber performático tradicional, deve assumir um compromisso com a comunidade em questão, tentando oferecer contrapartidas sociais que venham a beneficiar aqueles que, direta ou indiretamente, o beneficiam ao contribuírem como fonte de informações específicas (CARVALHO, 2004; CASTAGNA, 1997). Nesse sentido, tendo em mente a preocupação com o futuro dessa prática, bem como com as demandas de reconhecimento social expressas por meus interlocutores, diante de um tempo/espaço que compreendo como processo pós-pesquisa, o vínculo entre pesquisador e comunidade mantém-se em virtude do trabalho construído, não se esgotando a responsabilidade diante do grupo que gentilmente cedeu informações sobre seu saber tradicional e a forma como vive. Nesse âmbito, há ainda o anseio de, em diálogo com órgãos públicos municipais e com os próprios encomendadores, buscar alternativas para colocar os registros dessa atividade cultural em evidência para a sociedade, abrindo à *Encomendação das Almas* um espaço que lhe é de direito dentre as memórias preservadas ao longo da história do povo claudiense.

---

[168] Na data em que agendei com os encomendadores, sofri um contratempo com o carro, que me deixou parado na estrada entre Belo Horizonte e Cláudio e, consequentemente, impossibilitou minha viagem até o povoado.

Memórias de *Encomendação das Almas*

Ao longo do processo de pesquisa, de forma geral, era comum ouvir de muitos interlocutores uma conotação pretérita em relação à realização do ritual de *Encomendação das Almas* em diversas localidades do entorno de Cláudio e também de sua área urbanizada. Ao finalizar a pesquisa, deparei-me com o um número maior de materiais do que conseguiria processar dentro do prazo que o Programa de Pós-Graduação me oferecia para entrega do texto final. Nesse sentido, aprendi que não finalizamos nossas pesquisas, mas decidimos que elas precisam chegar ao fim e consolidar seleções do material coletado. Assim, os materiais disponibilizados foram eleitos dentre um grande conjunto de exemplares e compõem uma fração substancial, mas não completa, da representação da *Encomendação das Almas* no contexto das comunidades de Cláudio e possibilitam ao leitor uma apreciação auditiva e visual em torno dessa devoção fúnebre claudiense.

Assim, considerando a importância do crer, do consubstanciar, das orações e das verbalizações, colocamos em perspectiva as memórias de antigos participantes da *Encomendação das Almas* no contexto da cidade de Cláudio que não foram devidamente consideradas na lógica narrativa construída nos trechos anteriores deste livro. Assim, nas linhas que seguem, apresentarei informações advindas das memórias de encomendadores que, em diferentes contextos, participaram das celebrações, mas que, no momento das entrevistas cedidas, já não praticavam mais os ritos quaresmais nas localidades em que residiam.

Durante as pesquisas empreendidas na região de Cláudio, a partir do contato com as realidades locais e os discursos de pessoas ligadas a tradições da religiosidade popular, foi possível, além de identificar ocorrências de práticas de *Encomendação das Almas* em determinados povoados rurais localizados no entorno do município, constatar a reminiscência de memórias em torno da *Reza das Almas* que, em tempos mais remotos, eram praticadas em espaços nos quais atualmente sua celebração caiu em desuso e, consequentemente, no esquecimento de muitos moradores das comunidades, pois "a durabilidade das memórias depende da durabilidade dos vínculos e estruturas sociais" (ASSMANN, 2008, p. 119).

Portanto, alçamos este estudo cuja proposta é compreender traços deixados por essa tradição no âmbito da memória de indivíduos que, por anos, participaram das práticas de pedidos em prol das almas em celebrações na região urbana do município, no povoado rural de Matias, ou, na povoação da Bocaina. Nessa localidade, por exemplo, foi possível encontrar resistências de cariz identitário geradas por choques embutidos em discrepâncias de valores entre a tradição contida nas memórias de antigos participantes e as ações empreendidas pelos encomendadores durante os últimos anos.

No contexto dos rituais, podemos observar a promoção dos mais antigos sistemas de memorização, sendo a memória uma base de dados mantida pelos especialistas da memória cultural (ASSMANN, 2008, p. 123). Nesse sentido, e frente à falta de quaisquer registros documentais sobre as práticas de sufrágio nas instituições históricas do município de Cláudio, lidamos com as memórias de pessoas que, em tempos remotos, estiveram ligadas às celebrações de *Encomendação das Almas*, seja na região urbana claudiense ou em povoações rurais.

Memórias de dona Tinha e dona Julita

As práticas de *Encomendação das Almas* que ocorreram no centro urbano de Cláudio, segundo depoimentos de dona Ídia, dona Lourdes e dona Tinha, eram realizadas por encomendadores que se mudaram do povoado de Matias para a cidade. Conforme relato cedido por dona Tinha, a *Reza das Almas* fora realizada por poucos anos, pois algum tempo após seu início, padre Manoel, em desacordo com as práticas, exigiu que fossem encerradas na localidade.

Dona Tinha complementou que outra grande dificuldade para a manutenção da *Encomendação das Almas* na área urbana do município está relacionada aos hábitos dos moradores que, diferentemente daqueles residentes nas povoações rurais do entorno de Cláudio, dormem tarde em virtude de possuírem luz elétrica e, sobretudo, devido ao uso excessivo de televisores e, mais recentemente, de computadores e celulares conectados à internet. O uso de tais aparelhos e também o excesso de luminosidade nas vias públicas, surgem como dificultadores para realização das *Encomendas* tanto no meio urbano quanto no meio rural, como pode ser constatado no trabalho etnográfico realizado com os encomendadores do povoado da Bocaina (EUFRÁSIO; DUARTE; ROCHA, 2018).

Juntamente com sua irmã, Julita, dona Tinha ofereceu explicações acerca de aspectos tradicionais das *Encomendações* que realizavam na comunidade de Matias antes de se mudarem para o centro de Cláudio. Segundo informaram, como não era mais possível realizar as celebrações nas ruas da cidade, passaram a frequentar a comunidade de São Bento e auxiliar o grupo de rezadores da povoação[169].

Dona Tinha, como era a figura de liderança do grupo que encomendava na comunidade de Matias, auxiliada por dona Julita, demonstram o cântico que utilizavam para realizar os pedidos em favor das almas, lamentando a descontinuidade da tradição e um possível esquecimento de seus preceitos e elementos performáticos, como melodia e letra do *Canto das Almas* e demais cânticos utilizados nos sufrágios.

Canto das Almas

Alerta, pecador, alerta!
Veja que esse sono é morte.
Indas que seja, pelo amor de Deus... [coro]
Assim como Deus não dorme,
Vos também não dormirão.
Indas que seja, pelo amor de Deus... [coro]
Eu vos peço um Pai Nosso,
E também uma Ave Maria.
Indas que seja, pelo amor de Deus... [coro]
Esse é praquelas almas,
As almas do purgatório.
Indas que seja, pelo amor de Deus... [coro]
Reza mais um Pai Nosso,
Pras almas dos seus parentes.
Indas que seja, pelo amor de Deus... [coro]
Reza mais um Pai Nosso,
Pras almas mai necitada (mais necessitadas)
Indas que seja, pelo amor de Deus...

(Recolha realizada em Cláudio [MG], no dia 2 de março de 2016, a partir da entoação de dona Tinha e dona Julita).

---

[169] Em 2016, dona Tinha pediu para que fosse levada uma noite até ao povoado da Bocaina para que pudesse participar de uma *Encomendação* juntamente com o grupo local. Na ocasião, ela foi recebida com entusiasmo pelas encomendadoras Suelene, Vera e dona Nazaré, chegando a conversarem sobre possíveis encontros futuros e parcerias entre o grupo da Bocaina e o grupo que dona Tinha auxiliava na povoação de São Bento.

Exemplo 43 – Transcrição da melodia do cântico *Canto das Almas* que era utilizado para realização dos pedidos no povoado de Matias. Recolha realizada a partir de entrevista cedida por dona Tinha e dona Julita em 2 de março de 2016

Fonte: transcrição elaborada pelo autor

Cod. 13 – Acesso à gravação do cântico *Canto das Almas* entoado por dona Tinha e dona Julita em entrevista cedida em 2 de março de 2016

Disponível em: https://youtu.be/uYmrT5A-0wg. Acesso em: 10 de março de 2019
Fonte: elaborado pelo autor

O *Canto das Almas* (Exemplo 43) pode ser considerado como um canto de pedidos, pois, por meio deste, os ecomendadores pedem, diante de determinadas residências, para que sejam realizadas as orações *Pai Nosso* e *Ave Maria* em benefício de determinados tipos de almas. No caso dessa performance (Cod. 13), são solicitadas preces em prol das almas do purgatório, dos familiares e para aquelas mais necessitadas. Porém, a cada celebração e diante de cada residência, o tirador tem a liberdade de escolher o tipo de alma para o qual deseja que sejam destinadas as orações.

Outro canto de pedidos apresentado por dona Tinha e sua irmã foi identificado por elas como *Canto dos Antigos* (ver Exemplo 44 e Cód. 14), remetendo às performances de seus antepassados na realização de *Encomendações das Almas* no povoado de Matias. Esse cântico surge acompanhado de outros dois: *Virgem Soberana* (ver Exemplo 45 e Cód. 14), e *Meia-noite* (ver Exemplo 46 e Cód. 14), utilizados como cantos de fechamento/encerramento. Esses últimos são empregados em cada parada do cortejo após a realização dos pedidos por três tipos de almas.

Canto dos Antigos

[solo]
Alerta, pecador, alerta!
Veja que este sono é morte.
[coro]
Alerta, pecador, alerta!
Veja que este sono é morte.
[solo]
Assim como Deus não dorme
Vos também não dormirão...
[coro]
Assim como Deus não dorme
Vos também não dormirão...
[solo]
Eu vos peço um Pai Nosso
E também uma Ave Maria
[coro]
Eu vos peço um Pai Nosso
E também uma Ave Maria
[solo]
Esse é praquelas almas,
As almas do purgatório
[coro]
Esse é praquelas almas,
As almas do purgatório.

[solo]

Reza mais um Pai Nosso

Pras almas dos seus parentes

[coro]

Reza mais um Pai Nosso

Pras almas dos seus parentes

[solo]

Reza mais um Pai Nosso

Pras almas mai necitada (mais necessitadas)

(Recolha realizada em Cláudio [MG], no dia 2 de março de 2016, a partir da entoação de dona Tinha e dona Julita).

Exemplo 44 – Transcrição da melodia do cântico *Canto dos Antigos* que era utilizado para realização dos pedidos no povoado de Matias. Recolha realizada a partir de entrevista cedida por dona Tinha e dona Julita em 2 de março de 2016

Fonte: transcrição elaborada pelo autor

Virgem Soberana

Virgem Soberana que no céu estava
Olha o nosso rogo
Bendita sejais,
Olha o nosso Rogo
Bendita sejais,

Se ela era pura, mais pura ficou.
Ela nove meses, a Deus carregou.
Ela nove meses, a Deus carregou.

Osana, Osana!
Osana, filho de Davi...

(Recolha realizada em Cláudio [MG], no dia 2 de março de 2016, a partir da entoação de dona Tinha e dona Julita).

Exemplo 45 – Transcrição da melodia do cântico *Virgem Soberana* que era utilizado para realização dos fechamentos/encerramentos no povoado de Matias. Recolha realizada a partir de entrevista cedida por dona Tinha e dona Julita em 2 de março de 2016

Fonte: transcrição elaborada pelo autor

Meia noite

Meia noite já deu hora,
Foi os anjos, foi quem deu.
Na mesma casa dos anjos,
Devemos louvar a Deus.
Na mesma casa dos anjos,
Devemos louvar a Deus...

Uma incelença,
Da Senhora das Dores.
Circulada das estrelas,
Rodeada de fulô (flor).
Circulada das estrelas,
Rodeada de fulô (flor).

Osana, Osana!
Osana, filho de Davi...

(Recolha realizada em Cláudio [MG], no dia 2 de março
de 2016, a partir da entoação de dona Tinha e dona Julita).

Exemplo 46 – Transcrição da melodia do cântico *Meia-noite* que era utilizado para realização dos fechamentos/encerramentos no povoado de Matias. Recolha realizada a partir de entrevista cedida por dona Tinha e dona Julita em 2 de março de 2016

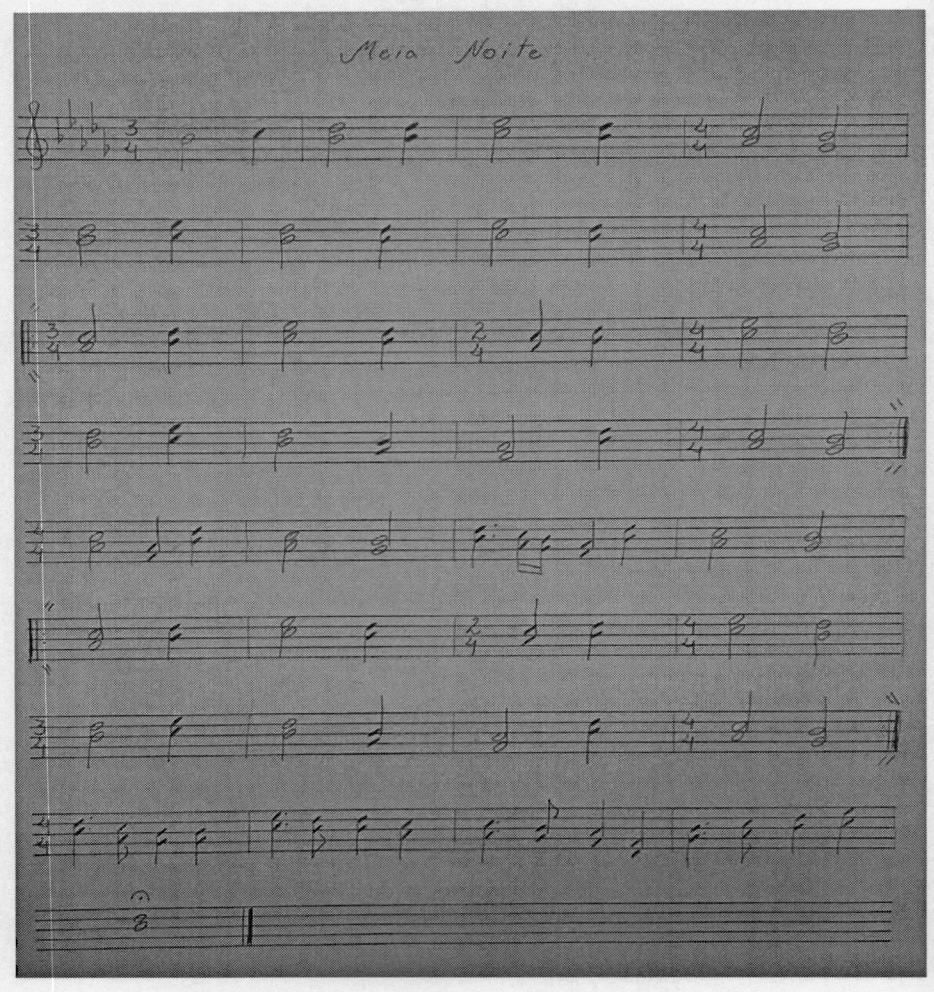

Fonte: transcrição elaborada pelo autor

Cod. 14 – Acesso à gravação dos cânticos *Canto dos Antigos*, *Virgem Soberana* e *Meia-noite*, entoados por dona Tinha e dona Julita em entrevista cedida em 2 de março de 2016

Disponível em: https://youtu.be/lUlwVF7xhxw. Acesso em: 10 mar. 2019.
Fonte: elaborado pelo autor

No segundo semestre de 2016, dona Tinha mudou-se para a cidade de Carmo de Cajuru[170] e, segundo ela, após sua mudança de residência, seria inviável deslocar-se até as comunidades rurais de Cláudio para participar da *Reza das Almas*, seja na Bocaina ou no São Bento. Contudo podemos refletir se assim como um dia houve *Encomendação das Almas* no povoado de Matias, também houvera em outros dentre as dezenas de povoamentos existente em terras claudienses[171]. Indícios apresentados por fontes orais revelam que sim, mas ainda não tivemos acesso a testemunhos reveladores como os oportunizados por dona Tinha e dona Julita. De forma análoga, acredito que tal questão poderia se replicar em diversas localidades interioranas de Minas Gerais e também nos demais estados brasileiros.

Memórias de Antônio Felipinho e família

As práticas de *Encomendação das Almas* no município de Cláudio e nos povoados existentes em seu entorno tangem além do que a memória

---

[170] Há trabalhos que abordam a existência de grupos de *Encomendação das Almas* (MELLO, 2016; SANTOS, 2016) e relatos atuais que dão informações sobre sua possível atividade. As práticas de rezas para as almas existentes no município de Itaúna, também possuem suas origens relacionadas a grupos que praticavam o ritual nas imediações de Carmo do Cajuru (EUFRÁSIO; ROCHA, 2019).

[171] Não foram abordadas por nosso estudo as seguintes povoações: Frazão, Rocinha, Palmital, Corumbá, Capão da Galinha, Córrego da Fábrica, Monsenhor João Alexandre (Cachoeira de Imamembé), Custódios, Ribeirão dos Cervos, Ribeirão São Vicente, Cachoeira dos Pios, Jacarandá, Formiguinha, Bananal, Sobrado, Canjerana, Canoas, Ribeirão do Santinho, Solas, Tombadouro, Vargem Alegre, e Sete Lagoas. Conseguimos abordar: Bocaina, Machadinho, São Bento, Matias e o centro urbano do município. Há também, na região rural, diversas aglomerações de casas, roças e fazendas que não recebem a nomeação de povoados, mas são locais em que é plausível pensarmos na existência de ritos do catolicismo popular como a *Encomendação das Almas*.

comunicativa é capaz de retroceder, tendo esse conceito uma profundidade temporal limitada ao período aproximado de 80 anos no qual três gerações interagem entre si (ASSMANN, 2008, p. 119). A falta de fontes documentais anteriores a esse período, impossibilitou nossas investidas em alcançar a compreensão acerca das origens locais em torno das tradições de sufrágio e devoção às almas, bem como conhecer seus percussores nas povoações claudienses. Em entrevista realizada, o Sr. Antônio Felipinho, que na altura possuía vigorosos 106 anos de idade, a prática mística foi remetida à uma tradição do tempo dos antigos cativos. Ele aprendera a prática com seus pais, estes, embora tivessem nascido após a Lei do Ventre Livre, conviveram com escravos e com eles aprenderam a tradição de rezar em prol das almas dos antepassados, bem como os cânticos e as regras a serem observadas para uma realização eficaz da celebração.

Devido ao fato da Bocaina ser um povoado no qual as práticas de sufrágio encontravam-se em atividade na ocasião da pesquisa e por ter sido a primeira localidade com a qual tivemos contato ao longo de nossos estudos sobre essa temática, foi possível ter contato com diversos interlocutores que apontavam para Antônio Felipinho como mais antigo detentor de saberes sobre as práticas ainda vivo, uma vez que, durante algum tempo em sua vida, residiu no povoado e teve contato com encomendadores como os senhores Afonso, Vicente, Geraldo. Assim, nesta parte o texto, abordaremos as memórias de Antônio Felipinho[172] e de suas filhas (dona Virgínia e dona Maria) que participaram ativamente enquanto encomendadores, mas que, atualmente, em decorrência da idade avançada e/ou questões ligadas à saúde e ao bem-estar, já não integram mais os grupos de rezadores.

---

[172] Na altura, possuía 106 anos e residia no município de Divinópolis com suas filhas e próximo à casa de seu filho, Geraldo.

Figura 44 – Antônio Felipinho

Fonte: acervo do autor

Segundo Sr. Antônio Felipinho, sua participação na *Encomendação* começou ainda quando era uma criança, sendo contemporâneo ao *"tempo das velhas senhoras"* que tinham idade semelhante a seu avô (ver Figura 1). Ele era integrante de um dos vários grupos que existiam no povoado da Bocaina naquele tempo, tendo vivenciado as práticas de *Reza das Almas* via intermédio de seu pai, do qual também herdou o comando de um terno de *Moçambique*[173].

O avô de Sr. Antônio Felipinho, segundo informações recolhidas junto à sua família durante uma entrevista ocorrida na tarde de 4 de março e 2018 em sua residência, teria sido o fundador do *Reinado de Nossa Senhora do Rosário* na Bocaina. Na ocasião dessa entrevista, o nome de seu avô não foi mencionado, mas ele teria sido filho de escravos que viveram na região e, embora não fosse "cativo", teria trabalhado com "uma turma do cativeiro por uns tempos" antes de ir para Bocaina, conforme salientado por Felipinho.

> *O pai do meu pai saía e eu saía quêse, mas eu era minino, eu não sabia nada. Eles tinha a turma lá daqueles companheiro dele e eu saía também. Eu botava sentido, chegava nas casa e eu olhava o que ele fazia. Chegava nas casa assim ele dava o sinal e eu botava sentido. Eu fui crescendo, fui acompanhando ele, praticando, praticando, aí eu aprendi (Entrevista cedida*

---

[173] Conjunto de grande importância ritualística e sacra dentre os *ternos* que integram as celebrações em torno dos *Reinados de Nossa Senhora do Rosário* (ver LUCAS, 2014; OLIVEIRA; VASQUES, 2015; SILVA, 2011).

por Sr. Antônio Felipinho, na cidade de Divinópolis, em 4 de março de 2019).

Segundo a família de Sr. Antônio Felipinho, antigamente se aprendia sobre as tradições devido ao fato de que as crianças acompanhavam os adultos com maior grau de respeito e atenção do que atualmente. *"Eu era menino, ficava ali escutando e a aprendia as moda tudo"*, disse Felipinho. De acordo com sua filha, Virgínia: *"hoje o povo não tem atenção nem naquilo que o padre fala na missa, antigamente nóis aprendia porque tinha respeito e atenção, os antigo aprendia era por isso"*.

De modo geral, em relação à prática de *Encomendação das* Almas, destacam que o mais importante é *"por sentido"*, é *"saber o que tá fazendo"*, justificando que as almas são um sinal da morte e por isso, dentre vários outros motivos, o ato de rezar para as almas deve ser tratado mediante demasiado respeito, conferindo a esses momentos um caráter solene. Referindo-se ao respeito para com a devoção às almas, salientou Maria: *"eu respeito você, do mesmo jeito que tenho que respeitar aqueles que já foram"*.

Dentre os procedimentos operacionais da *Encomendação*, o Sr. Antônio Felipinho deu especial destaque às funções de matraqueiro e puxador (tirador) das rezas cantadas, contrastando com as informações recolhidas até então acerca dessas funções (OLIVEIRA, V. E. de, 2017). Segundo ele, em seu tempo, esses papéis não eram exclusivos das figuras de lideranças do grupo, mas eram funções partilhadas dentre aqueles integrantes que possuíssem conhecimento acerca dos sentidos espirituais da celebração e possuíssem habilidade para tal. Essa informação nos permite refletir acerca do engajamento dos participantes da *Encomendação das Almas* no povoado da Bocaina em tempos mais remotos em contraste com os dias atuais, pois, segundo Felipinho, no *"tempo dos antigos"*, havia diversas pessoas aptas a entonar os cantos de pedidos e nos tempos atuais tem sido possível observar um desconhecimento de grande parte dos integrantes do grupo de encomendadores, salvo aquelas figuras ligadas a funções de liderança.

Em ocasião da entrevista, nossos interlocutores entoaram parte do repertório de cantos utilizados para a realização de pedidos em prol das almas que eram empregados pelo grupo que, anos atrás, efetuava as celebrações no povoado da Bocaina. O trecho inicial que compete ao tirador durante o canto de pedidos entoado por Antônio Felipinho e suas filhas, possui a parte textual, as relações intervalares, os motivos melódicos e as cadências em forma muito semelhantes ao cântico *Reza das Almas* (ver Exemplo 11) utilizado pelos encomendadores que atualmente realizam as celebrações na povoação. Entretanto a parte que compete à resposta que deve ser entoada pelo coro composto pelos demais participantes do grupo, possui texto e estrutura musical semelhantes às mesmas partes dos cânticos *Alerta, Irmão Devoto, Alerta!* (ver Exemplo 29) utilizados no povoado de Machadinho para realização dos pedidos. Tais semelhanças apontam para a existência de partilhas culturais e trânsitos de participantes entre as duas comunidades.

Já foram realizados estudos posteriores abordando as relações existentes nos trânsitos intercomunitários entre Bocaina e Machadinho a partir da figura de Luia e as formas de assimilação e reconstrução dos cantos de pedidos por parte dos encomendadores estudados entre 2015 e 2017 (EUFRÁSIO, 2018a), entretanto, ao analisarmos a estrutura musical do cântico de pedidos apresentado por Antônio Felipinho e suas filhas, podemos presumir a existência de interferências diretas nos repertórios de *Encomendação das Almas* através da dinâmica das relações pessoais entre membros dos grupos de rezadores e as formas como os trânsitos intercomunitários ocorriam em meio a redes sociocomunicativas. Entretanto, devido ao fato de estarmos lidando com transmissões que ocorriam por via da oralidade e que não passaram por processos de documentação, compreendermos factualmente essas antigas praxes apresenta-se como uma tarefa significativa, mas complexa de ser exequível com as fontes averiguadas até então, pois "todos os estudos em história oral confirmam que até em sociedades letradas a memória não retrocede além de oitenta anos, depois dos quais, separadas pela 'brecha flutuante', vêm, no lugar dos mitos de origem" (ASSMANN, 2008, p. 121).

Cod. 15 – Acesso à gravação dos cânticos entoadas por Antônio Felipinho e suas filhas, Maria e Virgínia, em entrevista cedida em 2 de março de 2016

Disponível em: https://youtu.be/2p8_1qDu4c4. Acesso em: 12 mar. 2019

Fonte: elaborado pelo autor

Senhor Geraldo, filho de Antônio Felipinho, contribuiu com suas memórias acerca da *Encomendação das Almas*, expressando em seu testemunho informações relacionadas aos aspectos sonoros, performáticos, operacionais, de conduta e de significado simbólico em torno da devoção. Sua fala traz a principal função dos pedidos em prol das almas, evidenciando que *"as alma precisa de incelença [...] tem alma que tá sofrendo [...] e você rezando pra ela e encomendando, manera os pecado dela, aí Deus dá elas o perdão e elas vai pra mão de Deus"*.

Cod. 16 – Acesso à gravação do depoimento de Sr. Geraldo acerca da *Encomendação das Almas*

Disponível em: https://youtu.be/1tyE-6zKTEc. Acesso em: 12 mar. 2019
Fonte: elaborado pelo autor

Nas memórias acerca das práticas realizadas pela família de Antônio Felipinho, é mencionada também a utilização de uma cruz sobre a qual é conferida o status de amuleto. Sua função é espantar o mal *"porque o demônio não gosta das coisas de Deus"*, conforme explicado por dona Maria em entrevista. Durante as *Encomendações das Almas* observadas nos povoados rurais localizados no entorno de Cláudio, somente em São Bento foi possível observar a utilização de uma cruz no decorrer da procissão, sendo levada em sua dianteira, na ocasião, por um jovem garoto com idade entre 11 e 13 anos. Entre 2015 e 2017, esse aspecto não foi observado na Bocaina e nem sequer fora mencionado por qualquer participante do grupo em atividade, podendo ser considerado como mais um traço presente somente nas memórias dos antigos encomendadores.

Nesse sentido, embora tenhamos identificado "que o medo é um elemento constante no momento do rito" (OLIVEIRA, V. E. de, 2017, p. 48) e também observável na literatura acerca do tema (BORGES; MAURÍCIO; SANTOS, M. F. J., 2011; CASCUDO, 2012; PASSARELLI, 2007), Sr.

Felipinho, informando sobre a necessidade das almas pelas preces pedidas pelos encomendadores, destaca:

> *Não é preciso ter medo das alma não, porque elas não faz mal pra ninguém. Quando é coisa ruim, é porque a tentação é que vem na frente. Elas mesmo não faz nada de ruim não. Se ocê se apegou com elas, elas não pode fazer nada de ruim, senão elas não ganham a salvação. Não precisa nem de muita gente pra rezar. O importante é saber fazer certo, saber ter a intenção e por o sentido pois o Divino Espírito Santo desce sobre quem faz a oração. É importante demais respeitar o silêncio. Se você reza em sete casa, você tem ali sete intenção pras alma. Não pode passar da meia-noite* (Entrevista cedida por Sr. Antônio Felipinho, na cidade de Divinópolis, em 4 de março de 2019).

Ao analisarmos as enunciações vindas da família de Felipinho, podemos considerar que devoção às almas se pauta especialmente sobre a realização de orações em prol do abrandamento de suas penas e a fim de favorecê-las diante de suas demandas por orações. Essa devoção se pauta principalmente na fé sobre o poder de intervenção que os encomendadores possuem enquanto benfeitores espirituais diante do divino e na esperança de intercessão das almas em auxílio a causas mundanas sofridas pelos homens. Nessa óptica: detentores de empoderamentos místicos por um lado, mas também vulneráveis e necessitados por outro, solicitando às Santas Almas favores como a proteção do lar, de suas terras, de si, de seus parentes, dentre outras benfeitorias. Podemos considerar que a *Encomendação das Almas* é um ramo de uma trama de relações que ocorrem entre o humano e o divino por meio da fé, devoção, oração e práticas simbólicas de viver a religiosidade.

CONSIDERAÇÕES FINAIS

"A memória é considerada, sem dúvida, o meio mais confiável para transmitir o conhecimento religioso (isto é, ritual) a gerações posteriores" (ASSMANN, 2008, p. 124) e pudemos averiguar que, mesmo diante das interrupções que ocorriam nas práticas de *Encomendação das Almas* nos povoados claudienses, a reunião de pessoas e de suas memórias possibilitou a retomada das celebrações em épocas distintas e que, apesar das celebrações ressurgirem de forma díspar à vivenciada pelas gerações anteriores (privilegiando determinados elementos e silenciando outros), permanece com uma base característica de valores sólidos que possibilitam seu reconhecimento comunitário.

Palavras, transcrições, excertos de gravações, análises e mesmo estudos relacionando práticas em contextos específicos, são insuficientes para abarcar de forma fidedigna os aspectos mais orgânicos ou os fragmentos de vida que podemos vislumbrar em nosso imaginário ao pensarmos nas tramas que se desenrolaram em meio à conjuntura de Cláudio e as diversas circunstâncias em torno da *Encomendação das Almas* e seus sujeitos. No entanto, objetivei aqui uma contribuição responsável com as perspectivas êmicas e a produção de conhecimento em torno dessa temática com a qual iniciei os trabalhos na Quaresma de 2015.

Desde então, foi possível compreender os principais aspectos da *Encomendação das Almas* praticadas na atualidade e conhecer as lembranças existentes na memória daqueles que, em tempos mais remotos, participaram efetivamente das celebrações, identificando alguns contrastes em relação aos procedimentos adotados para sua eficácia. Pudemos perceber diferentes graus de dinamismo presentes em meio aos processos de transmissão cultural existente nas localidades claudienses e constatar que essas nuances ocorrem devido às circunstâncias específicas de contato e partilha simbólica entre grupos humanos.

Em meio às dimensões físicas e espirituais da *Encomendação das Almas*, percebemos uma tradição cuja configuração perpassa diferentes perspectivas através da qual cada participante experimenta a vida e suas circunstâncias, ressignificando, materializando e verbalizando valores segundo a interpretação simbólica de sua espiritualidade, possibilitando-nos perceber a existência de práticas tradicionais locais que contêm características específicas sem deixar de ser condizente ao escopo da *Encomendação* em uma perspectiva mais ampla, como apresentado no início deste livro. Após o passar de anos desta pesquisa, podemos constatar o prognóstico de que a *Reza das Almas*, cujas raízes remetem às antigas tradições mortuárias da Europa medieval, não possui um início ou ato fundação consolidado que não seja relacional, mas teve suas práxis modificadas por diversos processos de reconfiguração, adquirindo, especialmente em solo brasileiro, diversos ajustes produzidos mediante cosmovisões locais e em acordo com situações particulares vividas por cada grupo de encomendadores em sua época.

Minhas primeiras impressões sobre o ritual de *Encomendação das Almas*, tendo em vista primeiramente um contexto micro e local, levaram-me a pensar que este se tratava de uma prática extremamente rara nos dias atuais. No decorrer da pesquisa bibliográfica, foi possível constatar que essa celebração, através de vários processos migratórios, foi disseminada por localidades em todas as cinco grandes regiões do Brasil, sendo reinterpretada e reconfigurada segundo arranjos socioculturais em cada local de recorrência.

A pesquisa bibliográfica, bem como o processo de análise comparativa entre os materiais que retratam as distintas recorrências do ritual em terras brasileiras, permitiram compreender que, embora, dentro de um escopo nacional, o rito possua diversificações em seus aspectos operacionais e até mesmo simbólicos, traz consigo uma base tradicional que constituiu seus fundamentos a partir da junção de elementos oriundos das similaridades presentes nas cosmovisões de vários povos. Contudo ainda há muito a ser explorado nesse sentido, pois foi demasiado difícil conseguir acesso a trabalhos realizados no oeste europeu e, certamente, há ainda várias leituras possíveis sobre a prática desse rito e inclusive relações históricas que podem ser estabelecidas com demais tradições mortuárias medievais, as quais, devido ao tempo hábil e ao foco desta obra, não foi viável abordar.

Tendo em perspectiva o território brasileiro, foi possível perceber que as sinuosas dinâmicas que envolveram os múltiplos contatos entre esses povos, em cada localidade, fizeram com que cada aspecto da *Encomendação das Almas* ganhasse peso e medidas diferentes, dependendo da mistura entre pensamentos, realidades, jogos de valores e poder, necessidades, conveniências, interesses, crenças e demais elementos que envolvem toda e qualquer interação humana em âmbito social, gerando assim as diferentes configurações de ritual que puderam ser apreciadas ao longo deste trabalho.

Tal fato pode ser observado também nos ritos dos povoados do entorno de Cláudio (MG) que, mesmo tão próximos, demonstram aspectos que configuram as três práticas rituais com características similares, mas também contrastantes, assim como pode ser observado em âmbito nacional e internacional, percebendo as formas pelas quais uma tradição é modificada e adequada pelos modos de vida locais, decisões e relações comunitárias.

Contudo, embora a disseminação da *Encomendação das Almas* possa ser observada em um território internacional, procedido pelo intenso trânsito migratório de pessoas que levavam consigo também sua cosmovisão e costumes, apresenta-se com uma prática pouco conhecida na sua generalidade, mesmo nos arredores dos locais onde sua prática encontra-se em plena atividade. Durante meu trabalho de campo em Cláudio, por exemplo, tive a oportunidade de conversar com certo número de pessoas que nem sequer tinha ouvido falar da existência desse ritual.

Nesse sentido, saliento que no decorrer do desenvolvimento deste trabalho, sempre que estava a conversar com alguém — seja em Cláudio (MG) ou em outras localidades interioranas —, perguntava a meu colocutor se conhecia ou já havia ouvido algo sobre o ritual de *Encomendação das Almas* (por vezes, mencionando também suas outras denominações) e, embora eu não tenha quantificado em dados a recorrência dessas ocasiões e nem as informações obtidas, na maior parte das vezes as pessoas com quem eu dialogava não conheciam ou nem já tinham ouvido falar de tal celebração. Quase sempre minhas indagações eram direcionadas a pessoas que percebia terem uma vida religiosa ativa, entretanto, minha questão frequentemente recebia como retorno a seguinte pergunta: *"isso é católico?"*. Sendo que, muitas das vezes, minha resposta positiva era aparente motivo para alguma expressão verbal ou facial indicando espanto, surpresa, ou repulsa[174].

Em relação a este último, no desenvolvimento da pesquisa bibliográfica e também do trabalho etnográfico, foi possível perceber que vários dos aspectos que configuram o ritual de *Encomendação das Almas* impulsionam relações conflituosas entre os participantes do ritual e pessoas que não compartilham de seu pensamento e senso de moral religiosamente fundado,

---

[174] Nesse sentido, não posso deixar de mencionar, pois é impossível enumerar a quantidade de vezes que eu, bem como meu objeto de pesquisa (*Encomendação das Almas*) e minha relação com este, foi motivo de chacota e piadinhas dentro de meu convívio familiar e entre amigos, estes que, embora o fizessem em razão de seu divertimento, não deixavam de imprimir ares, por vezes, preconceituosos e/ou imbuídos de suas próprias convicções religiosas e morais, referindo-se a mim como "macumbeiro", termo que, embora não me soe pessoalmente ofensivo, geraria possíveis constrangimentos diante daqueles que de algum modo estão ligados a práticas subalternas ou que se encontram à margem de costumes religiosos mais centrais à sociedade e aceitáveis a um senso comum.

interferindo, em vários pontos procedimentais, da realização do ritual, sendo isso observado na região de Cláudio (MG), através do trabalho de campo, e em outras localidades do Brasil através da pesquisa bibliográfica, onde há recorrência dessa manifestação.

Durante as Quaresmas de 2015 e 2016, tive a oportunidade de observar a realização dos rituais nas comunidades selecionadas, realizando também sessões de entrevistas com os principais indivíduos que representam essa tradição em cada uma das localidades abordadas durante a pesquisa de campo. No decorrer dessas sessões, chamou-me atenção a quantidade de questões levantadas pelos próprios encomendadores, apresentando abertamente suas principais dificuldades no âmbito da realização do rito[175] e expondo, principalmente, a forma como estas são capazes de refletir nas perspectivas futuras para a manutenção da tradição ritualística em prol das almas nos povoados, uma vez que, em vários outros povoados da região em que antes existia a prática da *Encomendação das Almas*, atualmente já não há mais.

Embora a prática do ritual tenha se mostrado plenamente ativa nos três povoados investigados até a Quaresma de 2016, na temporada seguinte, em 2017, o falecimento de dona Nilza, bem como com as dificuldades físicas e saúde debilitada consequentes da idade já avançada de Sr. Bêjo, confluíram para a não realização do ritual de *Encomendação das Almas* respectivamente nos povoados de São Bento e Machadinho, tendo sido realizada somente no povoado da Bocaina, sobre o qual, pessoalmente pensei que haveria de ser o primeiro dentre os três a encerrar as atividades com o rito, pois, aparentemente, encontrava-se diante de um contexto mais conflituoso. Entretanto, em função dos motivos mencionados, os grupos que promovem as celebrações em São Bento e Machadinho não conseguiram se organizar sem a presença de suas figuras de liderança, abrindo mão da realização prática ritualística em prol das almas naquele ano.

Sobre a etapa da pesquisa que envolveu investigações de um corpus bibliográfico e fontes documentais, em relação ao primeiro, tem-se encontrado maior quantidade de abordagens em áreas como a história, letras, turismo, geografia e, principalmente, a antropologia, sendo deixadas de lado, ao menos no Brasil, abordagens que privilegiem uma perspectiva sobre os aspectos sonoros, a música, ou simplesmente as rezas cantadas do ritual de *Encomendação das Almas*. Assim, uma vez que o ritual, dentre

---

[175] Durante o trabalho de campo, optei por não interferir nos processos de organização da prática da *Encomendação das Almas*, atendo-me, nesse sentido, somente ao papel de observador. Contudo busquei compreender as demandas locais e, junto a meus interlocutores, refletir e propor possibilidades para o atendimento a estas.

a academia brasileira, tem sido tratado como uma prática exclusivamente de transmissão oral, não foram encontrados trabalhos que mencionam a recorrência desse rito em outros contextos além do costumeiro cortejo de rua, contudo transcrições musicais manuscritas dos séculos XVIII, XIX e XX abordadas por esta pesquisa nos permitiram inferir a ocorrência dessa manifestação e a interpretação de seus repertórios em outros espaços e configurações contrastantes à forma como ritual. Segundo o que se lê na bibliografia sobre o tema, tem sido abordado com maior frequência, abrindo margem a novas perspectivas tanto no âmbito historiográfico quanto das ciências musicais.

Ainda em relação à pesquisa com fontes documentais, foi possível atestar que há ainda várias possibilidades de abordagens tendo em vista este cunho de materiais, sendo possível uma série de investigações explorando as relações entre os processos de disseminação da *Encomendação das Almas* a partir dos trânsitos gerados por meio das missões religiosas empregadas no território brasileiro por várias ordens como os Jesuítas, Capuchinhos, Mercedários, dentre outras. Acervos que possuem documentação ligada a essas instituições podem ser um rico campo de trabalho para o pesquisador interessado no presente rito, sendo possível, inclusive, aliar tal investigação a uma abordagem musical que possibilite análises comparativas a partir de possíveis relações entre os cantos litúrgicos e o modo de se rezar cantando no âmbito da *Encomendação*.

Em relação às comunidades nas quais trabalhei, é possível encontrarmos também um vasto campo para a pesquisa científica, uma vez que este trabalho não esgota as perspectivas possíveis sobre as celebrações da *Encomendação das Almas* que ocorre nesses locais e nem abarca todas as relações socioculturais que envolvem os indivíduos que a praticam e que mantêm um vínculo com essa tradição e a conjuntura social ao redor. Sinto pena não ter conseguido, por exemplo, trazer à tona a perspectiva dos jovens encomendadores sobre o futuro dessa prática e ter tido tempo hábil para realizar análises comparativas entre várias recorrências de uma mesma *reza/ canto de pedidos* em vários momentos distintos de performance[176].

Durante o curso de mestrado, mergulhei a fundo dentro da temática, envolvendo-me em diversas atividades e momentos que me possibilitaram conhecer pessoas em diferentes localidades que mantinham vínculo com

---

[176] Embora eu tenha coletado e selecionado esse material, o tempo para conclusão da pesquisa não me permitiu proceder com tal empreendimento.

a prática desse ritual e, muitas das vezes, ainda o praticavam. Considero que me mantive em estado permanente de pesquisa de campo e que tal postura valeu-me quanto à aquisição de informações extras durante várias "andanças" que realizei pelo interior de Minas Gerais durante o período de realização do curso, possibilitando-me coletar relatos descritivos e realizar gravações de rezas cantadas entoadas em realidades distantes do entorno de Cláudio (MG). Contudo o material coletado tornou-se cumulativa-mente demasiado para o tratamento no âmbito específico deste trabalho, mas revelou-se igualmente como possível fonte para estudos futuros que pretendo disponibilizar em trabalhos futuros.

Retomando acerca do pensamento inicial que motivou esta pesquisa, o qual remeteria ao desaparecimento dessa manifestação nos povoados rurais do entorno de Cláudio (MG), deixando-me levar pelos pensamentos de Boaventura de Sousa Santos (2001), os quais convergem na ideia de que, globalmente, atravessamos uma era de transição de paradigmas, processo que paira sobre a sociedade em seus diversos dilemas, destaco que ao obser-var as práticas de *Encomendação das Almas* que ocorrem nos povoados do entorno de Cláudio (MG), pude perceber como valores atribuídos a deter-minados aspectos da vida, considerados por uma geração anterior como tradicionalmente sagrados, passam por períodos de ressignificação capazes de influenciar nos processos culturais e refletir nas práticas oriundas destes, gerando e movimentando estados de continuidade ou não.

Em suma, após decorrer todo o processo de investigação, análise, reflexão, seleção, tomadas de decisões, redação e revisão, é ainda imensa a visão e o sentimento de que ainda há muito a se investigar acerca do ritual de *Encomendação das Almas*, pois, a partir dos vários prismas que se revelaram no decorrer desta pesquisa, inúmeras outras perspectivas são possíveis para que possamos ampliar nosso conhecimento em torno da prática que trato aqui como meu foco de pesquisa e temática central, mas que para meus interlocutores e incontáveis outros, são aspectos pertinen-tes ao modo que, direta ou indiretamente, escolheram levar suas vidas e comporem sua história entre o período em que vê, ouve, fala, canta, reza, sente, emociona-se e o período após, aquele no qual já não mais vivemos fisicamente e, quem sabe, outros possam fazer o mesmo em prol de nós, inevitavelmente, enquanto almas.

O tema ainda evoca um campo vasto para pesquisas acerca das prá-ticas do presente e tendo em perspectiva o seu futuro, principalmente em relação às demandas por salvaguarda, manutenção e preservação. Diversas possibilidades de estudo ainda são tangíveis ao colocarmos em perspectiva as possibilidades de investigação sobre seu passado, seja metodologicamente estudado em âmbito local, por meio de fontes orais e suas memórias acerca do que vivenciaram outrora, ou seja através de documentos centenários (MÁRTIRES, 1751) que permitem discutir as práticas de *Encomendação das Almas* e as conexões existentes em meio a contextos geográficos e temporais mais amplos, bem como suas relações efetivas com os dados disponíveis na produção científica em torno do tema e as práticas locais de recorrência que ainda (mas talvez não por muito tempo) podem ser observáveis em campo etnográfico.

REFERÊNCIAS

ABRUNHOSA, M. A. G. M. de. *El património musical en la cultura portuguesa y su adaptación a los currículos escolares (enseñanzas artísticas)*: el ritual de la "encomendação das almas" en los concejos do Fundão e Idanha-a-Nova. Tese (Doutorado em Didáctica de la Expresión Musical, Plástica y Corporal) – Universidad de Extremadura, Espanha, 2016. Disponível em: https://dialnet.unirioja.es/servlet/tesis?codigo=47220. Acesso em: 22 fev. 2024.

ANTONIO, D. G. *Comunidades Sustentáveis*: um estudo de percepção, interpretação e valoração da paisagem mediante o conhecimento tradicional. Tese (Doutorado em Geografia) — Universidade Estadual Paulista de Rio Claro, Rio Claro, 2013.

ARAÚJO, A. M. *Folclore Nacional II*: danças, recreação e música. 3. ed. São Paulo: Martins Fontes, 2004.

ASSMANN, J. Communicative and cultural memory. *In*: ERLL, A.; NÜNNING, A. (ed.). *Cultural memora studies*: an international and interdiplinary handbook. Berlim; New York: De Gruyter, 2008. p. 109-118.

ÁVILA, C. P. Os Encomendadores de Almas em Maués: Os mortos andam entre nós. *Revista Ñanduty*, v. 2, n. 2, p. 44-54, 12 fev. 2014.

BORGES, M. C. V.; MAURÍCIO, J. C.; SANTOS, M. F. J. Caminhando com as almas: A alimentação das almas no agreste sergipano. *Scientia Plena*, v. 7, n. 1, p. 1-11, 2011. Disponível em: http://www.scientiaplena.org.br/sp/article/viewFile/94/101. Acesso em: 22 fev. 2024.

BRANDÃO, C. R. *Sacerdotes de viola*: rituais religiosos do catolicismo popular em São Paulo e Minas Gerais. 1. ed. Petrópolis, RJ: Editora Vozes, 1981.

CAMBUY, A. O. S. *Comidoria Em João Surá*: O Sistema Alimentar Como Um Fato Social Total. Dissertação (Mestrado em Antropologia Social) — Universidade Federal do Paraná, Curitiba, 2011. Disponível em: https://acervodigital.ufpr.br/handle/1884/26636. Acesso em: 22 fev. 2024.

CAMP, M. Quem tem autorização para cantar o cântico ritual? *Revista USP*, São Paulo, v. 77, p. 76-89, 2008.

CARDOSO, Â. N. N. Apontamentos críticos sobre tendências atuais na Etnomusicologia brasileira. *In*: ROCHA, E.; ZILLE, J. A. B. (org.). *Musicologia [s]*. 1. ed. Barbacena, MG: EdUEMG, 2016. p. 67-78.

CARVALHINHO, M. N. M. *Música de tradição oral em Alcongosta, Alpedrinha, Casal da Serra, Castelo Novo, Louriçal do Campo, S. Vicente da Beira, Soalheira e Souto da Casa*. Tese (Doutorado em Didáctica de la Expresión Musical, Plástica y Corporal) — Universidad de Extremadura, Cárceres, 2010. Disponível em: https://repositorio.ipcb.pt/handle/10400.11/1767. Acesso em: 22 fev. 2024.

CARVALHO, D. de. *História de Cláudio (1911 - 1992) para alunos do I eII graus*. 1. ed. Belo Horizonte: Cuatiara, 1992.

CARVALHO, J. J. de. Metamorfoses das tradições performáticas afro-brasileiras: de patrimônio cultural a indústria de entretenimento. *Série Antropologia*, n. 354, 2004. Disponível em: http://dan2.unb.br/images/doc/Serie354empdf.pdf. Acesso em: 22 fev. 2024.

CASCUDO, L. da C. *Dicionário do Folclore Brasileiro*. 12. ed. São Paulo: Global Editora, 2012.

CASTAGNA, Paulo. O "roubo da aura" e a pesquisa musical no Brasil. X ENCONTRO NACIONAL DA ANPPOM, Goiânia, 27 a 30 de agosto de 1997. *Anais*. Goiânia: Universidade Federal de Goiás, 1997. p. 35-39.

CHAVES, F. N. *As festas populares e o contexto midiático*: Lavras Novas e o futuro de sua identidade cultural. Dissertação (Mestrado em Ciências da Comunicação) — Universidade de São Paulo, São Paulo, 2011. Disponível em: https://doi.org/10.11606/D.27.2011.tde-23092011-190815. Acesso em: 22 fev. 2024.

COSTA, A. C. da. *A Morte e a Educação*: Saberes do Ritual de Encomendação das Almas na Amazônia. Dissertação (Mestrado em Educação) —Universidade do Estado do Pará, Pará, 2012.

CRUZ, João Everton da. *Frei Damião*: a figura do conselheiro no Catolicismo Popular do nordeste brasileiro. Dissertação (Mestrado em Ciências da Religião) — Pontifícia Universidade Católica de Minas Gerais, Belo Horizonte/MG, 2010.

CUNHA, A.; DUARTE, J. da C. Cantares tradicionais do Natal. *In*: JERÓNIMO, R. M. (org.). *Algarve*: Tradições Musicais. 1. ed. Fáro, Portugal: Grupo Musical de Santa Maria e Casa da Cultura António Bentes, 1995. p. 35-65.

DIAS, M.; DIAS, J. *A Encomendação das Almas*. 1. ed. Porto: Centro de Estudos de Etnologia Penisular - Universidade do Porto, 1953.

DUARTE, F. L. S. *Resgates e abandonos do passado na prática musical litúrgica católica no Brasil entre os pontificados de Pio X e Bento XVI (1903-2013)*. Tese (Doutorado em

Música) — Universidade Estadual Paulista "Júlio de Mesquita Filho" - UNESP, São Paulo, 2016. Disponível em: https://acervodigital.unesp.br/handle/11449/136482. Acesso em: 22 fev. 2024.

EUFRÁSIO, V. Entre tempos e tempos: práticas de expressão ritual nas celebrações da Encomendação das Almas no povoado rural da Bocaina, em Cláudio/MG. *In*: II SIMPÓSIO CIENTÍFICO 2018 - ICOMOS BRASIL, 2018a, Belo Horizonte. *Anais* [...]. Belo Horizonte, MG: Universidade Federal de Minas Gerais, 2018a.

_____. A reza cantada do ritual de Encomendação das Almas em povoados rurais da cidade de Cláudio/MG. *In*: XXVIII CONGRESSO DA ANPPOM, 2018b, Manaus. *Anais* [...]. Manaus, AM: Associação Nacional de Pesquisa e Pós-Graduação em Música, 2018b.

EUFRÁSIO, V.; DUARTE, F. L. S.; ROCHA, E. O ritual de Encomendação das Almas nos povoados rurais do município de Cláudio, em Minas Gerais: crise, renitência, memória, preservação e salvaguarda. *Desenredos*, v. 29, p. 159-178, 2018.

EUFRÁSIO, V.; ROCHA, E. *O ritual de Encomendação das Almas*: aspectos de uma prática luso-brasileira. Belo Horizonte: ANPPOM – Associação Nacional de Pesquisa e Pós-Graduação em Música, 2016.

_____. Contatos, influências e repercussões multiculturais nas rezas cantadas do ritual de Encomendação das Almas. *In*: VOLPE, M. A.; NOGUEIRA, I. (org.). *Música no Universo Ibero-Afro-Americano*: Desafios interdisciplinares. 1. ed. Rio de Janeiro: Programa de Pós-Graduação em Música da Universidade Federal do Rio de Janeiro, 2017.

_____. Encomendação das Almas na cidade de Itaúna-MG: cânticos e contexto. *In*: *ANAIS* DO XXIX CONGRESSO DA ASSOCIAÇÃO NACIONAL DE PESQUISA E PÓS-GRADUAÇÃO EM MÚSICA - ANPPOM, Pelota/RS, 2019. Disponível em: https://anppom.org.br/anais/anaiscongresso_anppom_2019/5631/public/5631-20583-1-PB.pdf. Acesso em: 22 fev. 2024.

FONSECA, E. A ideia de folk e as musicologias. *Debates*, v. 12, p. 79-92, 2014.

FORTES, M. E. P. *Arte e festa no quilombo*: processo de construção turística de um bairro rural da Mantiqueira. Dissertação (Mestrado em Antropologia Social) — Universidade de Campinas (Unicamp), Campinas, 2004.

GEERTZ, C. *O Saber Local: novos ensaios em antropologia interpretativa*. 14. ed. Petrópolis: Editora Vozes, 2014.

GIACOMETTI, M. *Cancioneiro popular português*. 1. ed. Lisboa, Portugal: Círculo de Leitores, 1981.

GIACOMETTI, M.; LOPES-GRAÇA, F. *Cancioneiro Popular Português*. 1. ed. Lisboa: Gris Impressores, 1981.

GIL, A. C. *Como Elaborar Projetos de Pesquisa*. 5. ed. São Paulo: Editora Atlas, 2010.

GONÇALVES, J. P. *Tradições populares de Loriga*. Disponível em: http://www. loriga.de/tradicoes.htm. Acesso em: 9 fev. 2017.

GONÇALVES, J. R. S. Apresentação. *A Experiência Etnográfica*: Antropologia e literatura no século XX. 3. ed. Rio de Janeiro: Editora UFRJ, 2008. p. 7-15.

HALBWACHS, M. *La mémoire collective*. Paris: Albin Michel, 1997.

INSTITUTO DE ARTES DO PARÁ. *Liturgias Ribeirinhas no1*: Encomendação das Almas. 1. ed. Belém: Governo do Estado do Pará: Secretaria Especial de Estado de Promoção Social, 2006.

JERÓNIMO, R. M. *et al. Algarve*: tradições musicais. 1ª ed. Grupo Musical de Santa Maria e Casa da Cultura António Bentes, Faro (Portugal), 1995.

JÚNIOR, M. R. S. *A Encomendação das Almas em Arouca*. Aveiro: Arquivo do Distrito de Aveiro, [s. d.]. v. XIX.

LIMA, L. S. de. A dinâmica das territorialidades na comunidade de Faxinal do Posto Inácio Martins-PR. *Geoingá*: Revista do Programa de Pós-Graduação em Geografia, v. 2, n. 2, p. 150-169, 3 ago. 2010.

LIMA, R. T. de. *Abecê do Folclore*. 5. ed. São Paulo: Ricordi, 1972.

LOURES, P. M. *Inventário de benzeções, rezas e novenas, folia e congada*: educação nas manifestações culturais. Dissertação (Mestrado em Ciências Humanas) — Pontifícia Universidade Católica de Goiás, Goiânia/GO, 2012. Disponível em: https://tede2.pucgoias.edu.br/handle/tede/1062. Acesso em: 22 fev. 2024.

LUCAS, G. *Os Sons do Rosário*: O Congado Mineiro dos Arturos e Jatobá. 2. ed. Belo Horizonte: Editora UFMG, 2014.

MACHADO, C. A. *Cuidar dos Mortos*. Sintra: Instituto de Sintra, 1999. Disponível em: http://br.monografias.com/trabalhos-pdf/cuidar-dos-mortos/cuidar-dos--mortos.pdf. Acesso em: 22 fev. 2024.

MACHADO NETO, D. Em torno da Musicologia brasileira: ensaio sobre a relação com a análise musical. *In*: ROCHA, E.; ZILLE, J. A. B. (org.). *Musicologia [s]*. Série Diál ed. Barbacena, MG: EdUEMG, 2016. p. 99-112.

MAHFOUD, M. Encomendação das Almas: mistério e mundo da vida em uma tradicional comunidade rural mineira. *In*: MASSIMI, M.; MAHFOUD, M. (org.). *Diante do Mistério*. 1. ed. São Paulo: Edições Loyola, 1999. p. 57-68.

MAHFOUD, M. Encomendação das almas: o antepassado se faz contemporâneo no mundo da vida. *In: Piedade Popular*: sociabilidades, representações, espiritualidades, 1999, Lisboa. Actas do Colóquio Internacional Piedade Popular: sociabilidades, representações, espiritualidades. Lisboa: Terramar, 1998. p. 301-306.

MARCONDES, M. A. *Enciclopédia da Música brasileira*: Erudita, folclórica e popular. 1. ed. São Paulo: Art Ed, 1977.

MÁRTIRES, B. dos. (1514-1590). *Banquete espiritual*: voluntario, e gratuito em favor das almas do 1osário1mo, e de todo o siel Christão, c.d.o. a' sempre excelsa virgem emperatriz soberana Maria Mãi de Deos, venerada no seu 1osário1mo 1osário (Pe. E. do Nascimento, Ed.). Lisboa: Miguel Manescal da Costa, 1751.

MELLO, O. A. de. A reza das almas em Carmo do Cajuru. *In*: AZEVEDO, F. L. M. de *et al*. (ed.). *História e Memória do Centro Oeste Mineiro*: perspectivas - Memória, literatura e educação. 1. ed. Barbacena, MG: 3i Editora, 2016. p. 253-270.

MENDES, P.; MENDES, S. Experienciação, cognição e representações da memória: uma análise discursiva do patrimônio imaterial da Região dos Inconfidentes. *Revista de Estudos da Linguagem*, v. 21, n. 1, p. 261-284, 30 jun. 2013.

MENEZES, M. L. P. *et al*. *São Pedro de Cima*: o Nosso Lugar. Juiz de Fora, MG: Departamento de Geociências da Universidade Federal de Juiz de Fora, 2010.

MORENO, J. C. *Temporalidades da paisagem*: uma análise das temporalidades que emergem no espaço de vida da comunidade Pedro Cubas, Vale do Ribeira, SP. Tese (Doutorado em Ciência Ambiental) — Universidade de São Paulo (USP), São Paulo, 2009. Disponível em: https://repositorio.usp.br/item/002147394. Acesso em: 22 fev. 2024.

NASCIMENTO, G. de P. A. *Encomendação das Almas*: Resistência Cultural em São Roque de Minas. XXX Congresso Brasileiro de Ciências da Comunicação (Intercom - Sociedade Brasileira de Estudos Interdisciplinares da Comunicação), Santos/SP, 2007. Disponível em: http://www.intercom.org.br/papers/nacionais/2007/resumos/R0003-1.pdf. Acesso em: 22 fev. 2024.

NASCIMENTO, M. N. P. do. *A religiosidade popular na revista família cristã*: uma análise das matérias que aparecem na seção cultura popular das edições de 1980 a 1981. Dissertação (Mestrado em Ciência da Religião) — Pontifícia Universidade Católica de São Paulo, São Paulo, 2013. Disponível em: https://tede2.pucsp.br/handle/handle/2028. Acesso em: 22 jan. 2024.

NERY, R. V.; LUCAS, M. E. Introdução. *As Músicas Luso-Brasileiras no Final do Antigo Regime* - Reportórios, Práticas e Representações. [*S. l.*]: Fundação Calouste Gulbenkian, 2013. p. 722.

OLIVEIRA, P. A. R. de; ARAUJO, M. das G. F. de. "Pequenos Santos": Uma devoção familiar. *Revista de Estudos de Religião*, v. 2, n. 1, p. 80-100, 2011. Disponível em: https://revistaplura.emnuvens.com.br/plura/article/view/33. Acesso em: 22 fev. 2024.

OLIVEIRA, V. E. de. «Cantá pras alma»: a reza cantada do ritual de Encomendação das Almas. Dissertação (Mestrado em Música) – Universidade Federal de Minas Gerais, Belo Horizonte/MG, 2017. Disponível em: http://hdl.handle.net/1843/AAGS-AQGP92. Acesso em: 22 fev. 2024.

PAES, G. S. M. *A "Recomendação das Almas" na Comunidade Remanescente de Quilombo de Pedro Cubas*. 2007. Dissertação (Mestrado em História Social) – Universidade de São Paulo - USP, 2007. Disponível em: https://l1nq.com/MXsih. Acesso em: 22 fev. 2024.

PASSARELLI, U. Encomendação das Almas: Um Rito em Louvor aos Mortos. *Revista do Instituto Histórico e Geográfico de São João del-Rei*, v. 12, n. 1, 2007. Disponível em: https://pt.scribd.com/document/78033012/Artigo-07-Almas. Acesso em: 22 fev. 2024.

PASSOS, M. Nos olhos de quem vê – "Encomendações de almas" na religiosidade popular em Minas Gerais. *Revista Brasileira de História das Religiões*, v. V, n. 15, p. 145-159, 2013. Disponível em: http://www.dhi.uem.br/gtreligiao/pdf15/9.pdf. Acesso em: 22 fev. 2024.

PEDREIRA, C. S. Cantos rezados, rezas cantadas: atos, palavras e sons no ritual de lamentação das almas. *Música e Cultura*, v. 4, n. 1, p. 1-13, 1 dez. 2009. Disponível em: http://musicaecultura.abetmusica.org.br/index.php/revista/article/view/124. Acesso em: 14 out. 2015.

PEDREIRA, C. S. *Irmãs de almas*: rituais de lamentação na Chapada Diamantina. Dissertação (Mestrado em Antropologia Social) – Universidade de Brasília, Brasília/DF, 2010a. Disponível em: http://www.realp.unb.br/jspui/handle/10482/7261. Acesso em: 22 fev. 2024.

PEDREIRA, C. S. Reza Não é Música: A Lamentação das Almas na Chapada Diamantina. *Revista Iluminuras* - Publicação Eletrônica do Banco de Imagens e Efeitos Visuais - NUPECS/LAS/PPGAS/IFCH e ILEA/UFRGS, v. 11, n. 25, p. 177-207, 2010b. Disponível em: http://www.seer.ufrgs.br/index.php/iluminuras/article/view/15532. Acesso em: 22 fev. 2024.

PEDREIRA, C. S. *Tecidos do mundo: almas, espíritos e caboclos em Andaraí, Bahia.* Tese (Doutorado em Antropologia) — Universidade de Brasília, Instituto de Ciências Sociais, Departamento de Antropologia, Programa de Pós-graduação em Antropologia Social, Brasília/DF, 2015.

PEDRO, Fábio Costa. Percepções dos impactos de festivais culturais numa comunidade: o caso do Festivelhas Jequitibá/MG (Brasil). *Turismo e Sociedade*, Curitiba, v. 2, n. 1, 2009.

PEREIRA, J. C. *O Encantamento da Sexta-feira Santa*: Manifestações do catolicismo no folclore brasileiro. 1. ed. São Paulo: Editora Annablume, 2005.

POMPA, C. Leituras do "Fanatismo Religioso" no Sertão Brasileiro. *Novos Estudos*, v. 69, p. 71-88, 2004.

PORTO, L.; KAISS, C.; COFRÉ, I. Sobre solo sagrado: identidade quilombola e catolicismo na comunidade de Água Morna (Curiúva, PR). *Religião & Sociedade*, v. 32, n. 1, p. 39-70, 2012.

PORTO, S. M. *Tradição musical portuguesa e contemporaneidade.* Disponível em: http://comum.rcaap.pt///handle/123456789/5294. Acesso em: 22 fev. 2024.

SANTIN, D. F. W. *Missões Carmelitas nos rios Negro e Solimões.* Website, 25 out. 2012. Disponível em: https://acesse.dev/5gduG. Acesso em: 22 fev. 2024.

SANTOS, A. R. *Nesse solo que vós estais, lembrai-vos que é de morrer*: uma etnografia das práticas de caminhar, conhecer e mapear entre os habitantes de Pedro Cubas, um Remanescente de Quilombo do Vale do Ribeira-SP. Dissertação (Mestrado em Antropologia Social) — Universidade Federal de São Carlos, São Carlos, 2014. Disponível em: https://repositorio.ufscar.br/handle/ufscar/235. Acesso em: 22 fev. 2024.

SANTOS, B. de S. Seis razões para pensar. *Lua Nova*, v. 54, p. 13-23, 2001.

SANTOS, M. F. D. J. *Tenebrosas Velas da Agonia*: Otacília e o Universo Simbólico da Encomendação das Almas em Sergipe. Maringá, PR: [s. n.], 2011. p. 2101-2111. Disponível em: http://www.cih.uem.br/anais/2011/?l=trabalhos&id=288. Acesso em: 22 fev. 2024.

SANTOS, M. C. G. Encomendação de Almas em Carmo do Cajuru: breve análise musical. *In*: AZEVEDO, F. L.; SOARES, I. E. S.; PIRES, J. R. F.; FERREIRA, J. H.; ARRUDA, L. M. S. (ed.). *História e Memória do Centro Oeste Mineiro*: perspectivas - Memória, literatura e educação. 1. ed. Belo Horizonte: 3i Editora, 2016. p. 231-236.

SCHMIDT, C. A Reprodutibilidade Digital da Folkcomunicação: A Construção de Novas Linguagens ou o Fim do Popular. *Comunicação & Sociedade*, v. 28, n. 47, p. 29-42, 30 jun. 2007.

SEEGER, A. Etnografia da música. *Cadernos de Campo (São Paulo, 1991)*, v. 17, n. 17, p. 237-260, 2008. Disponível em: https://encr.pw/f40ee. Acesso em: 22 fev. 2024.

SILVA, J. V. M. P. E. *Documentário*: a construção de um ícone com os quilombolas de Pedro Cubas Vale do Ribeira-SP. 2009. 1-145 f. Dissertação (Mestrado em Estudo dos Meios e da Produção Mediática) – Universidade de São Paulo, São Paulo, 2009. Disponível em: http://www.teses.usp.br/teses/disponiveis/27/27153/tde-13082011-090854/. Acesso em: 21 out. 2015.

SOARES, M. P. *Almas e Encantados: uma cosmologia sobre o mundo dos mortos na região do Baixo Amazonas*. Tese (Doutorado em Antropologia) — Programa de Pós-Graduação em Antropologia da Universidade Federal Fluminense, Rio de Janeiro, 2013. Disponível em: https://l1nq.com/LFL18. Acesso em: 22 fev. 2024.

SOARES, M. P. O estudo da etnicidade no ritual dos "Encomendadores de Almas" no município de Oriximiná. *Interethnic@* - Revista de estudos em relações inter-rétnicas, v. 14, n. 2, p. 1-12, 7 jul. 2014.

SOBRAL, L. O. da G. *O ritual de alimentação de almas de uma vila garimpeira da chapada diamantina*: tensões e representações sociais de uma manifestação religiosa. Salvador: Faculdade de Comunicação/UFBa, 2009. Disponível em: http://www.cult.ufba.br/enecult2009/19494.pdf. Acesso em: 22 fev. 2024.

TEIXEIRA, M. A. D. A Morte e o Culto aos Mortos nas Tradições Populares de Rondônia. *Saber Científico*, v. 2, n. 2, p. 1-36, 2009.

VIEIRA, D. H. C. *Folia de São Benedito*: um estudo de mudança em uma manifestação religiosa na comunidade do Silêncio do Matá. Dissertação (Mestrado em Ciências Sociais) — Universidade Federal do Pará, Pará, 2008. Disponível em: https://www.repositorio.ufpa.br/jspui/handle/2011/5292. Acesso em: 22 fev. 2024.

VIOLA, W. S. C. *O Léxico Guiratinguense na Perspectiva Dialetológica*: Aspectos Semântico-lexicais. Dissertação (Mestrado em Letras) – Universidade de São Paulo

(USP), São Paulo, 2010. Disponível em: https://doi.org/10.11606/D.8.2010.tde-08112010-115625. Acesso em 22 fev. 2024.

VOLPE, M. A. Análise musical e contexto: propostas rumo à crítica cultural. *Debates* – Revista da Pós-Graduação em Música da Uni-Rio, n. 7, p. 113-136, 2004.

VOLPE, M. A. Musicologia em contextos institucionais interdisciplinares: desafios intergerações, um testemunho brasileiro. *In*: ROCHA, E.; ZILLE, J. A. B. (org.). *Musicologia [s]*. Série Diál ed. Barbacena, MG: EdUEMG, 2016. p. 159-172.

XIDIEH, O. E. *Semana Santa Cabocla*. 1. ed. São Paulo: Instituto de Estudos Brasileiros - Universidade de São Paulo (USP), 1972.

WELTER, T. *Revisitando a comunidade cafuza a partir da problemática de gênero*. Dissertação (Mestrado em Antropologia Social) — Universidade Federal de Santa Catarina, Florianópolis/SC, 1999. Disponível em: https://repositorio.ufsc.br/xmlui/handle/123456789/80870. Acesso em: 22 fev. 2024.